# 研 途

## ——对外经济贸易大学研究生思政工作论文集

## （2024） No. 10

主　编　张小锋

**副主编**　申爱华　段子忠

中国商务出版社

·北京·

## 图书在版编目（CIP）数据

研途：对外经济贸易大学研究生思政工作论文集.
2024．No.10 / 张小锋主编；申爱华，段子忠副主编
．--北京：中国商务出版社，2024
　　ISBN 978-7-5103-5135-8

　　Ⅰ.①研…　Ⅱ.①张…②申…③段…　Ⅲ.①研究生
－思想政治教育－中国－文集　Ⅳ.①G643.1－53

中国国家版本馆 CIP 数据核字（2024）第 075250 号

**研途：对外经济贸易大学研究生思政工作论文集（2024）No.10**

主　　编　张小锋

副 主 编　申爱华　段子忠

出版发行：中国商务出版社有限公司

地　　址：北京市东城区安定门外大街东后巷 28 号　　　邮　　编：100710

网　　址：http://www.cctpress.com

联系电话：010-64515150（发行部）　　　010-64212247（总编室）
　　　　　010-64515137（事业部）　　　010-64248236（印制部）

责任编辑：李鹏龙

排　　版：北京嘉年华文图文制作有限责任公司

印　　刷：北京九州迅驰传媒文化有限公司

开　　本：710 毫米×1000 毫米　　　1/16

印　　张：22　　　　　　　　　字　　数：340 千字

版　　次：2024 年 12 月第 1 版　　　印　　次：2024 年 12 月第 1 次印刷

书　　号：ISBN 978-7-5103-5135-8

定　　价：68.00 元

# 前　言

习近平总书记指出，建设教育强国，是全面建成社会主义现代化强国的战略先导，是实现高水平科技自立自强的重要支撑，是促进全体人民共同富裕的有效途径，是以中国式现代化全面推进中华民族伟大复兴的基础工程。当前和今后一个时期是以中国式现代化全面推进强国建设、民族复兴伟业的关键时期，中国式现代化对教育、科技、人才的需求比以往更加迫切。当前，我们正面临着新一轮科技革命和产业变革对全球秩序和发展格局的深刻影响，能否在变革中赢得先机，是强国建设必须要主动回应的重大现实课题。研究生教育是教育强国建设的重要组成部分，肩负着培养国家战略人才和急需紧缺人才的时代使命。推进研究生拔尖人才培养高质量发展，不断加强和改进新时代研究生思想政治教育，教育引导研究生坚定马克思主义信仰、中国特色社会主义信念、中华民族伟大复兴信心具有重要的现实意义。

研究生是科技创新队伍的后备军和生力军，准确把握新时代研究生成长规律和思维特征，遵循思想政治教育规律，促进研究生德智体美劳全面发展，是每一个研究生思想政治教育工作者的职责所在。一代人有一代人的使命，一代人有一代人的担当，一代人也有一代人的特点。在新时代背景下，研究生思想和行为特征呈现新特点，研究生思想政治教育工作面临新形势，研究生思想政治教育工作的内涵与外延不断拓展，思想引领、心理健康、学术科研、学风建设、职业规划、校园文化、社会实践等每一项工作都考验着研究生思想政治教育工作者的智慧。如何以理论指导实践、以实践反哺理论，构建具有时代特色的研究生思想政治教育工作体系，将研究生思想政治教育工作统一到教育强国建设的总体布局上，成为广大研究生思想政治教育工作者共同探索的课题。

对外经济贸易大学始终坚持立德树人根本任务，牢记"为党育人、为国育才"的初心使命，持续探索研究生思想政治教育的新举措、新思路，努力提升研究生思想政治教育理论水平和工作实效。自 2015 年以来，对外经济贸易大学党委研究生工作部每年出版一部《研途：对外经济贸易大学思政工作论文集》，收录学校研究生思想政治教育工作成果，系列论文集的出版见证了对外经济贸易大学研究生思想政治教育工作的发展历程。十年来，学校坚持以习近平新时代中国特色社会主义思想铸魂育人，不断完善研究生思想政治教育工作体系。学校坚持党建引领，研究生基层组织建设工作不断夯实；突出工作创新，研究生工作思政引领力不断增强；强化系统思维，研究生协同育人工作机制不断健全；注重队伍赋能，辅导员队伍培养体系不断完善。

2024 年，在对外经济贸易大学党委的领导下，研究生工作部深入学习贯彻党的二十大和二十届二中、三中全会精神及全国教育大会精神，编撰了第十期《研途：对外经济贸易大学研究生思政工作论文集》。十年磨一剑，这是该系列论文集的第十部，我们希望通过这一方式总结我校研究生思想政治教育工作的理论和实践成果，我们更期待论文集的结集出版能为学校研究生思想政治教育工作注入新动能。

十年树木，百年树人。对学校而言，十年不是终点，而是一个新起点，新征程上的研究生思想政治教育工作依旧任重道远。

对外经济贸易大学党委副书记 张小锋

2024 年 10 月

# 目　录

I

## 第三篇　2024 年寒假研究生实践报告

# 第一篇
## 基层党建

# 外语专业研究生党支部建设路径研究：
# 现状与展望

苏越阳①

**摘　要：** 研究生党支部建设工作在高校党支部整体工作布局中占据重要地位，是高校展示高层次学科与党建优势的重要窗口。提升研究生党支部建设质量，充分发挥专业优势，将党建、专业学习、就业工作有机结合，实现立德树人的根本任务对培养新时代高质量人才尤为重要。本文聚焦外语专业研究生群体，系统分析外语专业研究生党支部、学生党员现状，基于特点追溯原因，最终尝试提出新时代新形势下，外语专业研究生党支部质量提升与建设路径。

**关键词：** 研究生；党支部建设；外语专业；提升路径

## 一、引言

教育乃国之大计、党之大计。2024 年 9 月，习近平总书记在全国教育大会指出，建设教育强国是一项复杂的系统工程，需要我们紧紧围绕立德树人这个根本任务，着眼于培养德智体美劳全面发展的社会主义建设者和接班人（新华网，2024）。研究生教育属于高层次学历培养体系，肩负着为国家培育高层次创新人才的关键使命。为实现立德树人根本任务，要以高质量党建引领卓越研究生教育，培养心怀"国之大者"的时代新人（任少波，2022）。在新质生产力与高质量发展要

---

① 苏越阳，对外经济贸易大学英语学院研究生辅导员。研究方向：研究生思想政治教育。

求下，外语专业研究生党支部应积极服务于国家战略需求，与时俱进更新建设路径，立足自身专业特色开展高水平党建，从而为研究生教育高质量发展贡献外语人的力量。

## 二、文献回顾

### （一）研究生党支部建设相关研究

既往关于研究生党支部建设的研究总结了研究生党支部建设的规律与不足，并提出相应对策。何春和乔毅帆（2024）总结了研究生党支部建设存在合力不足、制度不规范、党建科研互促不足、导师主体作用发挥不足的问题，并从组织结构、规范化制度化、科研实践、汇聚多元力量四方面提出相应对策。周文娜等（2022）等通过问卷研究与座谈访问，聚焦博士研究生这一群体，分析指出当前高校博士生党建工作存在党员理想信念不够坚定、部分党支部活动频率不达标、党支部成员参会率不高、党支部活动组织形式单一、智慧党建运用不充分等问题，提出博士生党建应筑牢信念之基、强化组织建设，立足博士特点开展多元化活动，打造共赢共享新支部。徐峰和张剑明（2021）分析了辅导员在研究生党建中所发挥的作用，提出辅导员在党建中发挥着落实者、引领者和陪伴者的作用，但目前存在权责不清、理论不扎实、创新不足等问题，未来应加强理论学习、丰富活动形式、形成育人合力、建设网络阵地。

综上，我们可以发现既往研究生党支部建设研究多以问题为导向出发，分析现状并提出解决措施。

### （二）外语专业思政建设相关研究

既往关于外语专业思政建设的研究多集中于课程思政上，聚焦教材选用、课程设计等方面。向明友和张敏（2024）从行为主义理论出发，以语用学导论课程为例，结合课程教学目标与环节，阐述了教师主导、课程测评机制，探索思政教育融入课堂教学活动、思政行为融入学习行动的有效途径。胡业爽和徐曼琳（2024）以《习近平谈治国理政》"三进"课程为抓手，分析了课程思政的多维共现场域，指出当前课程思政存在的问题，提出多主体、跨时空、多技能联动建议。王昱（2024）关注外语课程思政中文化自信的融入与发展，认为文化自信能为课程思政提供价值引领、内容来源和素材支撑，并从教学目标、内容设计、教学过程、效果评价四个维度提出融合原则。

综上，我们可以发现既往有关研究生党支部建设的研究未能聚焦到具体的专业上，针对性不足。既往有关外语类党支部建设的研究则主要聚焦于课程思政，对支部这个战斗堡垒的建设层面关注不足。本文旨在充分关注外语专业研究生党支部这一群体，分析其发展现状与原因，聚焦服务国家战略，从其专业建设、内部结构、现实需要等角度出发，为外语专业研究生党支部高质量建设提出相应对策。

## 三、外语专业研究生党支部现状

### （一）党员人数较多，个体差异显著

相比本科党支部来说，外语专业研究生群体中正式党员比例较高，党员人数较多。这是因为研究生群体是优秀的学生群体，前序经历了系统的培养和严格的考察与选拔，多数同学掌握了较为丰富的外语文化知识，个人自律性较高，思想道德素质经得起考验。同时，由于本科学生来自不同高校，教学培养模式差异较大，研究生党员内部个体个性特征鲜明，差异显著。

## （二）党员群体内部思想多元开放，重视个人发展

外语专业研究生本科期间除接受基本语言学习训练外，大多系统学习过中西方文化、英美文学、西方思想等课程，他们知识面广，思维活跃。能够成为正式党员、经过层层选拔的研究生考试的学生思维上可以说是"聪明的"。此外，面临百年未有之大变局，社会对人才的要求瞬息万变，研究生也更加关注个人学习与未来发展路径，将更多精力投入课题研究与实习工作中，这在一定程度上导致研究生党员在校时间减少、流动性较高，参加支部活动的时间也随之减少。

## （三）支部设置模式多元

科学合理规划研究生党支部的设置方式，有助于充分发挥其战斗堡垒作用。不同高校的研究生党支部设置各有差异，大体可分为横向、纵向、纵横交错模式。横向模式以专业为单位设置党支部，外语专业下设不同专业方向，如翻译系党支部、语言学系党支部、文学系党支部等，该设置模式有助于促进同专业间党员思想与学术交流，使其共同进步。

纵向以年级为单位设置党支部，如2023级英语学院研究生党支部，该设置模式目前较为普遍，通常便于统计人员进行信息与系统管理。然而此类党支部通常会随研究生新生入学而设立，但也会随毕业生毕业而撤销，支部文化传承、支部特色、党建经验与品牌党建活动等方面缺乏沉淀与延续（孙振佳等，2023）。相比本科生，研究生班级年级概念相对弱化，归属感不强，因此存在开展党建与思政教育效果不佳的问题。

纵横交错模式通常为师生联合党支部，即同专业师生共同建立支部，如学硕师生联合党支部、国际传播系师生联合党支部等。此类支部通常以教师党员担任党支部书记，学生党员作为党支部副书记或支

部委员，有助于师生党员进一步交流，党支部成为师生互联互通的有效平台，且由于支部书记稳定在教师群体之中，形成了较好的传承谱系。此外，近年来，清华大学、山东大学、华东师范大学等高校立足研究生特点，构建导学思政育人体系，即尝试以导师组、课题组为单位建立党支部，以良好的导学关系为基础，推动导学互动在思想政治教育中展现积极效能，从而实现学术交流、价值认同和情感共鸣，并已形成制度文件，将该实践模式上升至理论高度。该支部设置模式充分考虑研究生学习和生活实际，并让导师充分参与思政培育，有较大的借鉴意义。

（四）活动形式单一，党员积极性不高

受外部客观因素与内部主观因素影响，研究生党支部现有组织生活质量不高，对研究生吸引力不足。研究生党员价值取向更加成熟，思考问题更加现实，对学术研究和就业实习更加关心，并由此付出时间更多，因而主观上对党组织生活缺乏热情（孙佳佳，2020）。具体到外语专业研究生，生成式人工智能（AI）与大语言模型的诞生对他们的综合素养提出了更高要求，同时也给他们的就业带来一定挑战。在此情境下，研究生更加关注自身生存问题，因而对传统型党支部活动参与度不高。从客观上看，由于活动组织者通常忙于各类事务，组织生活大多重理论、重灌输、轻互动，以阅读政策文件、阅读书籍、看视频、念课件等简单形式开展，与学生关注的学业与就业问题相关度并不高，一些研究生支部活动成为"走过场"，反而增加了研究生的压力，未能有效贯彻研究生高质量党建要求。

# 四、外语专业研究生党支部建设提升路径展望

基于上述文献综述、特点与问题分析，本文尝试提出相应对策，

希望对外语专业研究生党支部建设提供一定参考。

（一）凝聚党员共识，形成强大合力

研究生党员基数较大，因此正确引导高素质群体，做好思想政治建设、组织建设，严格规范党员发展、"三会一课"等制度建设意义重大。外语专业研究生党支部要集思广益，充分征求广大党员的意见，集中力量办活动、集中力量促党建，力争形成"我的支部我建设"的思想共识，充分发挥党员的主人翁意识，形成强大的党支部建设合力。

（二）筑牢思想根基，坚定理想信念

外语专业研究生思想多元，知识丰富。研究生筑牢思想根基，坚定理想信念，一方面，有助于促进支部成员交流，增加支部活力，有助于打造专业化党支部；另一方面，应防微杜渐，防止其思想产生偏激错误。经济学家巴莱多提出的"二八法则"认为，在任何一组东西中，最重要的只占其中一小部分，约20%，其余80%尽管是多数，也是次要的。在外语专业研究生党支部中，支委应发挥关键少数的重要作用，认真观察支部党员思想动态，引领大家积极学习党的先进理论知识，坚定政治立场，辩证理性看待中西方思想与文化差异，树立坚定的民族自信，筑牢思想根基。

（三）师生支部联动，推动导学思政

张东刚（2023）认为，在研究生思政教育工作中，研究生导师肩负首要责任，要时刻关注研究生党员的思政教育，为其引领方向。在研究生培养的整个阶段，导师都应将思想政治教育融入对学生的指导当中。因此导师应充分参与研究生党支部建设并给予指导，这既有助于有效推动党支部建设与政治引领，也可促进产学研融合，增进师生情感交流。师生党支部应联合组织开展一系列学习交流活动，丰富支部建设形式。教师党员通常积累了丰富的社会经验与资源，而研究生党员更加充满活力与求知欲，二者优势可有机结合。以对外经济贸易大学英语学院为例，在党的二十大召开后，翻译系党支部教师邀请联合国译员与研究生党支部共同开展"新时代外交译员的使命与担当"主题讲座党日活动，结合党的二十大精神，将译员行为分析与党和国家外交政策方针宣讲有机结合，引发了广大研究生党员的兴趣。国际传播系党支部邀请我国外宣官媒——《中国日报》的编辑开展"新时代国际传播人才素养"主题讲座，现场座无虚席，研究生党员热情高涨。师生联合党支部教师党员带领学生党员开展政府外办参访学习系列主题党日活动，报名链接一经发布，瞬间报满。在参访过程中，外办工作人员给学生党员们带来行业认知讲座，学生们深度参与国际交往语言环境建设、重要外事接待活动、友城联络工作，真正实现专业、党建、行业的有机融合。以上都是外语专业师生支部联动的成功案例，值得借鉴与思考。导学思政建设现已如火如荼，但由于学科特点，该模式目前大多存在于理工科院系中。未来，外语专业研究生党支部建设可结合自身实际，借鉴导学思政模式，形成强大育人合力。

（四）以专业为导向，开展形式多样的支部活动

外语专业研究生党支部活动可充分将专业与思政相结合，发挥专业优势，不拘泥于简单的形式学习，引导广大研究生做中国故事的讲述者、中国声音的传播者。此外，活动还应立足研究生实际需求，力争让他们在支部活动中有所收获。

（1）可开展红色"1＋1"党支部共建系列活动，联合当地中小学党支部，开展双语讲红色故事、双语配音竞赛、演讲比赛等，在开展支部建设的同时，以青春之力，为培养社会主义合格建设者和可靠接班人添砖加瓦。此外，还可联合企业、政府机构、社区等单位开展企业参访、行业认知讲座、简历修改、HR 双语模拟面试等活动，将专

业、支部建设、就业工作三者有机融合。

（2）开展系列多语种思政学习活动，如多语共读《习近平谈治国理政》、党的二十大报告翻译亮点交流会、历年政府工作报告、新年贺词核心术语翻译学习与竞赛、时政内容多语种口译接力、外语讲党史等特色活动。

（3）组织开展多语种思政研究工作。学术研究是研究生的必备素养，外语专业研究生可将思政学习与学术研究有机结合，服务国家大局，将论文写在祖国的大地上。引导研究生党支部党员自行搜集建立多语种系列中央文献、新闻报道、时政话语语料库、数据库，并共享使用，在不同的思政主题学习中，可检索关键词进行学习。例如，在党纪学习时，可引导研究生在前期建立的数据库中检索"纪律""党纪""反腐""廉洁"等关键词，观察索引行，基于具体语境开展多语种对照学习，在增强广大研究生党员理论素养的同时，提升其跨文化语言运用专业能力。

（4）用专业所学服务社会，贯彻为人民服务的宗旨，发挥党员先锋模范作用。在组织外语专业研究生党员外出参观各类红色基地、博物馆、公共场所时，可开展一系列双语标识巡察工作，将其作为支部工作的特色亮点部分。发现标识错误，及时记录总结并向相关部门反映，在回馈社会的同时提升研究生专业能力。引导支部党员在各类外事活动中充分运用专业知识，在外事陪同口译、讲解中国故事、服务引导等方面施展才华，锻炼自我，提升综合素质。

（5）开展就业政策学习、求职分享、简历修改系列活动。党的二十届三中全会强调，完善就业优先政策，健全高质量充分就业促进机制，着力解决结构性就业矛盾（新华社，2024）。在新形势下，就业是广大外语专业研究生的"急难愁盼"问题，研究生党支部应立足这一实际，充分发挥作用，在支部活动中协助推动研究生就业。例如，组织广大党员集体学习党的二十大精神、二十届三中全会精神、习近平总书记关于就业的重要论述，了解国家战略需求，推动构建我国就业话语体系。此外，邀请已毕业的优秀党员、基层就业党员开展求职分享，以典型案例引领大家树立正确的就业择业观。同时辅导员也可充分参与其中，开展简历修改、面试模拟指导、职业生涯规划等，形成完整统一的支部建设链条。

（五）立足国家战略需求，服务国家发展大局

习近平总书记在主持十九届中央政治局第三十次集体学习时强调，讲好中国故事，传播好中国声音，展示真实、立体、全面的中国，是加强我国国际传播能力建设的重要任务（习近平，2021）。百年未有之大变局下，外语专业研究生在国际传播工作中拥有广阔施展空间，并大有可为。外语专业研究生分为外国语言文学类与翻译硕士（MTI）、翻译博士（DTI），其中外国语言文学类下设英语语言文学、外国语言学及应用语言学、俄语语言文学、法语语言文学等 12 个专业，翻译硕士则包括笔译与口译两个专业方向。此外，部分学校将区域国别研究也划分至外语学院之中（中国研究生招生信息网，2024）。研究生支部建设应引导广大党员依据自身专业，立足国家战略需求。例如，外国语言文学类研究生党员可开展国外中国报道舆情分析、国家对外形象建构路径探索等研究，区域国别专业研究生党员可组织共建"一带一路"国家概况与制度研究等；MTI 与 DTI 类学生应积极学习我国外宣政策、党政文献翻译要领与原则等。外语专业研究生党员应力争成为政治素养硬、专业素养强，德才兼备的新时代国际传播人才，彰显外语人讲好中国故事、传播好中国声音的独特价值。

## 五、结语

党的二十届三中全会提出，开放是中国式现代化的鲜明标识。必

须坚持对外开放基本国策，坚持以开放促改革（新华网，2024）。这在逻辑上肯定了外语人才培养在我国对外开放事业中的重要意义。外语人才之中，研究生党员是核心力量。未来，外语专业研究生党支部建设应立足国家战略需求，充分考虑广大研究生学习生活实际，以专业为导向，充分将支部建设、专业、就业工作相融合，多主体参与，多举措联动，推进研究生党支部高水平建设，从而为研究生教育高质量发展注入强劲动力。

## 参考文献

［1］何春，乔毅帆. 高校研究生党支部建设略探［J］. 学校党建与思想教育，2024（12）：29 – 31.

［2］胡业爽，徐曼琳. 基于学习投入的外语课程思政多维场域协同构建：以《习近平谈治国理政》"三进"课程建设为例［J］. 外国语文，2024，40（4）：183 – 192.

［3］任少波. 以高质量党建引领卓越研究生教育，奋力培育心怀"国之大者"的时代新人［J］. 中国研究生，2022（4）：13 – 16.

［4］孙佳佳. 提升高校研究生党支部组织生活质量的途径探究［J］. 北京教育（高教），2020（7）：78 – 80.

［5］孙振佳，王菲，张子晴. 新时代高校研究生党支部"双融双促"建设路径研究［J］. 北京教育（德育），2023（12）：19 – 22.

［6］王昱. 文化自信培养融入新时代大学外语课程思政的探索及思考：以英释国学经典选读课程为例［J］. 当代外语研究，2024（4）：52 – 60.

［7］向明友，张敏. 大思政，小环节：以语用学导论课程思政为例［J］. 外语与外语教学，2024（4）：9 – 16 + 146.

［8］徐峰，张剑鸣. 研究生党建中的辅导员参与：作用、现状及对策［J］. 黑龙江高教研究，2021（5）：73 – 77.

［9］张东刚. 构建大思政育人新格局，推动研究生党建思政工作高质量发展［J］. 中国研究生，2023（7）：6 – 11.

[10] 周文娜，贵一琦，李汉初，等．博士研究生党建工作创新机制研究 [J]．东南大学学报（哲学社会科学版），2022，24（S2）：48-51．

[11] 习近平．讲好中国故事，传播好中国声音 [EB/OL]．（2021-06-02）[2024-10-15]．http：//www.qstheory.cn/zhuanqu/2021-06/02/c_1 127522386.htm．

[12] 新华网．受权发布｜中共中央关于进一步全面深化改革　推进中国式现代化的决定 [EB/OL]．（2024-07-21）[2024-10-15]．http://www.news.cn/politics/20240721/cec09ea2bde840dfb99331c48ab5523a/c.html．

[13] 新华网．锚定现代化　改革再深化｜完善对外开放体制机制　释放"走出去"潜力 [EB/OL]．（2024-07-30）[2024-10-15]．http://www.news.cn/20240730/beff639e496d449caa63027d4acd73ab/c.html．

[14] 新华网．金句｜习近平总书记的重要讲话为建设教育强国指明前进方向 [EB/OL]．（2024-09-10）[2024-10-15]．http://www.news.cn/politics/leaders/20240910/39bef4e68be641618bd498ed8b7623a4/c.html．

[15] 中国研究生招生信息网．专业知识库：用户可查询研究生专业的相关信息 [EB/OL]．[2024-12-20]．https://yz.chsi.com.cn/zyk/．

# 推进研究生党建"双创"工作
# "一融双高"：内涵、困境及实践路径

王秋蕴①　董佟彤②

**摘　要：** 推动研究生阶段的党建工作与双创培育相结合，是贯彻党中央关于高等教育阶段思想教育方针的关键行动，此举有助于激发研究生群体积极投身于成为肩负民族振兴使命的新时代杰出人才。本文深入分析在研究生群体中开展党建"双创"工作的关键价值，提出转换工作理念、革新党建方法、丰富党建活动平台等措施，旨在推动研究生党建工作从传统模式向创新模式转变，从单一维度向多元融合方向发展，从而更好地发挥党建"双创"的示范作用，促进研究生党建"双创"工作实现"一融双高"的目标。

**关键词：** 研究生；党建"双创"；"一融双高"

## 一、引言

党的二十大报告明确指出，教育、科技、人才是全面建设社会主义现代化国家的基础性、战略性支撑。中国共产党第二十届中央委员会第三次全体会议明确提出，统筹推进教育科技人才体制机制一体改革。研究生群体构成了我国科技领域高层次人才的主力军和储备力量，从教育规模角度审视，我国已跃居全球研究生教育大国的行列。在新

---

　　① 王秋蕴，对外经济贸易大学国家对外开放研究院党委组织员，助理研究员。研究方向：党建思政。

　　② 董佟彤，对外经济贸易大学国际经济研究院办公室主任，助理研究员。研究方向：教育管理。

的历史时期，着力推进研究生党建"双创"任务，实现研究生党建与思想政治教育、科研活动的深度融合，培育出既品德高尚又才能卓越，能够肩负起民族振兴使命的新时代青年，是高校高品质研究生培育和卓越教育目标中的关键一环。

## 二、研究生党建"双创"工作"一融双高"的内涵要求

2020 年 7 月，习近平总书记对研究生教育工作作出重要指示，强调"研究生教育在培养创新人才、提高创新能力、服务经济社会发展、推进国家治理体系和治理能力现代化方面具有重要作用"。在新时代背景下，我们着力深化研究生阶段的思政建设，旨在培养具备道德品质、智慧才能、强健体魄、审美情操以及劳动技能的全面型人才，使其成为我国社会主义事业的中坚力量和值得信赖的传承者，打造成为能够担负起民族复兴重任的时代先锋，这已成为研究生培养工作的根本宗旨。

2018 年 8 月，教育部办公厅下发《关于开展高校"百个研究生样板党支部"和"百名研究生党员标兵"创建工作的通知》（教思政厅函〔2018〕28 号），启动全国高校"优秀研究生党支部百佳典范"与"杰出研究生党员百人典范"的创建活动。党支部作为坚强阵地，着重强化其组织效能，致力于展现其在政治领导、规范建设、团结凝聚以及推动科研等方面的核心功能，实现"七个有力"。作为研究生的优秀党员代表，应当积极展现引领风范，在学术领域取得重要成就，或在思想引导、示范引领、社会贡献等层面展现卓越贡献。

深化研究生党建"双创"工作"一融双高"的核心理念体现在：一是强化政治导向。作为科研的中坚力量，研究生群体应当立足国家战略需求，加速转型为科研领域的栋梁之材，这也是研究生党建"双

创"战略的根本宗旨。全力激活研究生党支部在凝聚力量、推动科研创新方面的坚强核心作用，深化对党员的爱国主义情操培养，激励党员紧跟全球科技发展潮流，着眼于国家关键战略要求，敢于攻克关键技术制约。二是肩负时代赋予的重任。促使研究生党员深入学习政治理论、坚定理想信念、投身实际工作、创造新的业绩，站在新的历史起点上，承担起新的历史任务，努力成为新时代的优秀青年。启迪研究生党员怀抱崇高理想、稳健前行，积极承担起时代所赋予的重大使命，塑造"忠诚爱国、奋发有为、追求真理、勇于实践"的表率形象，争做站在时代前沿的拼搏者、探索者、贡献者。三是加强价值引领。融入社会主义核心价值观于研究生党支部的行为规范里，激活团队合作活力，提升党组织的凝聚力和行动力，大幅增强其引领舆论的能力，激励研究生党员对信念与理想的坚持不懈，塑造全面的世界观、人生观及价值观，恪守马克思主义原则，对中国特色社会主义的辉煌道路保持坚定信仰，确信中华民族的复兴梦想定能成真。

## 三、研究生党建"双创"工作"一融双高"面临的困境

### （一）研究生党员规模增长导致教育管理难度增加

2023 年 3 月 23 日，教育部新闻发布会上提到，2022 年我国研究生群体数量已攀升至 365.36 万之众，较上一年度增长 9.64%。在研究生阶段，由于学业和科研的双重压力，对于研究生中的党员同志进行教育和管理出现了一些难题和挑战。尤其是面对学制相对紧凑与科研任务繁重的情况，研究生的学业负担沉重，导致他们将主要精力集中在学术研究上，从而对党组织活动的参与热情较为淡薄。此外，部分研究生由于长期在外实习，党员的流动性较大，这对党组织活动的持续

性和经验积累产生了一定的负面影响。

## (二) 研究生党支部管理难度较大

在学历层次上,研究生相较本科生在思维上更为成熟稳重,他们对于外界资讯的筛选和自我保护能力有所增强。然而,大部分研究生将主要精力集中在学术研究上,却忽略了对个人政治理念的培养,缺乏自发性的学习动力,未能及时更新学习党的创新理论成果。这种情况导致一些研究生在政治信仰上出现缺失,对理想信念的认识变得模糊不清。

另外,在研究生的学习生涯中,他们往往以导师的培育为核心,将焦点放在科研学术的探索上,而对于其思想政治素养的提升和全面技能的塑造则相对忽视。同时,随着近几年研究生面临的就业形势日益严峻,他们大部分时间都放在科研任务和社会实践活动中,力求增强个人竞争力,这便使得研究生党员对于参与党组织的集体活动缺乏足够的重视。

## (三) 研究生党建"双创"工作缺乏特色

"三会一课"这一内涵深厚的制度,能有效提升研究生党建活动的魅力,增强党建育人的实效性。然而,在具体实施过程中,由于受到场地、资金等条件的制约,活动内容往往较为单一,党员的教育过程有时过于简化。党内生活主要围绕学习文件进行,这种单一的形式和枯燥的内容,与研究生党员的日常学习和生活之间的关联并不紧密,与"三会一课"制度的要求也存在一定的差距。个别研究生党支部书记在党建工作上标准不够严格,组织生活较为散漫,缺乏足够的庄重性和仪式感。这种情况造成研究生党支部内涵建设不够深入,"双创"工作缺失其应有的个性化特点。

（四）研究生党建"双创"工作"一融双高"建设还不够健全和完善

根据广泛的调查分析，多数担任研究生党支部书记的学生存在一些明显的短板，这些问题主要体现在他们的政治素养尚需提升，工作态度亟须务实，在政治理论知识、管理技能以及实际操作经验上仍有待加强，同时对于支部建设所投入的时间和精力有限。这种情况也造成了研究生党支部在发挥其战斗堡垒作用上不够突出。在同一个团队里，哪怕成员所学专业相同，但由于其各自所属的研究小组差异，相互间往往仅限于"相识"或"耳闻"的状态，未能真正实现深层次的交流，这在一定程度上制约了团队凝聚力的提升。

## 四、推动研究生党建"双创"工作"一融双高"的路径探索

（一）党建和专业融合是研究生党建"双创"工作"一融双高"的着力点

坚持把研究生样板党支部和研究生党员标兵的培育创建纳入研究生党建工作全局，进行顶层设计、系统规划和统筹安排。

一是推动党建和科研同向而行、互相促进。充分发挥研究生党支部在团结凝聚研究生投身科技创新方面的战斗堡垒作用，以研究小组为基础的研究生支部建设，推行党支部和导学团队共建的工作模式，激励党员干部紧跟全球科技发展趋势，基于国家战略发展需要，敢于攻坚克难，实现关键技术的重大突破。

二是坚定地将党的先进理论内化于心、外化于行，以理论指导具体工作，实现理论与实践的高度融合。构建"政策解读与专题报告相

结合、课外研习与现场体验相辅相成、主题教育与竞赛学习相促进"的"六维一体"教学模式,推动创新教学策略,如启发引导、案例研讨、情境再现等模式。融合"三会一课"机制与理论授课、党的核心任务和常规工作,鼓舞全体党务工作者将理论认识转化为实际行动,彰显新时代党员的崭新形象。

三是实施精细化的党员培育与管理工作,按照层级与类别差异化的方针,循序渐进地推动党员教育项目的实施。强化学习纪律,恪守"三会一课"的规定动作,并将申请入党的人员也纳入党性教育的覆盖范围,逐步构建起涵盖"申请入党者、入党积极分子、培养对象以及正式党员、预备党员"的层级分明、逐级提升的完整培训体系,进而巩固党支部成员的思想防线。

(二)榜样引领带动是研究生党建"双创"工作"一融双高"的落脚点

习近平总书记指出:"标准决定质量,有什么样的标准就有什么样的质量,只有高标准才有高质量。"

一是健全和完善工作制度,树立典型榜样。通过评选表彰优秀党员、先进党支部等,树立一批在学术研究、科技创新、社会服务等方面表现突出的研究生党员典型,发挥其示范引领作用。针对高层次学术人才培养中的思想政治指导和党的建设任务,依照党建"双创"工程的标准,遵循"七个有力"的具体准则,强化和优化研究生党建工作,打造一套有助于增强研究生党支部凝聚力和战斗力的党建工作体系。

二是构建党支部特色发展新模式,推动"一融双高"战略实施,推动党建工作与校园文化深度融合,创新党建活动方式,积极参与社会实践和公益活动,以此构建凸显特色、深具感染力的党建品牌形象,建立"一二三四支部工作法""政治生日·仪式党建""融媒体·智慧党建""院/企·共建党建"等一系列党建工作品牌。开展一系列具有显著效果的党建活动，如"红途讲座""创思沙龙"等，以增强党支部的声誉和作用力。推动高层次人才在党建领域的培养与社会服务的互动共赢。

三是着力选拔与培养政治坚定、愿意付出、勇于负责的高素质研究生党员作为党务工作骨干。倡导资深教师党员出任支部领导职务，并设置专门负责研究生党务管理的职位。此外，强化对支部领导、资深教师及杰出研究生党员的培训工作，以增强其政治敏锐性和专业能力。投入相应的资金和资源保障，开展丰富多彩的竞赛活动，以此推动各支部书记之间的交流与学习，助力研究生党建工作持续创新与进步。

（三）选育典型是研究生党建"双创"工作"一融双高"的切入点

一是建立选拔机制，制定明确的评选标准和程序。确保典型选树工作的公平、公正和透明。采取自荐与他荐并行方式，同时辅以机构的推举手段，广泛发掘优秀党员和先进党支部。注重多元化评价，在选拔典型时，不仅要考虑研究生党员的学术成果和科研能力，还要全面评估其政治立场、伦理道德、社会责任意识以及创业创新的具体能力。挑选一群能够站在青年立场解读党的创新理论，并运用青年语言传播党的方针政策的时代新秀党员。构建起"互动式教学、同伴引导、以德育人"的理论传播持久体系。不断推动理论宣讲深入到基层党支部、实验室、乡村、社区以及各类企业中去。

二是加强培养和支持，宣传推广经验。对选出的研究生党员典型进行有针对性的培养，赋予他们充分的发展资源与助力，如开设深造课程、建立展示才华的舞台，使他们示范带头的积极作用得到更充分的展现。研究生党员通过校园传媒、互联网等多种传播途径，大力推广那些杰出研究生党员的典范事迹和精神品格，营造积极的舆论环境，唤起广大研究生的学术热情及创造活力。紧跟新媒体发展步伐，积极探索"互联网＋党建"模式，丰富学习载体，搭建理论传播平台，形成对内输入、对外输出的双向云路径。

三是构筑持久效能体系，推动成效应用。完善榜样挑选、培育、推广及鼓励的持续效能体系，确保典型选育工作的持续性和有效性，形成一种积极向上的研究生党建文化氛围。鼓励和支持研究生党员参与社会实践、志愿服务等活动，通过实际行动践行典型精神，强化个人综合能力及社会责任意识。把模范培养的成效，变为促进研究生教育品质升级与党的建设工作革新的助力，促成党的建设与研究生培育工作的有机统一，增强研究生群体的整体素养与创新水平。

（四）支部共建是研究生党建"双创"工作"一融双高"的突破点

支部共建能够实现党组织优势互补，是基层党组织建设的重要抓手。《教育部等八部门关于加快构建高校思想政治工作体系的意见》（教思政〔2020〕1号）提出，加强教师党支部与学生党支部共建，鼓励校企、校地党支部共同开展组织生活。

一是将深化研究生党建工作定位为核心建设项目。通过党支部共建活动，促进共同学习与实践，提升教育培养质量。在现有共建体系的基础上，致力于拓展共建活动的覆盖面和影响力。各党支部应结合实际情况，实施涵盖校园内外、跨校际、企业合作、地方联动的广泛共建计划，并尝试与城市社区、乡村地区、科研机构等基层党支部开展合作共建。

二是通过支部间的协作共建，焕发支部生机，促进资源共享与互利共进的健康互动。指导各党支部根据党的建设规划、各自领域特长、在研项目等要素，机动性地采取与单一支部结对共建或与多个校内外的支部开展多边共建活动。依托专业特色，针对明确议题打造持久稳定的共建体系，推进从单一活动合作向全面机构协作、资源互动、社会贡献等领域深入融合。例如，与地方政府党组织共同研讨推动乡村发展新途径、与科研机构共同发掘产学研一体化的合作新模式。

三是构建研究生党支部成为巩固的组织架构与思想育人的坚固阵地，确保将培养德才兼备的人才这一核心使命贯彻到党支部活动的每一个环节。推动研究生党支部与教师党支部协同发展，高度重视并发挥研究生党员的主动性和主导作用，针对研究生的学习、日常生活及求职压力进行细致探究，全面掌握研究生党员与教师之间的相处状况，为研究生党员提供更为充分的心理和精神层面的助力。

## 五、结语

推动党的教育方针与"双创"任务的有机融合，是落实以习近平同志为核心的党中央对于高校意识形态领域关键任务的明确要求之一，这一行动旨在促进高校基层党组织的结构优化，培育具备卓越专业能力和强烈社会责任感的杰出人才。研究生阶段的共产党员，作为青年群体的杰出典范，将成为支撑我国创新型国家发展战略实施的基石，并且将成为实现中华民族伟大复兴及"两个一百年"宏伟蓝图的关键力量。促使研究生党员切实体会到国家之需、人民之盼，主动承担起作为一名中国共产党党员所需肩负的职责与使命，共同投身于国家进步之中，需要把研究生党建"双创"任务作为驱动发展的关键动力。通过对研究生党建工作的新途径和新机制、党员教育管理以及创新活动载体等维度开展细致的探讨与分析，有效推动研究生党建工作与思想政治教育深度融合，构建高效协同育人体系、价值观引导以及管理服务的深度融合，互为促进，共同提升，力求达成"一融双高"的目标，为高校培育高素质研究生及卓越人才构建坚实的基础。

# 参考文献

［1］习近平．高举中国特色社会主义伟大旗帜 为全面建设社会主义现代化国家而团结奋斗：在中国共产党第二十次全国代表大会上的报告［M］．北京：人民出版社，2022．

［2］胡浩．习近平对研究生教育工作作出重要指示强调：适应党和国家事业发展需要 培养造就大批德才兼备的高层次人才［N］．人民日报，2020－07－30（001）．

［3］卢国栋，杨淼，杨静轩．用青年宣讲赋能理论学习的三重维度：以北京大学团委博士生讲师团开展主题教育宣讲为例［J］．学校党建与思想教育，2023（13）：90－93．

［4］黄宝印，高扬．研究生党建双创要立样板、树标兵、育新人［J］．中国高等教育，2019（21）：20－22．

［5］亓彦伟，权灿，张贝思．研究生党建"双创"工作的实践探索及启示［J］．学校党建与思想教育，2023（20）：24－27．

［6］钱嫦萍，戎思淼，张攀．新时代高校研究生党建工作的科学内涵与机制优化［J］．学校党建与思想教育，2020（10）：41－43．

［7］张茂林．研究生党建质量提升的现实困境与超越［J］．学位与研究生教育，2019（5）：56－61．

# 新时代文科类研究生党支部特色发展路径分析

## ——基于全国高校"百个研究生样板党支部"创建情况

裴秋蕊① 吴姝琪② 林雨萌③

**摘 要：**本文基于高校党建"双创"工作和新文科建设工作的背景与要求，从文科类研究生党支部创建样板面临的机遇与挑战切入，通过对比分析，发现创建研究生样板支部必须在立足学科优势深挖党建创新模式、锚定重点领域积淀工作成效、与共建单位形成集成优势、与国家战略同频共振四个方面下功夫，实现差异化特色化发展。通过剖析内生问题，提出立足学科专业特色、重视支部互联共建、深入基层调查研究、严防形式主义、加强各级保障等五个方面的建议。

**关键词：**研究生样板党支部；新文科；基层党建；融合发展

党支部是党的基础组织，是党组织开展工作的基本单元，是党在社会基层组织中的战斗堡垒。习近平总书记在中共中央政治局第二十一次集体学习时指出，"基层党组织是贯彻落实党中央决策部署的'最后一公里'""把各领域基层党组织建设成为实现党的领导的坚强战斗堡垒"。《中国共产党普通高等学校基层组织工作条例》进一步明确了学生党支部"加强思想政治引领，筑牢学生理想信念根基，引导学生

---

① 裴秋蕊，对外经济贸易大学法学院副处级组织员。研究方向：学生党建。
② 吴姝琪，对外经济贸易大学法学院研究生辅导员。研究方向：思想政治教育。
③ 林雨萌，对外经济贸易大学法学院法律（非法学）专业硕士研究生党支部书记。研究方向：支部建设。

刻苦学习、全面发展、健康成长"的重要任务。因此，全面加强高校学生党支部建设工作，对标"七个有力"争创"样板支部"，是新时代高校党建工作的重点任务。本文聚焦全国高校"百个研究生样板党支部"（以下简称研究生样板支部）创建情况，通过对三批样板支部的建设情况和工作模式进行深入分析，为文科类研究生党支部提供切实可行的实现特色化发展的经验路径。

# 一、文科类研究生党支部创建样板面临的挑战和机遇

## （一）从教育部工作部署看创建导向

教育部于 2018 年、2020 年、2023 年先后开展了三个批次的研究生样板支部创建工作，累计共有 297 个研究生党支部入围创建名单。从工作部署情况来看，教育部始终将"七个有力"作为研究生样板支部的基本创建标准，随着时间的推移以及此项工作的不断成熟，对研究生样板支部的创建要求和政策导向更加精准。例如，最初"以提升组织力为重点"转变为"增强党支部政治功能和组织功能为重点"，从"党建＋"模式转变为"看不到'党建工作'却处处都是党建工作的深度融合"模式。与此同时，突出强调支部和支部成员在高校研究生培养工作重点领域发挥示范引领作用，特别是服务国家重大战略，以及那些能够与研究生培养目标密切挂钩且研究生群体可以发挥积极作用的领域。这些领域始终与党中央全面工作部署同频共振，有的有较为明显的阶段性特征（如抗击疫情、脱贫攻坚等），有的呈现出一定的学科专长区分（如解决"卡脖子"问题、乡村振兴、中华优秀传统文化传承、生态文明建设、人类生命健康保障、国际交流等）。

## （二）从入围支部学科分布看创建困境

在三批研究生样板支部中，属于理工农医这四大学科门类的研究

生样板支部共有 206 个，总体占比 69.4%，而且呈现出逐批递增的趋势。其中，第一批占比 58.8%，第二批占比 72%，第三批占比 77%（详见表 1）。研究生样板支部背景所属一级学科为文科的仅有 88 个，总体占比 29.6%。其中，第三批文科的研究生样板支部只有 23 个，占比 23%，比第一批占比下降了 16 个百分点。

**表 1　研究生样板支部理工农医四大学科入围情况统计表**

| 学科 | 第一批 | 第二批 | 第三批 | 合计 |
|---|---|---|---|---|
| 理学 | 3 | 5 | 8 | 16 |
| 工学 | 38 | 47 | 54 | 139 |
| 农学 | 8 | 10 | 10 | 28 |
| 医学 | 8 | 10 | 5 | 23 |
| 合计 | 57 | 72 | 77 | 206 |
| 占同批总数比重 | 58.8% | 72.0% | 77.0% | 69.4% |

注：对于支部构成包含多个学科的，以排位第一的学科为准。军事学校（1 个）和建在社团组织（2 个）之上的党支部未统计在内。

根据教育部官网发布的 2022 年研究生分学科数据显示，2022 年在校研究生总数 365 万。其中，"理工农医"这四个学科占比 61.8%，文科占比 38.2%。从学历层次的区分度来看，相较博士研究生，硕士研究生中文科的占比更多。由此可见，文科类研究生党支部在创建样板支部时，可能会面临更加激烈的竞争，要想在众多竞争者中胜出，就必须有独特且鲜明的发展特点和建设优势。

自然科学专业特别是工学和农学，具有科技成果转化直接且高效的特点。通过对比"理工农医"这四个学科门类的研究生在校生人数和样板支部创建数所占比例的逻辑关系（详见表 2），可以看出，工学和农学的研究生样板支部的占比均高于其在校生规模占比，能够直接服务于科技创新、乡村振兴等国家重大战略的学科背景，是创建研究生样板支部的先天优势。相比之下，文科专业的人才培养和科学研究成果，在服务基层和国家战略方面，很难取得立竿见影的效果。因此，在创建样板支部时如何实现党建与学科专业的融合，提升党支部服务社会的能力，是非常重要的问题。

表2　研究生样板支部理工农医四大学科入围情况统计表

| 学科 | 在校生数（2022 年） | 占比（%） | 第三批样板支部创建数 | 占比（%） |
|---|---|---|---|---|
| 理学 | 308,073 | 13.6 | 8 | 10.4 |
| 工学 | 1,333,008 | 59.0 | 54 | 70.1 |
| 农学 | 180,480 | 8.0 | 10 | 13.0 |
| 医学 | 435,927 | 19.3 | 5 | 6.5 |
| 总计 | 2,257,488 | 100.0 | 77 | 100.0 |

数据来源：教育部公布官方数据。

然而从属性来看，自然科学注重工具理性，文科则更注重价值理性。价值理性是指个体行动亦合乎超越自我利益衡量的价值观与信念观。因此，不同于自然科学专业更追求效果的最大化，文科专业更注重行为本身是否能够实现社会的公平、正义等，这为文科类研究生党支部创建路径的探究提供了思路。

## 二、文科类研究生样板支部差异化特色化发展模式的结构化细分研究

### （一）立足学科优势深挖党建创新模式至关重要

笔者对文科类研究生样板支部进行了更加细致的分析，发现在文科大类整体占比远低于理工农医学科的情况下，有两个学科领域却呈现出非常强势的表现，一个是文学门类，另一个是法学门类下的马克思主义理论。显而易见，后者具有天然的学科优势，为研究生样板支部的创建工作提供了强大的红色基因，可以在党建理论、红色历史和红

色文化的研究和传播方面发挥重要作用。深入基层和社会各界的理论宣讲，成为这些研究生样板支部的工作重点和创建亮点（详见表3）。

表3  研究生样板支部文科大类分布情况统计表

| 学科 | | 第一批 | 第二批 | 第三批 | 小计 |
|---|---|---|---|---|---|
| 哲学 | | 1 | 1 | 1 | 3 |
| 经济学 | | 0 | 1 | 2 | 3 |
| 法学 | 法学 | 3 | 2 | 1 | 6 |
| | 马克思主义理论 | 15 | 3 | 5 | 23 |
| | 社会学、民族学 | 0 | 1 | 1 | 2 |
| | 政治学 | 0 | 0 | 2 | 2 |
| | 合计 | 18 | 6 | 9 | 33 |
| 教育学 | | 4 | 3 | 1 | 8 |
| 文学 | 中国语言文学 | 3 | 3 | 0 | 6 |
| | 外国语言文学 | 4 | 1 | 2 | 7 |
| | 新闻传播学 | 4 | 1 | 1 | 6 |
| | 翻译 | 0 | 2 | 0 | 2 |
| | 合计 | 11 | 7 | 3 | 21 |
| 管理学 | | 3 | 8 | 5 | 16 |
| 艺术学 | | 1 | 1 | 2 | 4 |
| 总计 | | 38 | 27 | 23 | 88 |
| 占同批总数比重 | | 39.2% | 27.0% | 23.0% | 29.6% |

与此同时，文科类研究生样板支部也以类似的工作模式实现了党支部服务社会和国家重大战略的积极作用。语言学的党支部利用专业优势，新闻传播学的党支部发挥媒体传播优势，在党的创新理论、中国制度优势和优秀传统文化的对外宣传方面积极发挥作用，投身于国家对外开放战略中，发挥学科优势讲好中国故事，形成了非常具有竞争力的差异化特色。

例如，天津外国语大学高级翻译学院英语笔译学生党支部发挥翻译专业优势，支部党员在导师带领下承担《中国共产党历史》《中国共产党的九十年》《中华人民共和国大事记（1949 年 10 月－2019 年 9 月）》《中国共产党简史》《中华人民共和国国民经济和社会发展第十四个五年规划和 2035 年远景目标纲要》等中央文献的翻译工作。

（二）锚定重点领域积淀工作成效是核心关键

文科类研究生样板支部大多在某一个特定领域持续发力、久久为功，形成支部党建工作服务社会的发展之"势"，通过良性循环带动支部成员持续投入，积极发挥党员先锋模范作用和党支部的战斗堡垒作用。例如，上海财经大学法学院法学会党支部多年来延续开展"普法走进"项目，连续 5 年开展普法公益讲座，完成录制 30 余部视频，参与志愿者近 300 人次，累计受众 2000 余人；中国人民大学应用经济学院产业经济学博士生联合党支部 20 余名党员参与"832 工程""大国边疆"实践调研，足迹遍及全国 180 余县（市、区），总行程超 20 万千米，形成 875 套访谈案例；上海外国语大学新闻传播学院研究生第二党支部针对新闻传播学科特色，参与上海松江客户端英文频道建设，两年时间推出逾千个英语融媒体作品；南京师范大学教师教育学院研究生两年制理科党支部的党员同学线下奔赴四川绵竹等地，线上对接甘肃天水，开展支教帮扶志愿服务，累计授课时长四万余小时，在社会服务中践行教育专业党员担当。

（三）与共建单位形成集成优势是重要举措

支部共建是新时代党建工作的一项重要方式，旨在通过不同单位、不同领域的基层党组织相互连接、共同建设，解决支部活动形式僵化、吸引力不强等问题，有助于打破传统党建工作的封闭性和局限性，促进基层党组织的交流合作，共同构建"资源共享、优势互补、互相促进、共同提高"的党建工作新格局。

文科类研究生样板支部大多有共建党组织，有些与多家校内外党组织建立共建关系，形成立体化的共建体系，致力于打造支部共建品牌，拓展组织生活。共建对象来源丰富，既有来自本校或者兄弟院校的同专业或其他学科的学生党支部以及本院的教师党支部，也有校外的企事业单位、政府部门、基层街道社区及农村党组织等。

（四）与国家战略同频共振是基层党建融合发展应有之义

在三批研究生样板支部中，入围的文科类研究生党支部开展的调研活动均服务于国家重大战略决策部署，尤其关注我国乡村建设、文化交往等主题。例如，华中师范大学中国农村研究院"百村观察"平台党支部组织党员真正走进农村、了解农村，在调研实践中发现问题、探索解法、总结经验；云南大学民族学与社会学学院研究生社会学党支部坚持学生调查与助力文化科技卫生三下乡、宣传推介美丽乡村、推进"铸牢中华民族共同体意识"相结合，积极开展边疆地区"党建引领乡村振兴"发展路径和模式研究，为推动云南乡村振兴和高质量发展提供云大方案；北京师范大学经济与资源管理研究院研究生党支部组织党员深入基层，开展与"脱贫攻坚""乡村振兴""一带一路""可持续发展"等国家战略有关的课题研究，调研足迹遍布全国 15 个省；中国传媒大学 2022 级国际传播白杨班学生党支部参与国情调研以及区域国别调研，在与海外文化的碰撞中，努力成为"懂中国、知世界"的国际传播工作者。

## 三、文科类研究生党支部建设面临的内生问题

（一）群体性迷茫

群体性迷茫是文科类研究生党支部建设面临的一个重要问题。由

于学科特性，文科类研究生常陷入群体性迷茫的困境，主要体现在对学术研究方向的模糊认知和对未来职业发展的不确定性。

文科知识体系繁杂宏大，涵盖哲学、文学、法学等众多学科，理论流派纷繁复杂，观点各异。面对海量的文献资料和多样的学术观点，研究生在学习过程中容易迷失方向，感到无所适从。他们难以构建稳固的知识架构，进而对学术研究方向感到迷茫和困惑。在选择研究领域时，他们往往不知所措，难以找到契合自身且有价值的研究方向。同时，他们也不知道如何平衡学术兴趣与社会需求之间的关系，对于如何将个人发展与国家需求、社会进步相结合存在困惑，这进一步削弱了他们学术探索的热情与动力，不仅会影响他们的积极性和创造性，也会削弱党支部的战斗力。

职业发展的不确定性无疑加剧了文科类研究生的迷茫与困惑。由于文科的学科特性，研究生在就业市场上常常面临激烈的竞争和复杂的选择。一方面，传统文科专业所对应的就业市场容量相对有限，导致他们在职业选择上信心不足；另一方面，相较理工科，文科的就业路径不够明晰，对口岗位较少，职业发展充满不确定性。尽管新兴行业的发展为文科毕业生带来了更多元化的职业选择机会，但在职业选择呈现出多样化趋势的背后，是他们对选择的无奈和职业发展的迷茫。面对多样的可能性，他们难以做出明确的选择，不仅要考虑个人的兴趣和能力，还要兼顾社会的需求和行业的发展趋势，这种双重压力进一步加剧了他们在职业规划时的迷茫和焦虑。这种迷茫心理和焦虑情绪对他们的学习专注度和积极性产生了负面影响，一些学生甚至为了增加就业机会，忙于考取证书、参与实习，而忽视了学术研究，甚至在参与党支部活动时也表现出一定的功利性。

群体性迷茫并非个别现象，而是普遍存在于文科类研究生群体中。这种迷茫不仅会影响研究生的个人成长和职业发展，也将对党支部的建设产生负面影响。在迷茫和困惑的情绪下，研究生往往缺乏积极向上的精神风貌和团结协作的集体意识，他们可能会更加关注个人的得失和利益，而忽视党支部的整体利益和长远发展。这种消极情绪如果得不到及时有效的引导和化解，将对党支部的凝聚力造成严重的损害。

## （二）信息茧房问题

在信息时代，"信息茧房"成为文科类研究生党支部建设面临的棘手问题。随着互联网普及，信息传播呈爆炸式增长，算法推荐技术广泛应用，依据用户浏览历史、兴趣偏好推送个性化信息。"信息茧房"现象就是指人们在获取信息时倾向于选择符合自己已有认知和偏好的内容，从而形成一个封闭的信息环境。这种现象不仅限制了个体的知识面，还可能影响其思维方式和行为模式。研究生日常多依赖网络媒体获取资讯，如微信公众号、微博、抖音等。调查显示，超过九成学生频繁使用网络媒体，超过八成关注社交与娱乐类平台。长此以往，他们接触信息愈发单一，局限于自身兴趣范畴，形成封闭信息环境，难以接触多元观点与全面资讯。

文科类研究生群体在享受信息便捷的同时，也面临着"信息茧房"的困扰。算法推荐系统使他们更多地被限制在自己感兴趣的信息领域内，导致视野狭窄和思想固化。这种现象不仅会限制他们获取多元化信息的能力，也将影响他们的批判性思维和创新能力的培养。同时文科类研究生由于其专业特点，更容易受到"信息茧房"的影响，他们在日常生活中更多关注人文社科领域的新闻报道和学术论文，而忽略了其他领域的发展动态。这样一来，虽然能够使文科类研究生深入理解本专业的核心问题，但会丧失其跨学科交流的机会，不利于培养其创新思维。

身处"信息茧房"，文科类研究生思维渐趋固化狭隘，局限于熟悉领域，不仅不利于学术创新突破，也阻碍党支部开展思想教育与理论学习。支部组织政治学习、理论研讨时，党员因信息局限，难以从多元视角深入理解党的方针政策，进而会削弱党组织活力与战斗力。同时，部分学生受虚假信息误导，如网络谣言、不实报道等，影响其对党和国家事业发展形势判断，冲击其理想信念根基，为党支部舆论引导、思想纠偏工作带来巨大挑战。

（三）就业现实压力

就业现实压力给文科类研究生党支部建设带来诸多难题。近年来，随着高等教育的普及和研究生招生规模的不断扩大，每年毕业的文科类研究生数量急剧攀升，形成了一个庞大的就业群体。与此同时，就业市场的竞争也愈发激烈，岗位供需失衡，就业形势日益严峻。对文科类研究生而言，由于其专业特点，他们在就业市场上处于相对劣势地位，面临着更为严峻的就业压力。这种压力不仅来自经济需求，还包括文科类研究生对社会地位和个人成就的追求。

据相关调查显示，文科类研究生的毕业去向规划呈现出多元化的特点。超过三成的学生倾向于选择公务员及事业单位，认为这些岗位稳定且具有较高的社会地位；近三成的学生选择进入国有企业，看重其良好的福利待遇和职业发展前景；超过两成的学生则选择投身民营企业，希望通过自己的努力和创新实现个人价值。这些不同的选择背后，反映出文科类研究生在就业压力下的无奈抉择和对其职业发展的不同期望。

就业重压之下，文科类研究生的精力被严重分散，无暇顾及党支部活动的参与。许多学生为了找到一份理想的工作，不得不忙于实习、求职等就业准备事务，将党支部事务置于次要地位，缺席组织生活、理论学习，导致党支部的凝聚力与向心力被削弱。部分学生在就业焦虑的驱使下，出现了功利主义的心态。这些学生入党动机不纯，将党员身份视为求职的"敲门砖"，试图通过加入党组织来增加自己的就业竞争力。然而，这种心态不仅让这些学生忽视了党员的责任和担当，也对党组织的先进性和纯洁性建设产生了不良影响。这种功利主义的心态和行为不仅不利于党组织的健康发展，更不利于党组织发挥战斗堡垒作用。

## （四）博士研究生党支部建设特有的问题及优势

相比硕士研究生，博士研究生具有个体独立性更强、科研工作更繁忙、科研能力更强等特点。在组织凝聚力上，博士研究生党员有着不同的研究方向，科研任务繁重，彼此间熟悉程度低，参加支部组织生活的经历少、意愿低。与此同时，博士研究生学制长，普遍党龄长、理论水平较高、科研能力强，更加清楚地看到支部党建理论学习和学术科研的内在关系；在主动进行党的各项理论学习的同时，他们密切关注党的重要会议和文件精神，以党建引领科研方向，推动二者深度融合；积极参与重大科技项目，勇于攻坚克难，以高质量研究成果服务党和国家工作大局，坚持用科研力量为全面深化改革，推进中国式现代化贡献力量。

现有样板支部的结构分为独立博士生党支部和硕博联合的党支部，这两种模式各有利弊。从传帮带的角度上，博士生担任支部书记或者支委，能够更好地带动硕士研究生开展融合学科的党建调研活动。然而，从文科类专业人才培养模式来看，硕博研究生的培养方案存在显著差异，在校学习和生活的轨迹存在并轨困难等客观问题。从职业发展路径来看，硕博研究生自身发展方向和职业需要也存在很大的不同，党支部建设因实践协调和需求碰撞会产生不小的沟通成本。从规模角度来看，硕博联合支部中博士生人数相对较少，在支部党员整体中占比小，其博士研究生党支部特点体现得并不明显。

# 四、文科类研究生党支部创建样板的几点建议

## （一）立足学科专业特色，践行为人民服务根本宗旨

社会服务中蕴含着党全心全意为人民服务的根本宗旨，蕴含着人民至上的价值取向，这与党以人民为中心的执政理念高度契合，为支部通过社会服务推动党建工作，创新党建形式提供了理论依据。

开展社会服务，坚持在社会服务中彰显青春风采，锤炼品格修养，践行初心使命，正在逐渐成为新时代高校文科党支部建设的新亮点，并为支部建设提供了创新路径。在此基础上，本文进一步发现，文科支部在社会服务过程中高度重视结合自身专业特色，推动党建与专业融合发展。如法学专业支部开展普法宣传，教育专业支部开展支教帮扶，文学专业支部进行文化推广等，人文社会科学以人的社会存在为研究对象，也因此更贴近人民群众的生活，更能够被社会公众所理解，更易于被直接应用于社会服务当中。高校文科党支部在社会实践中充分发挥自身专业优势，能够有效弥补科技成果转化的不足，走出文科支部党建的特色之路。

## （二）重视支部互联共建，形成协同发展新优势

通过对样板支部的统计分析，本文认为，基于高校学生党支部的特点，加强支部互联共建，可以对高校学生党支部建设起到突出作用，主要表现在以下两点。

一是打破专业壁垒，拓宽党员视野。在社会问题日益综合化复杂化的背景下，新文科建设势在必行，进一步打破学科专业壁垒，推动文科专业之间深度融通、文科与"理工农医"交叉融合，融入现代信息技术赋能文科教育，实现自我的革故鼎新。因此，文科类研究生党

支部应主动"引进来""走出去"，通过与其他学科支部互学共建打破专业壁垒和"信息茧房"，特别是与"理工农医"等更接近社会行业、国家战略的学科，主动探索社会经济发展需要与文科类研究生人才培养目标的契合点，进一步推动研究生党建与人才培养和科学研究的深度融合。

二是理论联系实际，实现知行合一。高校环境较为特殊，其理论学术氛围强，但社会化不足，学生党员长期处于校园环境中，对企业实务、社会治理等问题缺乏了解，长此以往，他们会缺乏对行业实际和社会现状的认知。因此，高校学生党支部可以通过"校企共建""校社共建"带领党员走出校园，走进行业、走进基层、走进社会，了解世情国情党情，在深入行业和基层中培养问题意识，增强责任意识，涵养家国情怀。

（三）深入基层调查研究，服务国家战略大局

习近平总书记强调，"要大兴调查研究之风""调查研究是我们党的传家宝，是做好各项工作的基本功"。文科专业是人文社会科学，以人类社会的政治、经济、文化等为研究对象，以揭示人的本质和人类社会规律为目的。开展调查研究，走进社会实际，是人文社会科学的永恒主题，也是文科专业党支部开展党建工作的重要方法。文科类研究生党支部要以前三批样板支部为学习榜样，引导党员走进社会，走近观察，了解全貌，把握本质，为解决实际问题奠定基础。重视用好调查研究这个传家宝，用脚步丈量土地，获取真知灼见的源头活水，致力于把论文写在祖国大地上，服务于国家战略发展大局。

（四）严防形式主义，注重工作实效。

研究生党支部建设要以规范化建设为出发点，把坚持问题导向作为支部工作的动力来源。对内要做好研究生群体画像的深入刻画，加

强思想引领；对外要以"教育强国支部何为"为命题，积极探索接地气的工作方法，在调查研究中发现问题、解决问题，激发广大研究生立志报国的情怀。通过坚持问题导向，提升支部工作的针对性和实效性，防止支部和党员"做样子""走过场""搞形式"，杜绝形式主义，督促广大党员同志真正沉淀到群众中去。

支部工作要有助于形成研究生自身的发展优势，如开展调查研究要与研究生的学习和研究紧密结合，调研结果呈现出的论文产出，不仅是支部工作参与评奖评优的"扮靓"工具，更要成为研究生全面了解党史国情、不断坚定理想信念的奠基石，要积极回应研究生完成学业和职业发展的客观需要。最重要的一点，要有利于国家发展和社会进步，有助于解决客观实际问题，为老百姓真正办实事、解难题。

（五）校院两级党委完善工作保障，配强支部书记

现有研究生样板支部中，教师和学生担任支部书记的情况各占一半，不管是学生还是教师担任研究生党支部书记，都要为他们提供干事创业的良好氛围。研究生党支部建设需要能够充分发挥"头雁效应"的支委会，选配责任心强、务实肯干的支部书记是关键，不仅要有大局意识和责任担当，还要具备较强的奉献精神和沟通协调能力，能够带动广大党员同志群策群力共同做好支部工作。党支部书记可以说是支部"七个有力"作用发挥的最关键之人。

学校党委要侧重体制机制建设，一方面，要形成党支部规范化建设的监督机制；另一方面，要加强有利于支部书记作用发挥的激励机制。例如，将教师党支部书记任职经历作为职称评聘、干部选拔、评奖评优等工作的重要参考，将学生党支部书记任职经历作为学生评奖评优等工作的重要参考，同等条件下优先考虑。与此同时，组织部和研究生工作部等相关职能部门，要做好统筹规划和顶层设计，开展专题研究，指导研究生党支部做好创建样板的培育工作，并给予经费和

政策方面的支持与保障。

学院党委要侧重学校工作机制的落实落地，切实监督研究生党支部落实规范化建设要求，结合学科专业发展趋势深挖研究生党支部建设的特色之源，借助校友资源和社会资源为研究生党支部开展共建工作保驾护航，鼓励教师党支部积极与研究生党支部共建，聘请教师党员担任社会实践、田野调研、科学研究等方面的指导教师，不断为研究生党支部创建样板搭建平台、整合资源、提供保障。

此外，各级党组织和职能部门要坚持不懈地做好研究生党支部工作的日常培训，不断提升支委的理论水平和工作能力，将他们的思想统一到学院学校乃至教育部关于加强研究生党支部建设的要求上来，统一到高校落实立德树人根本任务上来，统一到为党育人、为国育才的战略大局上来。

## 参考文献

[1] 中国共产党普通高等学校基层组织工作条例 [N]. 人民日报，2021 - 04 - 23 (003).

[2] 徐飞. 新文科建设："新"从何来，通往何方 [N]. 光明日报，2021 - 03 - 20 (10).

[3] 崔春梦. 网络交往"信息茧房"的意识形态效应及其治理 [J]. 北京交通大学学报（社会科学版），2023，22 (3)：151 - 160.

[4] 范俊强，黄雨心，徐艺敏，等. 就业焦虑：毕业前大学生心理压力及其纾解 [J]. 教育学术月刊，2022 (9)：75 - 82.

[5] 韩会平. 大学生就业压力对择业意向和就业心理影响分析 [J]. 黑龙江工业学院学报（综合版），2023，23 (10)：67 - 74.

[6] 郝永华，陈建华. 信息茧房的形成机理、效应检视及治理进路 [J]. 中共福建省委党校（福建行政学院）学报，2023 (6)：103 - 110.

[7] 何炉进. "信息茧房"对大学生思想政治教育的影响及其消解之策

[J]. 编辑学刊, 2024 (6): 54 - 60.

[8] 巨绍炜, 蔡萌. 高职院校大学生返乡就业意愿的影响机制研究: 工具理性与价值理性的双重视角 [J]. 中国高教研究, 2024 (6): 93 - 100.

[9] 林闽钢. 中国式社会服务国家: 内涵特色、发展取向与实现路径 [J]. 社会政策研究, 2024 (2): 3 - 10 + 131.

[10] 刘叶萍, 王艺云. 就业压力背景下大学生就业心理问题及应对措施研究 [J]. 商讯, 2024 (3): 175 - 178.

[11] 新华网. 习近平在中央政治局第二十一次集体学习时强调  贯彻落实好新时代党的组织路线  不断把党建设得更加坚强有力 [EB/OL]. (2020 - 06 - 30) [2024 - 11 - 05]. http: //www. qstheory. cn/yaowen/ 2020 - 06/30/c_ 1126177799. htm.

# 高校留学生党员教育管理质量提升路径研究

段子忠①　刘馨怿②　蔚婧雅③

**摘　要：** 随着高等教育国际化水平的不断深化，公派出国、自费留学等形式前往国外学习的留学生党员数量持续增加，受复杂国际环境的影响，留学生党员教育管理质量亟须提升。本文通过深究留学生党员政策背景、高校立德树人根本任务，分析留学生党员管理的历史进程和思政教育举措，并提出加快管理制度建设、建立"前中后"模式和"五个结合"三大创新路径，以实现留学生党员从"教育管理好"到"引导利用好"的巨大跨越。

**关键词：** 留学生党员；教育管理；党建

随着高等教育国际化水平的不断深化，通过公派出国留学、联合培养、自费留学等形式前往国外学习的大学生数量总体呈增加趋势。在这样的背景下，留学生党员的人数也随之增加，留学生党员的教育管理也逐渐成为高校学生党员教育管理的重要组成部分。受地理位置以及复杂的国际地缘政治关系等因素影响，这部分党员的教育管理模式与在校生党员的教育管理模式存在较大的差异，探索留学生党员教育管理的有效路径，实现留学生党员从"教育管理好"到"引导利用

---

①　段子忠，对外经济贸易大学党委研究生工作部，讲师。研究方向：思想政治教育，高等教育管理。

②　刘馨怿，对外经济贸易大学外语学院硕士研究生。专业：欧洲语言文学。

③　蔚婧雅，对外经济贸易大学国家对外开放研究院硕士研究生。专业：世界经济。

好"的跨越具有重要的理论意义和实践价值。

## 一、提升留学生党员教育管理质量的理论意义

一是提升留学生党员教育管理质量是对《中国共产党章程》（以下简称《党章》）的延伸诠释。《党章》对党员的教育管理作出了明确规定，强调了流动党员的管理，党章规定"对党员进行教育、管理、监督和服务，提高党员素质，坚定理想信念，增强党性，严格党的组织生活，开展批评和自我批评，维护和执行党的纪律，监督党员切实履行义务，保障党员的权利不受侵犯。加强和改进流动党员管理"。《党章》是中国共产党在长期的斗争中形成的智慧结晶，是党赖以建立和活动的法规体系的基础，《党章》既反映党的工作和党的建设的实践成果、理论成果、制度成果，又指导和规范党的工作与党的建设的实践，以《党章》为准则对流动党员加强教育管理是对《党章》的理论拓展和实践延伸。留学生党员虽然只占全部党员的很少一部分，但做好这部分党员的教育管理是高校基层党组织建设不可忽视的一环。

二是提升留学生党员教育管理质量是推进全面从严治党的现实需要。党员的教育管理是党的经常性工作，也是推进全面从严治党的基础性工作，"基础决定高度"，做好党员的教育管理对增强党组织政治功能和组织功能具有十分重要的意义。党的十八大以来，以习近平同志为核心的党中央高度重视党员教育管理工作，流动党员教育管理是相关工作的重要组成部分，2019 年，中共中央印发的《中国共产党党员教育管理工作条例》对留学生党员管理作出规定，"对出国（境）学习研究党员，由原就读高校或者工作单位党组织保留其组织关系，每半年至少与其联系 1 次"。2021 年，中共中央印发《中国共产党普通高等学校基层组织工作条例》进一步指出，"加强流动党员管理和服务，做好毕业生党员、出国（境）学习研究党员组织关系和党籍管理工

作"。党的二十大报告也将流动党员的教育管理写入其中，报告明确指出，"加强和改进党员特别是流动党员教育管理""健全全面从严治党体系，全面推进党的自我净化、自我完善、自我革新、自我提高"。首先要做到"全面"，这要求党员的日常教育管理必须覆盖到每一名党员，虽然留学生党员身处国外，但他们的政治身份没有因为地理位置的变化而变化，提升留学生党员的教育管理质量符合推进全面从严治党的理论要求和实践需要。

三是提升留学生党员教育管理质量是对立德树人根本任务的必然遵循。留学生党员的政治身份是党员，他们的社会身份是学生，本质上是高校开展立德树人工作的对象，高校落实立德树人根本任务就是要坚持为党育人、为国育才，培养德智体美劳全面发展的社会主义建设者和接班人。现阶段的青年学生以"00 后"为主，他们生长于中国经济以及信息技术快速发展时期，他们身上显现出很多不同于"80 后""90 后"研究生的特质。对于前往海外留学的"00 后"党员来说，他们需要在海外面对不同的文化环境、意识形态环境，如何在这样的环境下保持党性的纯洁是高校立德树人工作必须应对的问题。同时我们也要看到"00 后"学生党员思维活跃，他们在国内接受了系统的培养，有良好的理论基础和思想政治素质，这部分学生在开展中华优秀传统文化传播，搭建中外文化交流桥梁，对外讲好中国故事等方面具有先天的优势。因此，探索留学生党员教育质量提升路径有助于培养当代青年的使命担当，符合高校思想政治教育的工作规律，符合高校国际化发展的需要，对高校立德树人工作具有重要意义。

## 二、提升留学生党员教育管理质量的实践价值

当前高校留学生党员教育管理主要面临着党组织功能发挥不足、制度建设薄弱、海外情况复杂多变、教育管理内容和形式不够丰富等

问题。本文认为，留学生党员不应局限在"做好日常管理教育"的层面，而应该将留学生党员的教育管理与高等学校"国际交流合作"的职能结合起来，引导留学生党员在国际舞台发挥好国际交流合作的先锋模范作用，在国际舞台讲好中国故事、传播好中国声音，以实际行动践行新时代学生党员的使命担当，为推动构建人类命运共同体做出应有贡献。具体从工作实践角度来看，提高留学生党员教育管理质量具有以下应用价值。

一是有利于提升留学生党员政治向心力。留学生的教育管理目标是教育引导留学生党员在思想上政治上行动上要同以习近平同志为核心的党中央保持高度一致，自觉向总书记这个领导核心靠拢，深刻领悟"两个确立"的决定性意义，不断增强"四个意识"、坚定"四个自信"、做到"两个维护"，提升留学生党员教育管理质量有利于实现这一目标，有利于凝聚留学生党员心系祖国、牢记初心使命的政治向心力。

二是有利于夯实高校基层党建的服务保障力。当前高校党员教育管理工作还存在很多优化和改进的空间，尤其对留学生党员的教育管理还存在重视程度不够、制度不够健全等问题，探索留学生党员高质量教育管理路径有利于推动高校提高党员教育管理的机制创新，提升高校基层党建的服务保障力。

三是有利于提高中华优秀文化的国际传播力。中华优秀传统文化的国际传播需要坚强有力的桥梁和载体，留学生党员分布在全球各个国家的高校、研究机构以及科研院所，他们具有搭建文化传播桥梁的先天优势，充分发挥这部分群体的能动性有利于增强中华优秀文化的国际传播力。

四是有利于发挥海外红色文化资源的引领力。老一辈无产阶级革命家在海外留学、考察的历史中蕴含着丰富的红色文化资源，激发新时代留学生党员的先锋模范作用，教育引导他们挖掘好、运用好海外红色资源，借助红色文化资源开展组织建设，有助于海外留学生时刻保持党性纯洁。

## 三、当前留学生党员教育管理的理论和政策背景研究

一是留学生党员教育管理工作在历史进程中不断发展与完善。早期建党时期，党组织借助秘密信件、个别联络等手段，初步构建起海外党员教育管理的雏形，这一阶段注重思想启蒙和组织凝聚；新民主主义革命阶段，面对复杂多变的形势，党组织通过派遣专人、组织海外支部等形式，不断强化党员政治觉悟与革命意志，在此期间积累了大量宝贵经验；新中国成立后，随着留学规模的扩大，党和国家建立了相对完善的联络及管理制度，从学习指导、思想建设到回国服务引导等多方面着手，塑造了全方位、多层次的教育管理模式；改革开放以来，顺应经济全球化浪潮和留学形式的多样化趋势，党组织开展线上线下结合的思想政治教育，在国际学术交流、科技创新以及海外权益维护和文化交流等领域积极发挥党员作用，并积累了丰富经验。通过对不同历史时期的回顾与总结，可以提炼出诸多极具价值的历史经验：坚持党的领导核心地位、紧密贴合时代需求、创新管理方式、强化党员使命担当与家国情怀这些经验有力推动了留学生党员在中华民族伟大复兴征程中释放独特能量。

二是党员教育管理举措于时代浪潮中持续发展与精进。在党员教育管理政策体系中，针对不同类型党员群体有着一系列重要文件指导工作实践。2006 年发布《关于加强和改进流动党员管理工作的意见》，构建了流动党员管理的基础架构。流出地党组织需精准掌握外出党员信息并督促报备，使流动党员"离乡不离党"，为后续工作奠定基础。2013 年颁布《关于进一步加强高校学生党员发展和教育管理服务工作的若干意见》，聚焦高校海外留学生党员教育管理，通过建立专人联系机制、强化思政教育、探索多样组织生活形式，加强对留学生的思政

教育。2024 年 6 月发布《关于做好留学回国人员党员恢复组织生活工作的意见》，针对留学回国群体恢复党组织生活作出进一步规定，规范了留学回国人员党员恢复组织生活的流程与条件，助其融入国内党组织生活。2024 年 11 月发布的《关于进一步加强和改进流动党员管理工作的意见》在 2006 年文件基础上优化完善。通过进一步规范党组织关系转接流程、强化教育培训，推动流动党员管理工作精细化规范化，增强党员队伍的先进性和纯洁性。

三是新时代党员教育管理工作的全方位探索与推进。在新时代背景下，党中央对党员教育管理工作提出了全新要求。在思想建设方面，用习近平新时代中国特色社会主义思想武装全党，鼓励党员深入研读经典著作、领悟原文精髓，积极推动教育培训向基层一线以及重点难点群体倾斜，将常态化教育与集中性教育有机结合，使理论学习与实践应用紧密相连，不断提升党性修养。从制度规范来看，2019 年 5 月颁布的《中国共产党党员教育管理工作条例》充分体现了从严从实的管理导向。与此同时，《中国共产党发展党员工作细则》等党内法规的颁布，把严格要求全方位融入党员管理的各个环节，确保党员始终保持对党忠诚、信念坚定。在管理监督层面，全面从严治党从每位党员抓起，维护党员队伍的先进性和纯洁性。在作用发挥上，党员教育管理工作紧密围绕推进中华民族伟大复兴这一核心任务，引导党员勇挑重担、积极作为，多为群众办实事、办好事，团结凝聚广大群众。上述举措为新时代党员教育管理工作指明了方向，提供了有力遵循，有力推动了党的事业蓬勃发展。

## 四、留学生党员教育管理与新时代党的建设研究

一是留学生党员思想建设之新时代信念铸魂。留学生党员身处复杂多变的国际环境，深入学习马克思主义理论与中国近现代史，有助

于进一步筑牢理想信念之基。增强"四个自信"是留学生党员抵御外部不良影响的关键。道路自信源自中国在经济快速发展、社会长期稳定等方面所展现出的强大优势；理论自信基于马克思主义中国化的系列成果对实践的精准指导；制度自信体现在中国制度在应对各类风险挑战时的高效与有力；文化自信则根植于中华优秀传统文化的深厚底蕴和现代文化的深化与发展。坚定"四个自信"，能够让留学生党员在面对西方意识形态冲击时，能够坚守思想阵地，展现使命担当。

二是留学生党员组织建设之党组织功能赋能。党组织政治功能的核心在于为留学生党员指引政治方向。从组织功能来看，构建完善的留学生党组织体系至关重要。在留学生密集地区设立党支部或党小组是保障党员队伍建设的基础。党员在组织生活中，运用党的组织原则和纪律规范，开展批评与自我批评。通过组织内的思想交流与监督，强化党员的政治身份认同，提升政治觉悟，有效防范西方个人主义等不良价值观的侵蚀，确保党员队伍的先进性和纯洁性，让党组织在海外成为坚实中流砥柱，推动党的事业在国际舞台稳步发展。

三是留学生党员管理之从严治党纪律护航。留学生党员管理是高校落实"党要管党，从严治党"的必然之举。党的组织纪律明确了党员在组织生活中的行为准则和责任义务，对留学生党员不按时参与线上组织生活、未按时缴纳党费等违反纪律行为，高校党组织需进行严肃批评教育和相应组织处理，使留学生党员在全面从严治党的严格要求下，能够不断强化党性修养和政治素养，严守纪律红线。

## 五、留学生党员教育管理与高校立德树人根本任务研究

### （一）高校留学生发展及党员教育管理

在经济全球化背景下，高校留学生的发展现状值得深入研究。从

总量看，国家统计局数据显示，我国出国留学人数变化显著。2014 年为 45.98 万人，此后逐年上升，2019 年达到 70.35 万人，虽 2020 年受疫情影响降至 45.09 万人，但随后又逐步回升，呈现波动上升态势。在国别区域上，美国、英国、澳大利亚、加拿大等是传统留学大国，如在 2023—2024 年期间，中国留学生在美国的数量占总留学人数的 30%，英国则吸引了 15% 的中国留学生，反映出不同国家教育资源的吸引力差异。从增长趋势而言，随着全球化和国内对国际化人才需求的增加，出国留学人数将会在一定范围内波动上升。

留学生党员教育管理对高校国际化发展具有重要意义。首先，它是落实立德树人根本任务的重要举措。大学时期是学生三观形成的关键阶段，留学生党员身处异国多元文化环境，加强教育管理能引导他们树立正确价值观，坚定理想信念，做到"出国不离党"。其次，有助于提升高校在海外的知名度和国际影响力。优秀的留学生党员，凭借自身过硬的素质与坚定的信念，积极在国际舞台上发声，不仅传播中国声音，展示中国高校教育成果，还通过自身言行彰显中华优秀文化魅力，有力地提升了国内高校在国际上的知名度，成为中国教育走向世界的生动名片。最后，对维护国家和谐稳定与意识形态安全意义深远。在国际形势复杂多变、意识形态渗透加剧的情况下，加强对留学生党员的教育管理，有助于提升其政治敏锐性和鉴别力，维护国家利益。总之，重视留学生党员教育管理，将有力推动高校国际化发展迈向新台阶。

（二）"三全育人"与留学生思政教育

在"三全育人"视域下，高校全方位开展对留学生的思想政治教育工作具有重要意义。全员育人方面，高校教师、管理人员、后勤人员等全体教职工共同参与，形成育人合力，使留学生能够在不同场景下接受思想熏陶，增强其对中国文化的理解与认同。全过程育人强调在留学生入学到毕业的整个学习生涯中持续开展思政教育。思政教育贯穿始终有助于培养留学生正确的三观，提升其思想政治素养。全方位育人则整合学校、家庭、社会等多方资源。这种全方位的协同育人模式，丰富了留学生的思政教育形式，有助于其树立正确的国际观与文化交流观，为促进世界多元文化的交流与融合贡献自己的力量。

### （三）留学生党员的使命与担当

在人才培养方面，留学生党员要深入学习习近平新时代中国特色社会主义思想，不断筑牢理想信念根基。他们凭借对两国情况的了解，在国际文化传播中贡献自己的力量。在话语体系构建方面，留学生党员以海外受众喜爱的方式阐释中国理念，积极传播中华文化，有助于提升中国在国际文化传播中的影响力。在文化交流方面，留学生党员在留学期间与各国学生相互交流学习，进一步推动了中外文化交流，有助于增进世界对中国的认知，促进不同文明相互理解包容和谐共生。在高校发展方面，高效实施留学生党员教育管理工作，可以推动高校国际化进程，提升其国际知名度。党员发挥模范带头作用，带动更多留学生参与高校国际文化交流活动，促进高校国际文化传播，为高校国际化发展注入动力。

## 六、海外留学生党员教育管理与新时代青年工作研究

### （一）留学生党员教育管理现状

当前高校留学生党员教育管理的工作机制主要依托海外党组织、数字化平台以及人文关怀的融入。国内高校党组织已建立起成熟的"党委—党总支—党支部—党小组"体系，使高校加强了与留学生党员

的联系，保持了党的组织生活的连续性。同时，数字化手段的应用，如网络平台，为留学生党员提供了灵活的学习方式和管理模式，增强了党员教育管理的时效性和互动性。这为留学生党员教育管理提供了坚实的组织基础和技术支持，实现了对留学生党员的有效管理和教育引导，以确保党的方针政策得以在国际教育领域中贯彻执行。

但由于时空限制，党建工作依然面临诸多挑战。一方面，留学生党员教育与管理制度尚不完善，缺乏有针对性的组织生活制度、后续培训制度和有效的监督制度；另一方面，传统教育和管理手段难以适应留学生的培养要求，且在海外党组织的系统性和规范性建设方面存在不足。同时，随着留学生思想和意识形态的变化，现有的党建思路和方法略显滞后，并不能及时更新以适应新形势下的要求。

为此，在制度建设方面，高校应健全管理制度，建立流动党员数据库，制定留学生党员管理条例，以强化组织结构的适应功能和整合功能。在队伍保障方面，高校应建立留学生党员教育管理工作领导小组，明确工作职责和任务，尤其是利用信息化手段，通过网络、移动终端等方式，实现"线上＋线下"共同学习，打破时空限制，提高教育管理的有效性。为留学生党员提供在线学习、交流和管理服务，增强留学生党员的归属感。

（二）留学生党员思想行为特征

留学生党员，尤其是"00后"留学生党员，他们在中国特色社会主义迈步进入新时代中长成，思想特征具有鲜明的时代性和国际化特点。留学生党员思想开放、视野宽阔，既受中国特色社会主义思想熏陶，又经常与多元文化碰撞交流。在全球化的学习和生活环境中，他们普遍具备较强的理论学习和自主思考能力，能够结合自身经历深入领会党的路线方针政策。同时，他们有坚定的政治立场，认同中国特色社会主义道路、理论、制度和文化，展现出爱国热情与民族自豪感。

然而，他们也面临因文化差异、社会环境等带来的思想困惑，需要通过组织引领和思想教育进一步巩固其信念。

在"两个确立"的决定性意义方面，留学生党员深刻理解其对于党和国家事业发展的极端重要性，认识到确立和维护党的领导核心是马克思主义政党建设和科学社会主义理论的重大原则，并将其转化为坚决做到"两个维护"的思想自觉、政治自觉、行动自觉。在"四个意识"方面，留学生党员通过加强对党的理论和路线方针政策的学习，增强对党的信仰和忠诚，在海外的言行中自觉维护国家利益和形象，坚决反对任何损害党和国家利益的行为，并能够认识到海外"和平演变"的企图，对海外传播的政治信息表现出极高的敏锐性。

（三）留学生党员教育管理的外部形势

从区域国别文化角度来看，留学生党员身处不同的文化环境中，这些国家大多实行资本主义制度，周围师生的信仰与国内有着极大不同，长此以往，思想上容易发生动摇。面对中外不同的教育理念和教育模式，留学生的思想和意识形态具有复杂性，这要求我们在教育管理中必须重视文化差异的影响，并采取相应的措施来强化留学生党员的文化自信和政治认同。

从意识形态角度来看，国外政治环境复杂严苛，在一些国家法律法规的限制下，海外难以建立起线下共产党员组织、开展组织生活，这使得在隐身状态下的党员更难以产生组织归属感。近年来，国际形势愈发严峻，意识形态斗争更加激烈，留学生党员理应受到国内党组织的高度重视。

从地缘政治角度来看，留学生党员面对风云多变的异国环境，需要在国际地缘政治的背景下保持清醒认识，学会独立思考，既要充分利用海外求学发展提升自身素养，又要坚决维护国家利益。

# 七、留学生党员教育质量提升路径研究

## （一）加快留学生党员教育管理制度建设

一是构建留学生党员教育管理网络体系。为确保留学生党员教育的连续性和有效性，高校应在留学生集中地区建立党支部，负责组织和协调党员活动，定期开展组织生活会和学习讨论会。同时，利用现代信息技术，开发在线平台，为留学生党员提供丰富的学习资源和交流空间，以实现远程管理和教育。

二是制订和实施海外留学生党员教育计划。高校需制订一套针对海外留学生党员的详细教育计划，通过视频会议等形式，定期组织线上学习会，确保党员能够及时学习党的最新政策和理论知识。此外，高校还应根据留学生党员的专业背景和个人兴趣，制订个性化的教育方案，如专题研讨、在线讲座等，以更好满足党员的多样学习需求，提高教育的更具针对性和吸引力。

三是定期实施留学生党员监督和考核。为确保留学生党员教育管理的执行力，高校需要建立起一整套考核制度和体系，制定明确的考核标准和程序，定期评估其学习、活动参与情况。同时，实施激励和惩戒机制，对于积极参与组织活动的留学生党员给予奖励，对于违反规定的留学生党员实施必要的惩戒。这有助于提高留学生党员的责任感和参与度，确保教育管理措施的有效执行。

## （二）建立"前中后"留学生有效管理机制模式

"前中后"留学生有效管理机制模式可以为高校构建一个全面、系统的管理机制，以确保从学生出国前到出国期间的持续管理，直至回国后的后续跟进，能够实现全过程100%覆盖。此模式要求高校在不同阶段采取有针对性的管理策略，以适应留学生党员的特殊需求和挑战。

一是出国前期（行前教育与管理）。在学生出国前，高校应建立全链条管理机制，包括行前教育、出境手续与学籍管理。行前教育应涵盖安全教育、法律法规教育、思想教育等，目的是提高学生自我安全意识，以及其自我保护能力。同时，学生需履行出境申报手续，并在相关系统中填报出境信息，涉及学分转换的学生还需制订修读计划，并经审核同意后备案。

二是出国期间（境外管理）。在学生出国期间，高校应落实留学生因学业出国（境）在外期间的跟踪管理与服务。对于学生公派出国（境）在外期间，学院应指派专人保持联系，了解学生的学习生活情况，定期核查汇报，原则上每个月应至少联系1次。同时，建立团长负责机制，以确保团组人员在外情况能够得到及时跟进。

三是回国后期（归国管理）。学生在完成海外学习任务回国后，高校应立即执行行后回访制度，确保在学生回国7个工作日内完成回访，并填写回访记录表。派出学生回校后，应及时向所属院（系）和高校部门提交"交流学习总结报告书"，并履行学术汇报与交流义务。

通过这种"前中后"管理机制模式，高校能够为留学生党员提供连续性的支持和指导，确保他们在不同阶段都能得到适当的关注和管理，从而提升留学生党员教育管理的整体效能。

（三）强化留学生党员教育管理的"五个结合"

在当前全球化背景下，留学生党员教育管理除了面临挑战，还应抓住独特的机遇。为了适应这一新形势，我们必须创新教育管理路径，将留学生党员教育管理与五个关键领域相结合，以实现教育管理的优化和提升。"五个结合"不仅能够增强留学生党员的党性修养，还能促进其在国际交流中体现中国学子的靓丽风采。

一是与专业学习相结合。高校应将党员教育与其专业学习进行深度融合，鼓励留学生党员在掌握专业知识的同时，深入理解和践行党的理论和政策。例如，通过专业课程中的案例分析，引导留学生党员将党的理念与实际专业问题相结合，提升其专业素养和政治敏锐性。

二是与中华优秀传统文化相结合。留学生党员应积极发挥传播中华优秀传统文化的桥梁作用，对外讲好中国故事。高校应号召、鼓励和支持留学生在当地积极组织文化讲堂、参与当地华人社区活动、举办中国文化节等，让留学生党员成为文化传播、文明互鉴的使者，同时增强其文化自信和民族自豪感。

三是与高等教育国际化相结合。在高等教育国际化的大背景下，高校将党员教育管理与国际化教育相结合，鼓励留学生党员参与国际学术交流，并通过国际视野理解和传播党的先进理念和特色，同时在国际平台上主动展现出中国青年党员的风采。

四是与海外红色文化资源相结合。留学生党员应深挖、利用海外的红色文化资源，如参观海外的革命历史遗址、纪念馆等，高校应组织留学生党员进行走访参观，讲解教学，以增强其对党史的认识和对革命精神的进一步体会和感悟。

五是与区域国别文化相结合。结合留学生党员所在国的文化特点和习俗，党组织和党员应自发开展形式多样的党员教育活动。例如，通过与当地孔子学院合作，举办文化交流活动，让留学生党员在传播中国文化的同时，也可以学习和理解当地文化，促进文化互鉴和民心相通。

"五个结合"可以构建一个多元化、立体化的留学生党员教育管理体系，既可以强化党员的政治意识和党性修养，又能促进跨文化交流，培养其国际合作能力，这可以为培育具有国际视野的党员人才打下坚实基础。

## 参考文献

［1］中共中央文献研究室．习近平关于全面从严治党论述摘编［M］．北京：中央文献出版社，2016．

［2］鲍照．新时期高校出国及归国党员思想政治工作研究［J］．才智，2017（26）：57－58．

［3］曹杰．提升中华优秀传统文化的国际传播效能［J］．人民论坛，2024（8）：104－106．

［4］陈宏伟，齐山华，陈文生，等．我国高校海外留学生党员教育对策［J］．高校辅导员，2015（1）：62－65．

［5］黄承，马露瑶．新时代高校留学生党员教育管理探析［J］．教育观察，2020，9（18）：23－24．

［6］梁捍东．流动党员动态管理机制探析［J］．河北省社会主义学院学报，2012（4）：70－74．

［7］唐皇凤，文冬梅．百年大党加强党员教育管理的历史进程与基本经验［J］．福建师范大学学报（哲学社会科学版），2021（4）：26－38＋169．

［8］夏小和，董玉山．加强高校流动党员管理工作的思考［J］．思想理论教育，2009（19）：70－74．

［9］杨琳．海外大学生党员教育与管理探析［J］．学校党建与思想教育，2014（19）：48－49．

［10］曾俊淇．新时代海外留学生政治认同：理论架构、现实状况与优化路径：基于亚欧美澳8国留学生问卷及访谈的实证研究［J］．青年与社会：上，2019（23）：34－36

［11］邹晓彧，郑怡婷．新时期高校海外学生党员教育管理研究：以结构功能主义为视角［J］．北京城市学院学报，2022（3）：87－93．

# 第二篇
思政教育

# 新形势下公派海外实习研究生思想政治教育模式探究

## ——以某高校国际中文教育硕士为例

郭雪莹①

**摘　要：** 国际中文教育硕士赴海外实习比例正随着中国综合国力的提升与国际合作的深入不断上升，导致高校面临公派海外实习研究生的思政教育因存在时空差异、人员分散等问题而难以进行的挑战。基于此，笔者统筹凝练"三个围绕"体系，搭建"惠文使者会客厅"公派汉硕生学习教育平台，减少海外思政教育"错位感""距离感"，让平台成为公派海外实习研究生站稳政治立场、提升专业技能、锤炼个人品质的重要载体。

**关键词：** 公派海外实习；研究生；思想政治教育

## 一、引言

随着我国综合国力的上升和国际合作的不断深入，培养学生的国际视野和国际竞争力已经成为高校高质量教育人才培养体系中必不可少的一环。《国家中长期教育改革和发展规划纲要（2010—2020 年)》提出，要"培养大批具有国际视野、通晓国际规则、能够参与国际事务和国际竞争的国际化人才"。持续增多的赴外学生面临的国情及思想

---

①　郭雪莹，对外经济贸易大学中国语言文学学院辅导员，助教。研究方向：思想政治教育。

文化的差异给高校思政教育工作带来新的挑战。面临世界百年未有之大变局和中华民族伟大复兴的战略全局的新形势，做好公派海外实习研究生思政教育存在各项机遇和挑战。

国际中文教育（原汉语国际教育）硕士专业学位是与国际汉语教师职业相衔接的专业学位，主要培养具有熟练的汉语作为第二语言教学技能和良好的文化传播技能、跨文化交际能力，适应汉语国际推广工作，胜任多种教学任务的高层次、应用型、复合型、国际化专门人才。该专业部分硕士生（以下简称汉硕生）也会赴海外孔子学院等单位实习。

不同于海外交流学习重点在于"知识输入"，汉硕生的重点则在于"知识输出"。面对肩负着讲好中国故事、传播中华文化重要使命的汉硕生，做好思想政治教育尤为重要。本文将以公派海外实习研究生（以下简称"外派汉硕生"）为主要研究对象，探究新形势下公派海外实习研究生思想政治教育模式。

## 二、研究意义

### （一）理论意义

其一，扩大思想政治教育学科的研究视域。外派汉硕生思想政治教育是高校思想政治教育工作的重要组成部分，具有鲜明的特征。如何针对该群体开展行之有效的思想政治教育，对思想政治教育学理论创新和发展具有重要的影响，从而推进思想政治教育学科的理论发展。

其二，深化对外派汉硕生思想政治教育规律性的认识。当前对公派留学生、赴外学习交流生的思想政治教育的研究成果较多，但对外派汉硕生的思想政治教育的研究成果仍有空白。本文从理论和实践角度对外派汉硕生思想政治教育开展研究，有助于深化对该群体思想政治教育的规律性认知。

（二）实践意义

其一，服务国家相关战略发展的需求。2023 年 7 月 1 日起，《中华人民共和国对外关系法》施行，国际传播能力建设首次被写入国家法律当中。国家推进国际传播能力建设，推动世界更好了解和认识中国，促进人类文明交流互鉴，外派汉硕生义不容辞。做好该群体的思想政治教育工作，关系到高校全面执行党的教育方针，是高校服务国家战略需求的重要举措，是时代主题和国家发展的共同要求。

其二，服务公派海外实习研究生成长。外派汉硕生在出国前已经接受了系统的培训，是中外文明交流的生力军，是知识技能升级的重要载体，能为实现"两个一百年"奋斗目标和中华民族伟大复兴的中国梦作出重要贡献，必须充分发挥思想政治教育服务外派汉硕生成长成才功能。

其三，为有关部门的工作提供对策建议。外派汉硕生思想政治教育工作是一个系统工程，它涉及国内外、校内外多个部门的联动合作。

## 三、当前面临困境

（一）客观因素：时空差异、人员分散

由于海外汉语教学点分布分散、教师需求不同、项目时长不同等情况，外派汉硕生的分布也比较分散。笔者统计了某高校 2015 级至 2022 级汉硕生的外派情况，累计 129 人次外派至 37 个国家，平均密度仅有 3.49 人/国。外派汉硕生管理面临着不同国家不同时区、同一国家不同区域之间的差异等客观问题，不仅在开展教育活动方面面临巨大挑战，而且关心关爱学生近况也有着"时空错位"的问题。

（二）主观因素：自由享乐、脱离管辖

外派汉硕生将会独立进行学习和生活，脱离传统的管理模式，以往的管理模式约束力有一定下滑，学生本身也会产生一定的自由心态，原本发挥重要作用的学生组织（如班团委、党支部等）由于人员流动也相对松散，难以发挥作用。

此外，外派汉硕生将会沉浸式融入不同的文化背景和意识形态，在不自觉中产生对比，可能会因理性认识不足而在意识形态等深层领域产生怀疑和动摇，但因时空差异，难以及时发现、及时干预。

（三）研究因素：理论较少，实践不足

据陈亚（2021）统计，高校思政教育相关的研究成果丰富，但专项研究海外实习思政工作内容的文章仅占 0.006‰，反映了海外实习思政存在理论研究不足、实践经验较少的情况。因此对建立针对性强的管理模式和工作体系缺乏支持，对从事海外实习学生管理工作的相关教师和管理人员也缺少指导。

## 四、探究实践路径

笔者为某高校外派汉硕生搭建了"惠文使者会客厅"教育活动平台（以下简称"会客厅"），借助腾讯会议、微信公众号等新媒体媒介，以影、音、图、文等融媒体形式，统筹凝练"三个围绕"体系，在各项活动中融入思政教育。

（一）围绕学生四个身份，建构教育内容

思想政治教育内容广泛，覆盖面广，因此在开展思政教育前应当确定好重点和规划，可以通过汉硕生的不同身份反推教育方向，为该专业学生的全面培养和发展提供指导。

**1. 作为"专业硕士生"：扎实专业知识**

"学生"仍然是外派汉硕生的本职身份，因此学业科研仍为重点工作。外派汉硕生在正常在校学习期间，通过参与国际社区汉语课堂、"留学生写作中心"等活动拓展课堂教学范围，夯实自身专业基础，将所学知识灵活运用起来，探索个人教学风格，为开展长时间教学实习做好充分准备。

**2. 作为"中国新形象"：坚实中国底蕴**

建设中华民族现代文明是新时代赋予的新文化使命，需要做到坚持守正创新。守正，既要守住中华优秀传统文化这一根脉，也要守住"何以为中国人"的中华民族精神。某高校在日常思政教育中，着重进行习近平文化思想的学习研讨，开展"非遗"系列传承体验活动和考古博物馆等参观活动，提升文化底蕴和中华文化"走出去"的底气。此外，某高校在文化教育的同时，注重以爱国主义为核心的团结统一、爱好和平、勤劳勇敢、自强不息的伟大民族精神教育，鼓励学生在跨文化交流、与人相处中体现出良好品格和民族气质。

**3. 作为"职场预备役"：思考职业目标**

笔者统计了某高校 2018—2023 届 184 名有明确去向的毕业生，升学人数仅为 6 人，说明某高校的汉硕生毕业后以直接就业为主要去向，而 178 名直接就业学生的职业选择，94.4% 的学生选择在国内就业。硕士生成为步入职场的"预备役"阶段，除了简历指导、面试技巧等常规就业指导，外派汉硕生更需要的是职业选择的指导。外派汉硕生缺少国内实习机会，但其却需要在国内就业，职业"试误"的机会有限，需要尽早确定职业选择。笔者在行前动员会为学生详细分析本专业就业行业、就业地区、招聘时间形式等基本情况，给学生提供职业选择有针对性的方向。

**4. 作为"成长中的人"：拓宽格局视野**

埃里克森将一个人的人格发展划分成为八个阶段。硕士生群体以

20－25 岁为主，属于成年早期的承担社会义务阶段。在这个时期，学生心理发展稳定，逐渐获得"爱的品质"。海外实习给予学生走出熟悉生活环境、了解世界节奏的机会，让他们不仅可以在面对同样的事件时逐渐学会辨别思考、爱与包容，也能够为拓宽国际视野和提升全球意识提供可能，从而对其成长发展起到有益的作用。

（二）围绕培养四个目标，设计活动版块

会客厅借助腾讯会议、微信公众号等线上平台，选取与外派汉硕生密切相关的话题，开展"会客光影""会客集思""会客围谈""会客传声"四大版块主题活动，以期实现提升学生独立生活能力、夯实学科基础与提升实践能力、加强理论学习能力与发挥榜样带动作用四项培养目标。

**1. 会客光影**

笔者征集到不同地区外派汉硕生在海外任教期间的课堂教学、生活交往、自然生态等各类型照片，以"和气东来"为主题，借助学院官方微信公众号发布相关活动通知，开展照片征集活动。活动共筛选出 24 幅优秀作品，已在微信公众号上展出，同时择优制作出明信片套装发放给参与活动的师生，并在"弘传坊"学生党员活动室布置照片展，面向师生开放展览，以实物巩固活动成效，扩大了宣传辐射面。

**2. 会客集思**

笔者通过国际中文教育学科竞赛的形式，锻炼实操技能，为学生总结语言教学、跨文化交际等方面的实际经验提供机会，提升其发现问题、解决问题、复盘问题的能力。笔者通过汉语教学案例大赛、汉语教学技能大赛、汉字大赛、文化相关学科竞赛，以赛促学、以赛促练，在相关赛事中拔得头筹的学生占据学院成功选拔外派学生的 80% 以上，学生对于竞赛认可度高、参与度高，已经逐渐朝着品牌化方向发展。

除了学科竞赛，笔者要求外派汉硕生撰写任期总结，全方位对其在任教期间的表现进行总结，帮助学生发现个人长处和存在问题，更好地进行自我提升。目前已收集到 20 余篇任期总结，详细总结出外派汉硕生在教学技能、组织活动能力等方面的进步与不足。

**3. 会客围谈**

笔者组织同名活动"惠文使者会客厅"直播活动，由不同文化背景地区的外派汉硕生和相关教师以线上直播、视频讲故事的形式与国内师生及同在海外实习的汉硕学生开展交流研讨，分享特定主题感悟。例如，通过对比中外防疫政策加深"制度自信"；通过对比不同国家的"中国制造"物件体现出祖国经济贸易政策的正确性，进而体会"两个确立"的重要性；通过在各地组织开展的中国文化活动和汉字教学体现出文化传承、文化自信的必要性等。活动参与者则以线上参与和线下圆桌会相结合的方式，就分享话题开展讨论，打破时空限制，气氛欢快热烈，以生动有趣的形式将理论学习传播给更多师生，累计参与200 余人次。

**4. 会客传声**

笔者对外派汉硕生进行访谈约稿，在学院官方微信公众号进行集中人物风采展示，既是对外派汉硕生个人的鼓励，也是为其他学生树立良好榜样的契机。例如，赴埃及实习的两名汉硕生在采访宣传中真情实感地介绍了自己在埃及生活、学习、工作等方面的深刻体会，生动展示出国际中文教师的优秀形象，采访阅读量已达到近 600 人次，是该院学生总量的 3 倍，说明活动得到了学院的广泛关注与认可，也让即将赴海外进行国际中文教学的学生提振了信心。

会客厅通过传播"理论之声"，开展"有声阅读"活动，学习习近平总书记讲话中的中华文化典故，引导党员深入学习中华优秀文化，并将其转化为海外文化教学的重要资源。

（三）围绕发展四个阶段，做好全程跟进

笔者依据研究生在学期间成长、发展的四个阶段，明确阶段重点任务，做好全程跟进。

**1. 准备期**

汉语教学虽为该专业学生必须完成的实践内容，但海外岗位仍需通过激烈竞争方可获得机会。因此，相关专业课教师、学生导师和辅导员等需大致了解有意愿出国实习学生的情况，及时进行教学指导和心理疏导，并提供朋辈交流平台，让学生了解到潜在困难后评估其是否适合前往海外实习，一系列有针对性的工作不仅为学生外派提供良好的外部条件，也为其在出国后与国内师生联络打下了情感基础。在学生准备派出阶段，学院召开行前动员会，应注意对其总体国家安全观、意识形态、价值观等层面的教育，使学生树立国家安全意识，也要借此机会提供职业规划指导，督促其尽早确定职业目标和发展计划。

**2. 派出期**

外派汉硕生正式派出后，要提升对该群体进行思想政治教育的重视程度，也要注重群体中的个体相关情况。一要变被动为主动。赋予国内外学生在外派汉硕生思政工作的特殊"职位"身份，如选拔"地区负责人"与国内进行对接，定期反馈情况，信息上互通有无，情感上紧密联系，从完成任务转变为热情推进。二要变顺向为逆向。从学生关心角度开展思想政治教育，及时调整思政教育安排，并根据学生实际问题请各部门联动开展工作，拉近国内外之间的距离，为其成长发展提供最大便利。

**3. 总结期**

不同于社会实习，公派海外实习是汉硕生培养阶段需完成的专业实践任务，与其专业学习和培养密切相关，在实习结束后进行总结反思，不仅可以实现实践、教学效果最大化，同时也是思想政治教育的重要"收口关"。通过举办汉语教学案例大赛、教学生活主题摄影展等长时形式活动和线下圆桌座谈会、线上故事分享会等即时形式活动，帮助汉硕生对国内外人文、思想、意识形态、政策制度之间的不同进行比较，并借此机会将已经逐渐适应海外模式的汉硕生拉回"主线"，从切实感受中加深对我国制度的理解和认同，提升思政教育效果。

**4. 升华期**

学院以会客厅为起点，挖掘榜样典型，凝练个人事迹，为榜样育人、奖助育人等提供重要支持和协同帮助。例如，2024 年向某高校研究生官方微信公众号及某高校官方微信公众号推荐北京市优秀毕业生、赴拉脱维亚志愿者 A 同学事迹，累计阅读量近 5000 人次；向 China Daily—中国日报网推荐北京市优秀毕业生，赴希腊志愿者 B 同学事迹并在学院官微上进行宣传，阅读量超 500 人次，加强外派汉硕生充分发挥朋辈榜样作用的号召力，会客厅成为学院育人的重要抓手。

## 五、小结

本文以某高校国际中文教育硕士专业的外派群体为研究对象，探讨新形势下面向公派海外实习研究生思政教育的意义，分析开展此类思政教育面临的主客观困境以及相关科研基础薄弱的现状，以及如何有效开展此类学生的思政教育。笔者认为围绕学生的身份任务、培养目标、发展阶段建构"三个围绕"教育体系，充分体现出以生为本的教育导向，以循序渐进、喜闻乐见的形式开展活动，让学生易于接受、乐于参与，为高质量构建以学生为中心的思政教育体系提供动力。

笔者研究对象来自该高校该学院 2022、2023 级硕士班学生，该班级及所在成员荣获北京市优秀班集体、该校"优秀宿舍"评选一等奖，成员所在党支部获评该校"先进基层党支部"，并入选北京市"样板支部"培育单位等。从工作成果看，外派汉硕生坚定政治定力、充满学业活力、彰显青春才力，按本文制定的工作方法开展公派海外实习研究生思想政治教育工作较有成效。

## 参考文献

［1］吴秀明．新时期国际化人才培养与德育模式创新［M］．北京：世界知识出版社，2015.

［2］陈亚．汉语国际教育专业硕士海外实习与思政工作融合机制研究［J］．安阳师范学院学报，2021（4）：149－151.

［3］范俊雄．大学生海外实习背景下人才培养工作的实践与探索［J］．就业与保障，2020（5）：145－148.

［4］郭保祥．论海外项目中思政工作面临的挑战及其应对措施［J］．世纪桥，2015（10）：33－34.

［5］胡森文．外语类高校创新学生思想政治教育工作的路径分析［J］．决策探索（中），2021（5）：37－38.

［6］刘璐，王天龙．"三全育人"视阈下创新海外交流学生思想政治教育探究［J］．山东教育（高教），2019（6）：47－50.

［7］龙波宇，刘莉．外语专业学生海外实习与思政教育融合研究：以成都大学赴美带薪海外实习为例［J］．教育与教学研究，2015，29（9）：57－60.

［8］沈林．海外项目党建思想政治工作的有效途径和方法探索［J］．中国高新技术企业，2016（30）：182－184.

［9］王鑫，聂鑫．论海外中国留学生思想政治教育的有效之策［J］．社科纵横，2018，33（6）：117－122.

［10］严太平，秦海龙．新形势下赴海外交流学生思想政治教育途径创新研究［J］．文化创新比较研究，2019，3（8）：9－11.

［11］张莉．公派留学生思想政治教育方式探讨［J］．学校党建与思想教育，2015（20）：46－48.

［12］张缅．公派出国留学人员开展理想信念教育的创新方法研究［J］．黑龙

江高教研究，2014（9）：86－89.

［13］王瑶. 中国赴海外留学生思想政治教育研究［D］. 吉林：吉林大学，2021.

［14］张妍. 我国公派留学生思想政治教育研究［D］. 北京：中国地质大学，2021.

［15］中华人民共和国教育部. 汉语国际教育硕士专业学位研究生指导性培养方案［EB/OL］.（2007－12－10）. http：//www. moe. gov. cn/srcsite/A22/moe_826/200712/t20071210_82702. html.

［16］中华人民共和国教育部. 国家中长期教育改革和发展规划纲要（2010－2020 年）［EB/OL］.（2010－07－29）. http：//www. moe. gov. cn/jyb_xwfb/s6052/moe_838/201008/t20100802_93704. html.

# "三全育人"视角下研究生生涯教育的困境、策略与实践

杜姝君① 雷佳欣② 史雨卓③

**摘　要：** 在促进高质量充分就业成为就业工作新定位的背景下，研究生生涯教育至关重要。本文基于"三全育人"视角，剖析研究生生涯教育存在师资方面协同短板、规划过程衔接断层、形式呈现设计缺失等困境，进而提出全员参与构建协同共同体、全程贯穿编制连贯教育脉络、全方位拓展营造融合教育生态等对应策略。本文以对外经济贸易大学在第一、二三课堂构建的职业生涯教育体系为实践案例，阐明"三全育人"理念引领下职业生涯教育体系构建的重要意义，结合学科特色和实际，为高校研究生职业生涯教育提供可借鉴和推广的实践路径，强化育人能效。

**关键词：** 三全育人；研究生生涯教育；实践路径

## 一、引言

2024 年，习近平总书记在中共中央政治局第十四次集体学习时强调，促进高质量充分就业是新时代新征程就业工作的新定位、新使命。在中共中央、国务院印发的《关于实施就业优先战略促进高质量充分就业的意见》中，也明确了相关总体要求和重要举措。

---

① 杜姝君，对外经济贸易大学国际经济贸易学院辅导员，讲师。研究方向：思想政治教育。
② 雷佳欣，对外经济贸易大学国际经济贸易学院本科生。专业：金融学。
③ 史雨卓，对外经济贸易大学国际经济贸易学院硕士研究生。专业：国际商务。

在高等教育迈向普及化的进程中,研究生教育作为培养高层次创新人才的关键环节,其重要性愈发凸显。高质量的研究生教育不仅能够为各领域输送具有深厚专业知识和创新能力的精英人才,推动科学研究的进步与创新,还能为国家的经济建设、社会发展和国际竞争力的提升提供有力支撑。面对当前就业工作面临的新形势、新任务,以及人力资源供需不匹配等结构性就业矛盾,研究生阶段生涯教育的重要性尤为突出。生涯教育旨在帮助研究生理性规划自身学业与职业的发展,树立正确择业就业观念,增强生涯管理能力和综合就业能力。将职业生涯教育融入高校人才培养全过程,是落实促进高质量充分就业政策的关键环节。

"三全育人"理念的提出,为研究生生涯教育提供了有力指引。然而,在"三全育人"视角下,研究生生涯教育在实施过程中面临诸多困境。深入分析这些困境,并探寻切实可行的应对策略,不仅有助于提升研究生培养质量,完善研究生生涯教育体系,还能为国家创新驱动发展战略提供坚实的人才支撑。本文基于此,详细探讨"三全育人"视角下研究生生涯教育的困境和策略,并结合对外经济贸易大学的实践案例进行分析,以期为相关研究和实践提供有益参考。

## 二、"三全育人"视角下研究生生涯教育的困境

### (一)师资困境:全员协同的短板

在研究生生涯教育实际开展过程中,师资队伍的结构性缺陷较为突出。高校辅导员长期以来在生涯教育中承担主要角色,但因其精力有限且专业背景相对单一,难以充分满足研究生多元化、专业化的生涯规划需求。研究生对生涯规划的诉求涉及专业深度剖析、行业前沿动态、职业技能精细打磨等多个复杂维度,单纯依靠辅导员的非专业

指导往往力不从心。另外，专业教师与行业专家在生涯教育中的参与度不足，使得教育过程缺乏深度专业知识的融入与实践经验的有效传递，严重削弱了生涯教育的精准度与实效性，全员协同育人的合力难以有效凝聚。

（二）规划困境：全程衔接的断层

高校职业生涯规划课程体系存在明显的阶段性失衡。入学阶段，新生对研究生学术与职业环境尚处懵懂状态，此时的规划课程多为宽泛概述，难以引导学生制订契合自身的深度规划；毕业阶段，集中式的指导在紧迫时间压力下，学生只能仓促应对，无暇充分消化吸收并将指导内容有效转化为求职实践能力。中间阶段的生涯教育缺失常态化、系统性的引导机制，导致学生在专业深耕、科研探索与职业规划之间出现严重的衔接断裂，无法形成连贯流畅的教育链条，极大阻碍了学生职业发展路径的有序构建。

（三）形式困境：全方位指导的缺失

当前高校职业生涯教育形式较为单一，多为职业指导类的讲座和传统职业规划课程，这种单一模式限制了学生对自身潜能的深度挖掘与职业世界的真实感知，实践体验与互动交流环节的匮乏使学生难以将抽象理论与实际职业场景紧密结合。同时，高校虽开设丰富多样的能力培育课程，但在课程融合方面缺乏系统性整合策略，"碎片化"的培育内容未能构建起有机统一的生涯教育生态体系，各课程之间协同效应微弱，无法全方位覆盖研究生生涯发展所需的知识、技能与素养培育，严重制约了育人功能的全面发挥。

# 三、"三全育人"视角下研究生生涯教育的策略

## （一）全员参与：构建多元协同育人共同体

### 1. 顶层设计：打造一体化协同架构

学校应担当研究生生涯教育的主导者与组织者，强化顶层设计。招生就业处需充分发挥核心枢纽作用，整合校内多部门资源，构建紧密协作网络。联合学生事务、教务等部门，于新生入学伊始举办高规格职业规划讲座，邀请学界精英与行业翘楚剖析职业发展趋势与学术研究路径，助力学生锚定生涯方向；定期召开跨部门联席会议，协同各学院依循学校整体育人目标定制个性化生涯教育方案，确保教育规划的系统性与一致性。同时，积极拓展校外合作版图，与企业、行业协会共建实习实训基地与就业信息共享平台，引入企业真实项目与前沿技术讲座，推动科研成果转化，为学生创造沉浸式职业体验环境，实现校园与职场的无缝对接。

### 2. 导师培育：组建专兼结合精英团队

打造一支技能精湛、经验丰富的生涯导师队伍是提升教育质量的关键。校内辅导员可依托生涯教育工作室，创新服务形式，通过小组研讨、一对一咨询、学术与生涯融合指导等多元方式，深度剖析学生特质与需求，量身定制生涯规划蓝图，并引导学生将学术成果转化为职业竞争优势。校外导师团队应广泛吸纳行业资深专家、杰出校友，定期举办职场经验分享会与职业发展工作坊，传授实战技巧与行业隐性知识，助力学生洞悉职场生态与晋升秘诀，构建从理论学习到实践应用的完整育人闭环。

### 3. 学生赋能：激活自我教育内生动力

学生组织是研究生生涯教育的活力引擎与重要补充。学校应大力

支持学生组织开展自主性生涯教育活动，如举办校友职业分享沙龙、组建行业研究兴趣小组、开展企业实地调研等，促进学生间的经验交流与知识共享，提升其职业认知与探索能力。积极引导学生组织举办职业规划大赛与创新创业竞赛，赛前开展专业培训，赛中提供全程指导，赛后组织成果转化与经验推广，激发学生创新创造热情与职业规划自觉，培育学生自我教育、自我管理、自我发展的核心素养。

### （二）全程贯穿：编制系统连贯教育脉络

**1. 入学启蒙：筑牢生涯规划基础**

入学阶段是研究生生涯教育的关键起点。学校应精心设计入学教育体系，开设具有前瞻性与有针对性的职业启蒙课程，全面介绍学校学科优势、专业发展前景、职业资源网络及研究生培养目标与路径，引导学生树立正确生涯价值观与职业理想。通过入学第一课、专家讲座、学术论坛等多元形式，邀请校内外资深学者与行业精英分享学术研究与职业发展经验，助力学生明晰职业方向与学术追求，完成从本科学习向研究生学习的科学规划与平稳过渡。

**2. 在学深耕：促进学研用协同发展**

在学期间，学校应搭建多元实践平台，强化实习实训与科研创新环节。积极与企业、科研院所建立长期稳定合作关系，为研究生提供丰富多样的实习岗位与科研合作项目，推动学生将理论知识应用于实践场景，提升专业技能与解决实际问题能力。定期举办创新创业竞赛、职业素养提升工作坊、模拟求职演练等活动，邀请企业 HR 与行业专家现场指导点评，提升学生求职竞争力与职业适应能力。同时，注重第二课堂建设，邀请各界精英举办学术前沿讲座、职业发展分享会，鼓励学生参与学术交流、社团活动与志愿服务，拓宽学术视野与拓展职业人脉，培育团队协作、领导力与社会责任感等综合素养。

### 3. 毕业冲刺：精准助力职业启航

毕业阶段，学校应整合各方资源，构建全方位就业支持体系。招生就业处需充分利用线上线下渠道，广泛收集与精准推送就业信息，举办大型校园招聘会、企业宣讲会与行业专场招聘会，为学生与用人单位搭建高效对接平台。针对学生个体需求，提供个性化就业咨询与辅导，帮助学生剖析自身优势和劣势，制定科学求职策略；对就业困难学生实施一对一帮扶，开展心理疏导与技能强化训练，确保每位学生都可以顺利开启其职业生涯。

### （三）全方位拓展：营造多元融合教育生态

### 1. 资源整合：构建内外协同育人网络

校内层面，将生涯教育深度融入课程体系，打造从本科到研究生的全程化、分层式课程模块，涵盖自我认知、职业探索、规划实操等核心内容，运用案例教学、项目驱动、实践教学等多元方法提升教学效果。同时，充分挖掘学校科研平台、实验室资源，鼓励研究生参与前沿科研项目，培育科研创新精神与实践能力，为职业发展奠定坚实学术基础。校外方面，积极拓展校企、校际合作边界，与企业共建实习基地、联合培养项目与产学研合作联盟，实现人才培养与企业需求的精准对接；加强高校间交流合作，举办生涯教育学术研讨会、联合开展大型教育活动与教学资源共享平台，促进教育理念与方法创新，提升生涯教育整体水平。

### 2. 形式创新：激发教育活力与吸引力

开展打造特色品牌活动，深化与企业合作，引入企业真实案例与前沿技术，举办企业开放日、技术挑战赛、行业精英面对面等活动，增强学生对职业世界的直观感知与深度理解。加强校际交流与资源共享，开展教师互访、教学观摩、学生作品联展与经验交流活动，提升教师教学能力与学生学习积极性。充分利用新媒体技术，构建线上线下融合的教育模式，开发高质量线上课程、虚拟仿真实践项目与互动学习社区，提供便捷灵活学习渠道；借助社交媒体与校园网络平台，精准推送职业资讯、政策解读与成功案例，营造浓厚生涯教育氛围，提升学生参与度与关注度。

## 四、"三全育人"视角下研究生生涯教育的实践——以对外经济贸易大学为例

### （一）第一课堂：构建专业融合的职业教育体系

对外经济贸易大学在研究生职业教育中，紧扣"三全育人"理念，构建起系统完备、协同高效的职业教育课堂架构。以招生就业处为核心引擎，整合研究生院、研究生工作部及各学院职业发展中心资源，组建一支由专业教师、行业专家、校外导师构成的多元育人团队，为研究生提供全方位职业指导。学校精心设计与专业紧密关联的职业教育课程，强化专业知识与职业技能的深度融合，打造坚实理论与实践并重的第一课堂。通过精准指导、家校社协同、产教融合等多元举措，构建起覆盖全员、贯穿全程的就业课程协同建设机制，依托创新创业基地，推动产学研用深度合作，全方位提升学生创新实践能力与职业竞争力，实现学生从知识学习到职业应用的高效转化。

在职业教育课堂体系的构建与实施进程中，学校精准把握职业教育及生涯引领的路径化原则，分阶段、有重点且协同性地推进研究生生涯教育工作，确保各环节紧密衔接、相辅相成，形成高效连贯的教育链条。于研究生入学伊始，学校着重部署职业认知教育板块，精心开设职业规划相关课程，并广泛举办行业前沿讲座，汇聚学界权威与业界精英，深度剖析各类职业的独特属性、发展脉络及潜在机遇，助力研究生构建清晰的职业认知框架，进而引导其确立契合自身的生涯

理念与初步规划方向。在研究生就读期间，学校引领各学院紧密围绕专业课程教学核心，有机嵌入实践教学环节，深度整合企业调研、项目实操等多元化实践活动，充分发挥专业知识与实践应用的协同增效作用，全方位锤炼研究生的专业技能与实践动手能力。同时，学校积极投身校外实习基地建设，凭借广泛的行业资源与良好的企业合作关系，搭建起丰富多元的实习平台，为研究生创造沉浸式职场体验环境，使其在真实工作场景中积累宝贵经验、提升职业素养与应变能力。临近研究生毕业阶段，学校集中资源聚焦就业指导与服务工作，招生就业处充分发挥职能优势，通过多渠道、高频次推送精准化招聘会、双选会信息，并提供一对一、个性化的就业咨询服务，深度剖析学生个体优势与市场需求匹配度，助力研究生优化求职策略、提升就业竞争力，实现研究生职业教育从入学到毕业的全程无缝对接与系统深化，为其职业生涯的稳健起步与长远发展提供坚实有力的全方位支持与专业引导，切实提升研究生生涯教育的实效性与适配性，促进教育成果向职业发展成果的高效转化。

**（二）二三课堂：培育学生自主成长的辐射型教育生态——以国际经济贸易学院青年生涯发展中心为例**

在研究生生涯教育的多元生态中，学生组织扮演着不可或缺的补充与自我服务角色。其中，对外经济贸易大学国际经济贸易学院青年生涯发展中心作为学生自主驱动的生涯教育组织，在研究生生涯教育中发挥着独特且重要的补充作用。

该中心紧密围绕国家战略需求，致力于培育兼具深厚社会主义市场经济规律认知与实际问题解决能力的经济学研究生。秉持产教融合理念，致力于打破传统生涯指导的"碎片化"局限，精心塑造"需求牵引—主体协同—同频共振"的全链式培养体系，有力推动学生专业认知向纵深拓展。

在运行机制方面，中心坚守理论与实践协同培育的原则，以服务研究生生涯发展为根本宗旨。该中心下设生涯探索、职业发展、生涯引领三大专业工作室，匠心打造了"青苗成长计划""校企共育计划""薪火相传计划""基层领航计划"等一系列特色项目，形成了层次分明、功能完备的教育架构。在育人资源整合与机制创新上，该中心充分发挥其作为学生群体连接校内外桥梁的优势，积极引入企业、校友资源，与校内教师队伍紧密协作，构建起强大的"大师资"团队。通过精心策划校企共育计划、校友导师计划，深度邀请企业参与研究生培养方案的顶层设计，成功创设数字经济虚拟优才班，并协同共建涵盖"创新课程＋实习实践＋就业指导"的一体化课程体系。在组织建设层面，着力完善朋辈引领成长机制，以"青苗成长"计划和校友导师计划为依托，广泛动员在校生和毕业生共同参与学业辅导、科研竞赛、创新创业及实习就业指导等多元育人工作，塑造常态化、制度化、系统化的一对一生涯咨询机制，搭建起全员、全程、全方位覆盖的育人网络架构。

在教育功能实现上，该中心聚焦个性化指导，有效填补职业生涯教育第一课堂的固有空白，为研究生自我认知深化与职业感知敏锐化构筑了高效交流平台。通过举办职业规划讲座、素质拓展训练、企业体验活动等丰富多样的生涯教育活动，为学生提供多元成长平台，有效提升了学生职业认知与综合素养。通过产教融合推进，搭建稳固的校企合作平台，促进校企深度合作与资源共享，拓展研究生生涯教育的广度与深度，进而形成以学生为中心的辐射型教育生态。

## 五、研究结论

"三全育人"理念指引下的研究生生涯教育在整合教育资源、促进学生职业发展与综合素质提升方面成效斐然，为研究生教育改革与人才培养提供了关键支撑与示范样本。全员参与机制有效凝聚各方力量，构建起多元互补、高效协同的教育资源网络，显著提升教育质量与协同育人效能；全过程育人路径助力学生塑造正确的职业价值观与人生观，紧密贴合社会需求动态调整职业规划，切实增强职业适应与发展能力；全方位育人模式打破传统教育壁垒，深度融合知识学习、实践锻炼、创新培育与职业素养提升路径，推动学生从知识型向综合型高素质人才转变。未来，高校应持续深化"三全育人"实践，不断创新优化研究生生涯教育体系，为国家培育更多德才兼备的高层次创新人才，服务教育强国与创新驱动发展战略。

## 参考文献

[1] 习近平. 在全国教育大会上强调：坚持中国特色社会主义教育发展道路 培养德智体美劳全面发展的社会主义建设者和接班人 [N]. 人民日报，2018 - 09 - 11 (01).

[2] 冯刚. 新时代高校"三全育人"的理论蕴含与深化路径 [J]. 厦门大学学报（哲学社会科学版），2023，73 (1)：1 - 8.

[3] 高晓旭，王陶冶. 高校研究生职业生涯教育"三全育人"模式研究：以北京化工大学研究生职业生涯教育为例 [J]. 北京教育（德育），2023 (4)：76 - 81.

[4] 杨霄，严欣平. 大学生生涯规划教育的理念探索与实施策略 [J]. 中国高教研究，2012 (1)：83 - 85.

# 语料库驱动下高校二级心理辅导站制度研究①

段菲②　苏越阳③

**摘　要：**本文通过语料库文本研究、Python 工具考察全国三十个高校二级心理辅导站规章制度的高频词及其搭配词，并结合语境展开分析。本文发现，现有规章制度可分为目标类、主体类、职能类、形式类四大板块，分别体现出二级心理辅导站的宗旨、参与者与服务对象、工作内容、活动与管理形式，其中职能类受到的关注最多。本文建议，各心理辅导站都应立足自身实际形成规章制度，增加实操性、特色性内容。希望为未来高校二级心理辅导站工作制度制定与管理建设上提供借鉴。

**关键词：**语料库；二级心理辅导站；心理健康教育；工作制度

## 一、引言

随着社会发展节奏加快，高校学生群体面临的环境多变复杂，压力也日益增多。针对此现象，2018 年，中共教育部党组印发《高等学校学生心理健康教育指导纲要》（教党〔2018〕41 号），明确提出，有条件的高校，要建立相对独立的心理健康教育与咨询机构和院（系）

---

① 基金项目：对外经济贸易大学校级思政专项课题"'三全育人'视域下学院二级心理辅导站建设与发展路径研究"（项目编号：JYX202412）。
② 段菲，对外经济贸易大学英语学院本科生辅导员。研究方向：思想政治教育、心理健康教育。
③ 苏越阳，对外经济贸易大学英语学院研究生辅导员。研究方向：研究生思想政治教育。

二级心理辅导站，同时对学生心理健康相关工作进行全面规划。为满足学生日益增长的心理健康需求，各高校逐步开展和完善二级心理辅导站建设，大多已形成配套制度化管理文件，积极关注守护学生心理健康。

## 二、二级心理辅导站研究文献回顾

柯晓扬和张玲（2014）认为，二级心理辅导站是在高校原有的校级心理健康教育与心理咨询中心的基础上，在各院系内设置的大学生心理健康教育与心理咨询机构。李亚莉等（2020）认为，二级心理辅导站在大学生心理危机预防和快速反应中发挥着不可替代的作用，可以有效解决当前大学生心理健康教育师资力量不足、针对性不强、覆盖面不广、全员参与意识薄弱等问题。

许多高校教育工作者从职责定位、基础条件、队伍建设、体制机制、服务内容、建设和发展模式、服务原则等方面对二级心理辅导站的建设和运行进行了研究和探索。江伟和刘珊珊（2015）对加强院系二级心理辅导站建设提出了四方面建议：明确工作内容、加大硬件设施和经费的投入、创新工作方法，完善规章制度、加大培训和宣传力度，推进心理辅导员专业化。甘泉（2019）在积极心理学视域下探究二级心理辅导站的建设与发展，强调应以发展性辅导理念为主，把职业生涯规划巧妙融入心理健康教育当中。王滢等（2019）指出，应构建实践活动、咨询服务、教育教学、预防干预、平台保障"五位一体"心理健康教育工作模式，形成二级心理辅导站的文化符号、概念，打造特色品牌活动。庞雪茹（2021）对基于二级心理辅导站模式的高校心理健康教育路径进行了细致剖析，特别强调，建立一套完备的心理健康教育预警机制极为关键，在思政教育中需始终贯穿积极心理学理念、构建"校—院—班—家"一体化的网络服务体系、以特色品牌活动塑造积极心理品质、以软文化建设强化心理辅导平台。

通过分析国内研究现状可以发现，虽然我国高校院系二级心理辅导站的构建和运行时间不长，但高校教育工作者们已积极投身探索，且成果颇丰。然而，现有研究系统性不足，未能从整体上进行全面阐述。此外，二级心理辅导站作为高校心理健康教育的重要组成部分，其工作制度建设尤为重要，然而暂未有研究将全国高校各个学院的工作制度归纳整理并展开分析。语料库作为一种重要的语言集成资源，可以为二级心理辅导站工作制度研究提供科学支持。通过收集分析全国三十个高校二级心理辅导站的工作制度文本，提取关键信息，为制度建设提供科学依据，从而完善二级心理辅导站的建设路径。

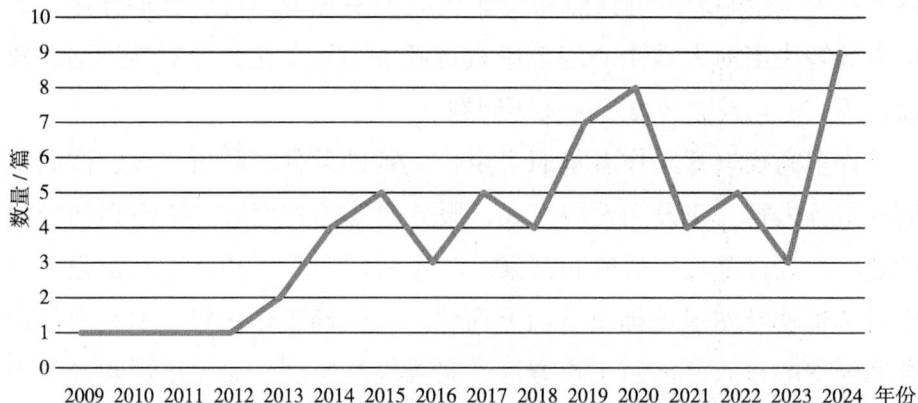

图1　2009—2024年"二级心理辅导站"论文数量趋势图

# 三、研究方法

## （一）研究步骤

（1）查阅整理二级心理辅导站相关文献，客观全面地分析其研究现状，总结现有研究不足，确定研究目标。

（2）自建全国代表性高校二级心理辅导站工作制度语料库，共30

篇。通过对语料进行降噪，剔除图片、说明性话语、文章来源、作者等冗余信息后，共计 46131 字符。

（3）通过 Python jieba 包对语料进行分词，存入纯文本文档。之后将语料导入分析软件 AntConc 4.3.1，通过关键词提取技术，进行高频词分析。

（4）利用 Python LDA 主题模型，进行主题提取，揭示高校二级心理辅导站工作制度建设方面的关注重点。

（5）在各个主题下分析高频词搭配，带入语境，研究制度中的具体实例。

（6）通过总结文本特征，探讨已有制度体现出的二级心理辅导站建设路径，并提出建议。

（二）研究问题

通过文献回顾及上述语料库研究步骤，本文尝试回答以下两个研究问题：

（1）现有二级心理辅导站制度文本关注点有哪些？

（2）现有二级心理辅导站制度文本分析对未来制度的制定有何启示？

## 四、结果与讨论

（一）二级心理辅导站工作制度高频词提取分析

高频词指的是语料库中出现频率较高、能够充分表明文本焦点所在的词汇。将全国三十个二级心理辅导站的工作制度语料库放入 AntConc 4.3.1 中进行关键词提取，剔除虚词后，共提取出 37 个关键实词出现频率大于 20。

表1 二级心理辅导站制度关键实词频率表

| 排名 | 关键词 | 频率 |
|---|---|---|
| 1 | 心理健康 | 493 |
| 2 | 工作 | 446 |
| 3 | 学生＋大学生 | 378＋60 |
| 4 | 教育 | 359 |
| 5 | 心理辅导 | 163 |
| 6 | 学院 | 152 |
| 7 | 活动 | 147 |
| 8 | 学校 | 118 |
| 9 | 咨询 | 117 |
| 10 | 负责 | 78 |
| 11 | 班级 | 66 |
| 12 | 辅导员 | 59 |
| 13 | 来访者 | 58 |
| 14 | 心理委员 | 57 |
| 15 | 宣传 | 52 |
| 16 | 记录 | 50 |
| 17 | 培训 | 48 |
| 18 | 管理 | 48 |
| 19 | 档案 | 46 |
| 20 | 心理咨询 | 45 |
| 21 | 宿舍 | 44 |
| 22 | 站长 | 44 |
| 23 | 定期 | 41 |
| 24 | 配合 | 41 |
| 25 | 了解 | 38 |
| 26 | 干预 | 38 |
| 27 | 服务 | 36 |

续表

| 排名 | 关键词 | 频率 |
|---|---|---|
| 28 | 心理问题 | 33 |
| 29 | 保密 | 31 |
| 30 | 考核 | 28 |
| 31 | 部门 | 28 |
| 32 | 值班 | 26 |
| 33 | 副站长 | 25 |
| 34 | 团体 | 24 |
| 35 | 心理危机 | 21 |
| 36 | 预防 | 21 |
| 37 | 上报 | 20 |

通过 Python LDA 主题建模，可将上述 37 个关键词归为四大类，第一类体现目标，第二类说明职能，第三类为面向主体，第四类有关开展形式。

### 1. 目标类

表 2　目标类关键词频率表

| 排名 | 目标类关键词 | 频率 |
|---|---|---|
| 1 | 心理健康 | 493 |
| 4 | 教育 | 359 |
| 28 | 心理问题 | 33 |
| 35 | 心理危机 | 21 |

高频词中提取并归纳出 4 个目标类关键词：心理健康、教育、心理问题、心理危机。这些关键词不仅凸显心理辅导站的核心宗旨，还反映出其工作的重点领域和目标方向。"心理健康"作为出现频率最高的关键词，体现出心理辅导站工作的首要目标。例如，"培养学生心理健康教育，提高心理健康水平，构建平安和谐校园，促进大学生健康幸

福成长"，这一目标贯穿心理辅导站的所有活动，旨在通过预防、识别和干预措施，帮助学生建立和保持良好的心理状态。"教育"强调心理辅导站在提升学生心理健康意识和自我调适能力方面的目标，如"心理辅导站是实施心理健康教育和辅导的专门机构"，通过心理健康教育，心理辅导站致力于培养学生对心理健康问题的认识，以及应对心理挑战的技能和策略。"心理问题"表明心理辅导站致力于识别和干预学生的心理问题，这一目标要求心理辅导站能够及时发现学生的心理困扰，并提供相应的支持和干预，以减轻心理问题对学生学习和生活的影响。"心理危机"揭示了心理辅导站在预防和应对学生心理危机方面的目标，心理危机干预在辅导站众多工作中占据着关键位置，要求工作人员能够迅速识别危机信号，并采取有效措施以防止危机事件的发生或减轻其影响。

通过对目标类关键词的文本分析，可以发现二级心理辅导站的工作制度紧密围绕心理健康、教育、心理问题和心理危机这四个核心目标展开。这些目标不仅体现出心理辅导站的服务宗旨，而且指导着其日常工作的开展和优化。未来，心理辅导站应进一步坚持目标导向，从而更有效地满足学生的心理健康需求。

### 2. 职能类

表3  职能类关键词频率表

| 排名 | 职能类关键词 | 频率 |
| --- | --- | --- |
| 2 | 工作 | 446 |
| 10 | 负责 | 78 |
| 15 | 宣传 | 52 |
| 16 | 记录 | 50 |
| 17 | 培训 | 48 |
| 18 | 管理 | 48 |
| 20 | 心理咨询 | 45 |

| 排名 | 职能类关键词 | 频率 |
|------|------|------|
| 24 | 配合 | 41 |
| 25 | 了解 | 38 |
| 25 | 干预 | 38 |
| 27 | 服务 | 36 |
| 29 | 保密 | 31 |
| 36 | 预防 | 21 |
| 37 | 上报 | 20 |

高频词中提取并归纳出 14 个职能类关键词，共同揭示出心理辅导站在日常运作中承担的关键职能和责任。"工作""负责"表明心理辅导站的基本职能是开展心理健康相关工作，并对此承担责任。这包括确保工作的顺利进行、确保工作质量以及对工作结果的负责。"宣传""记录"强调心理辅导站在心理健康知识普及和活动记录方面的职能，如"协助学校开展心理健康知识的宣传普及工作"，宣传旨在提高学生对心理健康重要性的认识，而记录则确保活动的文档化和信息的可追溯性。"培训""管理"揭示出心理辅导站在提升工作人员专业能力和优化管理流程方面的职能，如"各辅导员、心理大班长、班级心理委员、宿舍长应积极参加心理健康教育与咨询等知识的学习和培训""做好心理委员、宿舍心理联络员等学生干部的选拔、培养、管理、考核工作"。培训有助于提高辅导站工作人员的专业技能，而管理则事关心理辅导站的日常运作和效率。"心理咨询""配合"表明心理辅导站提供专业的心理咨询服务，并与其他部门协同工作，以提供更全面的心理健康支持。"了解""干预"强调心理辅导站在识别学生心理问题和及时进行干预方面的职能。了解是干预的前提，而干预则是防止问题恶化的关键。"服务""保密"表明心理辅导站在提供心理健康服务的同时，也承担着保护学生隐私的责任。服务是心理辅导站的核心任务，

保密则是维护学生信任和权益的基础。"预防""上报"体现出心理辅导站在预防心理危机和向上级报告重要信息的职能。对心理问题要防微杜渐，上报则是确保信息流通与及时响应的重要机制。

通过对职能类关键词的分析，可以发现二级心理辅导站的工作制度紧密围绕提供心理健康服务、维护学生隐私、预防心理危机和提升专业能力等关键职能展开，这些职能体现出心理辅导站的工作核心要义，进而为其工作开展提供有力抓手。

### 3. 主体类

表4 主体类关键词频率表

| 排名 | 主体类关键词 | 频率 |
|---|---|---|
| 3 | 学生 + 大学生 | 378 + 60 |
| 6 | 学院 | 152 |
| 8 | 学校 | 118 |
| 11 | 班级 | 66 |
| 12 | 辅导员 | 59 |
| 13 | 来访者 | 58 |
| 14 | 心理委员 | 57 |
| 21 | 宿舍 | 44 |
| 22 | 站长 | 44 |
| 33 | 副站长 | 25 |

高频词中提取并归纳出10个主体类关键词，它们揭示出心理辅导站在日常运作中涉及的关键角色和职能分配。"学生/大学生"作为心理辅导站工作制度的核心对象，其心理健康和成长发展是心理辅导站工作的出发点与落脚点。心理辅导站依托全方位的心理健康服务架构，运用专业的心理疏通方式，化解学生心理难题，推动学生在身心两方面健康成长。"学院""学校""班级"表明心理辅导站工作的组织层级和职能范围。"学院""学校"反映出心理辅导站在整个高校体系中的定位，而"班级"则凸显工作的具体实施单元。"辅导员"作为心理

辅导站工作的指导者、推动者，承担起学生心理健康教育以及咨询相关事务。"来访者"则为心理辅导服务的直接受益者，他们的需求和反馈是体现心理辅导站工作成效的重要指标。"心理委员""宿舍"突出心理辅导站在基层的执行力量。班级心理健康教育的第一责任人是心理委员，而宿舍则是心理健康教育活动的重要场域。"站长""副站长"明确心理辅导站的管理层级。站长负责心理辅导站的日常管理和运行，副站长则协助站长工作，共同推动心理辅导站的发展。

这些主体体现出心理辅导站的服务对象、参与者、指导者，明确主体方可更好地定位各参与者在心理健康工作中的角色与责任，从而形成心理健康教育与管理合力。

### 4. 形式类

**表5 形式类关键词频率表**

| 排名 | 形式类关键词 | 频率 |
| --- | --- | --- |
| 5 | 心理辅导 | 163 |
| 7 | 活动 | 147 |
| 9 | 咨询 | 117 |
| 19 | 档案 | 46 |
| 23 | 定期 | 41 |
| 30 | 考核 | 28 |
| 31 | 部门 | 28 |
| 32 | 值班 | 26 |
| 34 | 团体 | 24 |

高频词中提取并归纳出9个形式类关键词，它们表现出心理辅导站在开展日常运作中所采取的主要方法。"心理辅导"是二级心理辅导站的核心服务形式，包括个体咨询、团体辅导以及心理危机干预等多种方式，目的在于助力学生化解心理困扰，增强心理健康程度。"活动"表明心理辅导站日常通过举办各种心理健康教育活动来提升学生的心

理意识和参与度，通常包括心理健康讲座、工作坊、户外素拓等，学生能够在这些实践活动中，充实心理健康知识，提升自我调节能力。"咨询"强调心理辅导站在提供专业心理支持和干预方面的重要作用，不仅涉及个体心理咨询，也包括团体咨询、网络咨询等形式，以满足学生的个性化需求。"档案"体现出心理辅导站在学生心理健康信息记录和管理方面的记录形式。构建并维护学生心理健康档案，是心理辅导工作不可或缺的一部分，有助于及时跟踪学生心理状况的变化，为干预和咨询提供依据。"定期"强调心理辅导站工作的规律性和周期性。定期的活动、咨询和考核有助于确保心理辅导站工作效率，及时发现并解决问题。"考核"表明心理辅导站需要对其工作进行定期的绩效评估和质量控制，从而激励和提升工作人员的专业能力和服务水平，确保心理辅导工作的质量。"部门"体现出心理辅导站在组织结构和协调方面的职能。心理辅导站需要与学校其他部门如学生事务部门、校心理健康中心等进行协调合作，以提供更全面的心理健康服务，同时心理辅导站通常下设宣传部、实践部、理论部等部门，各部门分工协作，以更好开展心理工作。"值班"强调心理辅导站在日常运作中需要专人定期值班，以及时响应学生的需求。"团体"表明心理辅导站重视团体心理辅导和集体支持的重要性。通过团体活动、团体咨询，能为存在共同心理需求的学生给予援助，形成互助支持网络，以增强学生的集体归属感。

通过对形式类关键词的文本分析，可以看到心理辅导站日常运作内容。制度中的形式内容为心理辅导站工作提供方向性借鉴。未来，心理辅导站应继续强化现有运营形式的实施，同时不断探索新形式，以更好地适应新时代学生的心理特点。

（二）高频词搭配检索

通过对四类高频词的搭配词检索，可以进一步探索其在具体语境中的意义。

## 1. 目标类搭配词

表6　目标类高频搭配词频率表

| 排名 | 高频词 | 高频搭配词 | 频数 |
|------|--------|------------|------|
| 1 | 心理健康 | 教育 | 373 |
| 2 | | 工作 | 190 |
| 3 | | 学生 | 204 |
| 4 | 教育 | 心理健康 | 373 |
| 5 | | 工作 | 156 |
| 6 | | 活动 | 74 |
| 7 | | 开展 | 62 |
| 8 | 心理问题 | 学生 | 23 |
| 9 | | 及时 | 11 |
| 10 | 心理危机 | 学生 | 14 |
| 11 | | 干预 | 8 |
| 12 | | 做好 | 7 |
| 13 | | 预防 | 7 |

"心理健康"一词高频出现，凸显二级心理辅导站工作的中心任务，它与"教育""工作""学生"等的高频搭配，表明心理健康教育及相关工作是心理辅导站服务学生、促进其全面发展的重要途径。心理健康教育旨在提升学生的心理适应能力，培育积极生活态度，塑造健康心理状态，进而营造稳定且和谐的学习环境。"教育"是目标与意义的彰显，其与"工作""活动"的高频搭配体现出心理辅导站通过开展各类教育活动和工作，致力于实现心理健康的目标。这些活动通常包括心理健康讲座、心理咨询、心理训练等，意在加深学生对心理健康知识的理解，提升学生自我调适的本领。"心理问题"与"学生""及时"高频搭配，表明心理辅导站对及时识别和干预学生心理问题的高度关注，全力维护学生的心理健康。"心理危机"是预防和干预工作

的重点对象，其与"学生""干预""做好""预防"的高频搭配，揭示出心理辅导站在学生心理危机干预方面的作用。心理危机干预作为心理辅导站工作的关键构成部分，旨在凭借有效的预防举措和及时的干预方法，降低心理危机事件的发生率。

**2. 职能类搭配词**

表7　职能类高频搭配词频率表

| 排名 | 高频词 | 高频搭配词 | 频数 |
|:---:|:---:|:---:|:---:|
| 1 | 负责 | 站长 | 13 |
| 2 | | 指导教师 | 4 |
| 3 | | 各年级 | 4 |
| 4 | 记录 | 做好 | 26 |
| 5 | | 活动 | 15 |
| 6 | | 咨询 | 13 |
| 7 | | 访谈 | 13 |
| 8 | | 及时 | 13 |
| 9 | | 材料 | 11 |
| 10 | 管理 | 档案 | 10 |
| 11 | | 考核 | 7 |
| 12 | | 实行 | 4 |
| 13 | 干预 | 危机 | 20 |
| 14 | | 及时 | 17 |
| 15 | | 初步 | 5 |
| 16 | | 防范 | 5 |

"负责"及其高频搭配词表明心理辅导站工作的关键是职责的明确和角色的分配。站长、指导教师和各年级辅导员在心理辅导工作中承担着不同的责任，这种责任分配机制确保工作的有序进行和有效监督。站长是主要负责人，指导教师和各年级辅导员则在各自的职责范围内

发挥作用，共同推进心理辅导站的工作。"记录"及其高频搭配词强调心理辅导站在信息收集和文档管理方面的职能，不仅涉及活动的组织和实施，还包括咨询和访谈的详细记录，以及材料的及时整理和存档。这一职能对于确保心理辅导工作的连续性和有效性至关重要。"管理"及其高频搭配词揭示出心理辅导站在档案维护和绩效考核方面的职能。心理辅导工作的关键部分包含档案管理，涉及学生心理健康信息的收集、存储和保护。绩效考核则是确保心理辅导站工作人员履职尽责的重要手段，通过考核可以实现激励效果，提升工作质量。"干预"多是危机应对与预防措施，其高频搭配词突出了心理辅导站在危机应对和预防方面的职能。心理危机干预要求工作人员能够及时识别危机信号，采取有效的干预措施，以及实施初步的防范策略，以减少心理危机事件的发生。

### 3. 主体类搭配词

表8　主体类高频搭配词频率表

| 排名 | 高频词 | 高频搭配词 | 频数 |
|------|--------|-----------|------|
| 1 | 学生/大学生 | 心理健康 | 153 |
| 2 | | 状况 | 31 |
| 3 | | 档案 | 28 |
| 4 | | 心理问题 | 23 |
| 5 | 学院 | 教育 | 65 |
| 6 | | 二级心理辅导站 | 29 |
| 7 | | 学生 | 30 |
| 8 | 心理委员 | 宿舍 | 14 |
| 9 | | 各班 | 13 |
| 10 | | 心理站 | 11 |
| 11 | | 培训 | 9 |
| 12 | | 负责 | 8 |

"学生/大学生"及其高频搭配词表明学生是心理辅导站工作的核心服务对象，显示出心理辅导站对学生心理健康状况的高度重视，致力于解决学生心理问题的决心，同时通过建立和管理学生心理健康档案开展工作。"学院"作为二级心理辅导站的组织实施单位，其高频搭配词揭示出其在学生心理健康教育和服务中的核心地位。"心理委员"是基层执行者，其高频搭配词突出了心理委员在学生宿舍、班级和心理站中的活跃角色，强调心理委员在心理辅导工作中的培训需求和责任担当。

**4. 形式类搭配词**

表9　形式类高频搭配词频率表

| 排名 | 高频词 | 高频搭配词 | 频数 |
|---|---|---|---|
| 1 | 活动 | 教育 | 74 |
| 2 | | 心理健康 | 72 |
| 3 | | 开展 | 54 |
| 4 | | 记录 | 25 |
| 5 | 档案 | 学生 | 28 |
| 6 | | 心理 | 27 |
| 7 | | 管理 | 10 |
| 8 | | 健康 | 10 |
| 9 | 定期 | 汇报 | 7 |
| 10 | | 整理 | 6 |
| 11 | | 向上级 | 5 |
| 12 | 部门 | 负责 | 6 |
| 13 | | 管理 | 5 |
| 14 | | 布置 | 4 |
| 15 | | 开展 | 3 |

"活动"是实施心理健康教育的核心方式，其高频搭配词表明心理

辅导站通过开展一系列活动来维护学生的心理健康。"开展""记录"则强调活动从组织到执行再到留痕的全过程管理，确保活动的有序进行和效果评估。"档案"是学生心理健康信息管理的地基，其在相关表述中的高频搭配词，体现出学生的心理健康信息管理和记录服务的重要作用。"定期"及其高频搭配词强调心理辅导站工作流程的规范性，意味着心理辅导站需要按固定周期向上级管理部门汇报工作、推进情况、整理资料，有助于确保工作的连续性和监督的有效性。"部门"及其高频搭配词凸显心理辅导站的组织结构和责任分工，表明上级管理部门和二级心理辅导站下设的各级部门在心理辅导工作中承担的责任。

## 五、结语与展望

本文基于语料库与 Python 技术，从文本层面系统考察全国三十个高校二级心理辅导站工作制度。本文发现现有工作制度总体由目标、职能、主体、形式四大部分构成，其中职能类关注最多，其搭配词进一步体现二级心理辅导站的工作内容与关注重点。本文在收集语料时发现，部分二级心理辅导站尚未形成完整的规章制度，部分则是有制度却未对外公示。此外，现有制度内容总体较为宏观，特色性、实操性不足。未来各二级心理辅导站都应在开展工作之前，形成具备自身特色的，更具工作抓手的规章制度，并予以公开，从而更加科学有序地指导二级心理辅导站工作，进一步推动构建大学生心理健康教育共同体。

## 参考文献

[1] 甘泉. 传媒类高校二级心理辅导站建设与发展探究：以浙江传媒学院二级心理辅导站"心启航"为例 [J]. 传媒论坛, 2019, 2 (7): 21-22.
[2] 江伟, 刘珊珊. 高校院系二级心理健康辅导站建设的思考 [J]. 科教导

刊（上旬刊），2015（31）：169 – 170.

[3] 柯晓扬，张玲. 高校二级心理辅导站背景下心理辅导员专业化成长的思考 [J]. 教师，2014（32）：106 – 107.

[4] 李亚莉，崔晶宏，吴海楠. 二级心理辅导站在大学生心理危机预防和快速反应中的作用机制研究 [J]. 大学，2020（33）：51 – 52.

[5] 庞雪茹. 基于二级辅导站模式的高校心理健康教育途径分析 [J]. 陕西教育（高教），2021（9）：28 – 29.

[6] 王滢，侯磊，郭艳梅. 高校二级心理辅导站视域下育人机制研究 [C] //广西写作学会教学研究专业委员会. 2019 年教学研究与教学写作创新论坛成果集汇编（三），2019：203 – 205.

[7] 中共教育部党组关于印发《高等学校学生心理健康教育指导纲要》的通知 [EB/OL]. http：//www. moe. gov. cn/srcsite/A12/moe _ 1407/s3020/201807/t20180713_342992. html.

# 教育法治化夯实辅导员队伍建设制度基础

叶壮① 马宁②

**摘 要**：高素质专业化辅导员队伍的建设，需要制度来引领和保障。当前，《中华人民共和国教师法》（以下简称《教师法》）处于修订进程中，明确教师法律身份和权利义务是修订的核心内容。辅导员是高校教师群体中的重要组成部分，是对大学生进行思想政治教育、高效落实立德树人根本任务的中坚力量。结合辅导员工作使命具有政治性、工作内容具有广泛性、工作对象具有复杂性、工作时间具有延时性、工作场所具有全域性的五大特点，针对辅导员法律身份不明确、辅导员权利与义务不具体、辅导员职业认同感不高的三大困境，应当以《教师法》修订为契机，进一步完善辅导员队伍建设制度。

**关键词**：《教师法》；辅导员；队伍建设；制度

强国必先强教。党的二十大报告专门对教育、科技、人才进行统筹安排和一体部署，彰显教育事业在党和国家工作全局中的重要地位及其支撑作用。2023 年 5 月 29 日，习近平总书记在主持中共中央政治局第五次集体学习时指出："培养什么人、怎样培养人、为谁培养人是教育的根本问题，也是建设教育强国的核心课题。"围绕这一根本问题和重要课题，还需要明确"谁来培养人"这一关键问题。强教必先强

---

① 叶壮，对外经济贸易大学党委研究生工作部辅导员。研究方向：思想政治教育、教育政策和法律。
② 马宁，对外经济贸易大学国际关系学院硕士研究生。专业：政治学理论。

师。教师队伍是"培养人"的主要力量，高素质人才培养需要由高素质专业化教师队伍来完成。不同学段、不同学科、不同岗位的教师，其所承担的具体育人任务也各有差异。作为教师队伍中的重要一员，辅导员是高校开展大学生思想政治教育、完成立德树人根本任务的突击队和生力军。加强辅导员队伍建设与完善相应制度措施，是着力打造高校高素质专业化教师队伍的应有之义，更是建设教育强国的必由之路。

高素质专业化的辅导员队伍建设，需要制度发挥引领作用，也需要由制度来进行保障支撑。2017 年，修订后的《普通高等学校辅导员队伍建设规定》（中华人民共和国教育部令第 43 号）发布并落地施行，这是引领和保障辅导员队伍建设的重要制度文件。然而，在《中华人民共和国教育法》（以下简称《教育法》）、《中华人民共和国高等教育法》（以下简称《高等教育法》）、《教师法》等效力和位阶更高的法律中，并未提及"辅导员"这一"特殊"教师群体。辅导员法律身份的模糊，不利于辅导员队伍的一体化建设与完善辅导员队伍制度的推进。当前，《教师法》已启动修订程序，教育部发布《中华人民共和国教师法（修订草案）（征求意见稿）》并面向社会公开、征求广大社会群众意见。学校应当以《教师法》修订为契机，明确辅导员的法律身份与具体权利义务，进一步完善辅导员队伍建设制度。

# 一、《教师法》修订的背景与方向

## （一）修订背景

教师是立教之本、兴教之源。总的来看，教师队伍建设面临着不平衡、不充分的问题，不能满足人民日益增长的优质且均衡的教育需要。从教育部公布的数据来看，2009 至 2023 年，全国各级各类学校数量从 55.2 万所减少到 49.83 万所，但各级各类学历教育在校生人数从 2.6 亿人增加到 2.91 亿人、各级各类学校专任教师人数从 1396.2 万人增加到 1891.78 万人①。在学校数量减少的同时，学校的类型却变得更加丰富且多元；不同学段、不同类型的学校，其在任教师所具有的法律身份、权利义务、社会地位以及待遇保障都不尽相同。在学生人数增加的同时，该群体的身心特点也发生了较大改变，这对教师的育人能力、教学技能、任职资质都提出了严峻挑战，教师准入门槛需要大大提升。教师人数的增长速度快过学生人数增长速度，这一方面反映了教师职业吸引力的增强，但另一方面无疑增加了教师待遇保障、制度保障的难度。

《教师法》作为引领和保障教师队伍建设的最重要制度，需要与时俱进，根据时代特征与实际发展态势做出改变。现行《教师法》于 1993 年颁布、2009 年进行修正，"其在打造高素质专业化教师队伍的多个层面发挥了重要作用，不仅包括保障教师合法权益、提高教师队伍整体素质和社会地位；还囊括推进教师队伍建设与管理法治化以及推动教育事业发展等多个方面"（程雁雷和隋世峰，2024）。然而，自《教师法》颁布施行至今，我国教育事业的整体发展态势以及教师一体化、专业化队伍建设情况都发生了巨大变化，现行《教师法》的多项规定已经不再适应当前教育发展的总体状况，修订《教师法》势在必行。

党中央、国务院、全国人大以及教育部门都深刻意识到修订《教师法》的重要性和迫切性。2018 年 1 月 20 日，《中共中央、国务院关于全面深化新时代教师队伍建设改革的意见》出台，为教师法修订进入立法规划营造良好氛围打造了坚实基础。2018 年 9 月 7 日，全国人大常委会发布立法规划，提出要对《教师法》进行修订。此后，教育

① 参考教育部发布的《2009 年全国教育事业发展统计公报》（http://www.moe.gov.cn/srcsite/A03/s180/moe_633/201008/t20100803_93763.html）和《2023 年全国教育事业发展统计公报》（http://www.moe.gov.cn/jyb_sjzl/sjzl_fztjgb/202410/t20241024_1159002.html）。

部主持推进教师法修订工作，在 2018 年初步形成修订方案①，并将教师法修订工作纳入 2019 年工作要点中②。2021 年 11 月 29 日，教育部公布征求意见稿。然而，因法律修订的复杂性以及打造高素质专业化教师队伍建设面临着诸多现实困难，征求意见稿公布历经三年但未能落地，缺乏实际有效的具体举措。《教师法》的修订依然受到各方关注，其对教育改革发展起着举足轻重的作用。

## （二）修订方向

当前我国教育事业的发展日益复杂化、多样化，教师队伍建设也存在诸多问题。在教育部组织的某次调研座谈会上，与会专家学者以及教育管理人员经过充分研讨，总结出《教师法》修订 5 条原则和 10 项重点内容。这 10 项重点内容恰恰反映出，现行《教师法》在面对当下教师队伍建设的实际情况时，无法起到应有的规范作用，也暴露出一些突出问题：一是没有反映新时代的指导思想，二是教师职业定位不够准确，三是教师权利规定具有局限性，四是教师资格制度宽松，五是教师职前职后培训途径有限，六是教师管理体制机制混乱，七是教师职级晋升体系不畅，八是教师工作待遇不能得到有效保障，九是教师国家荣誉表彰体系不能深入人心，十是教师工作在教育事业发展中没有得到应有的重视。这些突出问题，不仅需要在《教师法》的修订过程中予以考虑和回应，也对《教师法》的修订提出了建设性意见。

从随后公布的征求意见稿来看，《教师法》修订主要体现在确立中小学教师法律身份、完善教师权利与义务，并在教师待遇和保障方面作出规定。然而，公布至今三年多的时间里仍未见新修订的《教师法》

---

① 参考《教育部关于 2018 年法治政府建设年度工作情况的报告》，http://www.moe.gov.cn/jyb_xxgk/s5743/s5744/201904/t20190404_376728.html，2019.04.04。

② 参考《教育部 2019 年工作要点》，http://www.moe.gov.cn/jyb_xwfb/gzdt_gzdt/s5987/201902/t20190222_370722.html，2019.02.22。

公布，这说明征求意见稿未能找准教师队伍建设中存在的关键问题，或者对于这些关键问题未能提出有效的规范举措。

## 二、辅导员工作的特点

加强辅导员队伍建设，是打造高素质专业化教师队伍的应有之义和必要措施。辅导员队伍建设必须与工作实际相结合，其目标在于既提高大学生思想政治教育水平，又提高日常管理实效。因此，准确把握辅导员工作的特点，是加强辅导员队伍建设的先决条件与坚实基础。

（一）辅导员工作使命具有政治性

贯彻党的教育方针、落实立德树人根本任务，是高校工作的中心环节。辅导员队伍是高校落实立德树人根本任务的骨干力量，是高校实现党的教育方针的突击队和生力军。推进大学生思想政治教育、引导大学生树立坚定的理想信念，是辅导员的首要政治使命，责任重大、使命光荣。

（二）辅导员工作内容具有广泛性

《普通高等学校辅导员队伍建设规定》第五条明确辅导员主要工作职责，共九个方面，分别是："思想理论教育和价值引领、党团和班级建设、学风建设、学生日常事务管理、心理健康教育与咨询工作、网络思想政治教育、校园危机事件应对、职业规划与就业创业指导、理论和实践研究。"辅导员这九个方面的工作职责，全方位覆盖了大学生学习、生活、就业等各项事务，工作内容十分广泛。

（三）辅导员工作对象具有复杂性

首先，辅导员工作对象的复杂性体现在大学生群体人数众多。按照要求，高校应当按照师生比不低于1∶200的比例配备辅导员。这就意味着，理论上一名辅导员要负责200名左右大学生的思想政治教育和日常管理工作。但在实际工作中，一名辅导员对接三四百名大学生的情况也不少见。可见辅导员工作对象的人数之多、工作内容的复杂程度之高。辅导员的工作不仅是对大学生个体的引导，更是对整个大学生群体的引领，其重要性不言而喻。

其次，辅导员工作对象的复杂性体现在当代大学生具备多样特质。现在，大学生的主力是00后，他们与90后、80后的大学生表现出一些不同的群体特质。以往大学生的同质化程度较高，当代大学生更加突出个性、特质多元化。00后给人的印象可能是"独立、自信、开放和乐观，广泛的知识和早熟的思想，以自我为中心、社会责任薄弱和心理素质弱"（李燕兴，2020）。这纷繁复杂、多元化的个性与群体特质无疑给辅导员工作带来新的、严峻的挑战。

最后，辅导员工作对象的复杂性体现在往往需要跨年级、跨专业对学生进行辅导与帮助。这不同于中小学教师一般只负责同一年级的教育教学工作，辅导员可能既要负责新生又要负责毕业生，既要对接本科生又要对接研究生，需要跨年级开展工作。不同于高校中专业课教师往往只针对本专业学生开展专业课教学，辅导员在实际工作中经常需要针对不同专业的学生开展工作，往往需要学业、就业两手抓。多样化群体的精准对接对辅导员的个人素质提出了新要求。

（四）辅导员工作时间具有延时性

除了规定的工作时间，辅导员往往还需要根据学生时间加班开展工作，"白加黑"、"007"、24小时保持通信畅通、全天候待命，成为辅导员的工作常态。一方面，由于学生有大量的专业课和公共课学习任务，而且课程安排比较分散，所以集体活动往往只能安排在晚上或者周末进行；另一方面，辅导员需要应对校园危机事件，当学生出现身体受伤、心理危机、不当言行等突发事件时，不论白天还是晚上，辅导员在知悉事件后需要第一时间介入与妥善处理。正因如此，几乎所有高校都会要求辅导员保持 24 小时通信通畅。此外，由于微信等移动社交软件与人们的工作和生活进行了深度绑定，同时具备沟通成本低、方便快捷等特点，学生经常在非工作时间通过移动社交软件提出问题和诉求，大部分情况下辅导员会在非工作时间予以回复，因而辅导员工作的特性也在一定程度上挤占了辅导员的休息时间。

（五）辅导员工作场所具有全域性

不同于专业课教师通过课堂教学来教书育人，辅导员开展工作的主要场所是在课堂之外，而且是包括校内与校外、线上与线下的全域场所。校内的爱国主义教育基地、文化历史展馆、名胜古迹、体育场馆等实践地点，是辅导员开展党团建设和班级活动的重要阵地；校外的实习实践基地，是辅导员开展职业规划与就业创业指导的必要资源与主要平台。同时由于学生来自全国各地，有的辅导员还会赴全国各地开展家访活动，从家庭层面来完善对于工作对象的认知，致力于精准助力解决需求。除了线下场所，线上空间对于辅导员的工作而言同样不可或缺。在新媒体、新技术得到深度且广泛应用的网络空间里，辅导员利用大数据平台创新工作形式，结合大学生网络行为特点开展思政教育；通过在线会议，辅导员可以召开班会、与学生交流，对学生进行日常化管理。

## 三、辅导员队伍建设的现实困境和制度需求

根据教育部最新数据，2022 年 3 月全国高校专兼职辅导员达 24.08

万人，师生比1∶171，全国辅导员配备实现整体达标①。这里的辅导员人数包括专职辅导员人数和兼职辅导员人数，因而在缺乏具体划分的情况下，专职辅导员人数与高校学生的师生比能否满足1∶200的要求不得而知。从实际情况来看，专职辅导员的配比恐怕离规定的配比还有一定差距，专职辅导员人数还存在一定的缺口。

除了人员配比方面的问题，高校辅导员队伍建设中不仅存在着激励机制不完善等诸多现实困境，也缺乏相应解决措施，这大大制约了辅导员队伍专业化、职业化水平提升。

## （一）辅导员法律身份不明确

我国现行的《教师法》以及相关教育法律，将教师定义为"履行教育教学职责的专业人员"。这一规定虽明确了教师职业的专业性，将教师归入专业人员类别中，但未明确教师的法律身份。征求意见稿第十三条规定，"公办中小学教师是国家公职人员"。这表明，立法机构已然注意到教师法律身份不明确的问题，也明确将会对公办中小学教师的法律身份进行规定。然而，究竟应当赋予高校教师何种法律身份，是公务员、公务雇员还是学校雇员，现行的法律规定以及征求意见稿均未准确回应这一问题；高校教师群体相较中小学教师群体的特殊性、不同类别高校教师群体之间的差异，以及同一高校内部有编制教师和无编制教师之间的区别，也都未能在法律规定和征求意见稿中得以体现。从目前学界主流观点来看，相比中小学教师，高校教师的自主性更强、承担的公共职责更少，因此不宜赋予这一群体公务雇员身份。

高校教师的法律身份不明确，同样也意味着辅导员的法律身份不明确。辅导员的法律身份不明确，主要体现在以下三个方面：一是从

---

① 参考教育部 2022 年 3 月 17 日召开的新闻发布会，http：//www.moe.gov.cn/fbh/live/2022/54301/mtbd/202203/t20220317_608428.html。

现实情况来看，公办高校中有编制的教师一般会与学校签订聘用合同，是公务雇员身份；公办高校中无编制的教师以及民办高校教师一般会与学校签订劳动合同，是学校雇员身份。辅导员就职于公办高校还是民办高校、是否拥有编制，都会影响其法律身份，从而影响其与学校签订合同的性质。二是专职辅导员与兼职辅导员的法律身份既有共性也有差异。根据规定，兼职辅导员可以从优秀专任教师、管理人员、研究生中选聘。担任兼职辅导员的专任教师和管理人员，与专职辅导员都属于高校教职工，从这一层面来看，法律身份具有共性。担任兼职辅导员的研究生明显有别于其他类型的辅导员，如果其具备教师的法律身份，显然是不合适的。三是高校专职辅导员虽然同时拥有教师和管理人员的双重身份，但双重身份在落地实践中往往导致两种身份都比较模糊，身份的模糊随之会带来权利与义务的模糊。关于双重身份，上位法并没有相关规定，但可以明确的是，同一个岗位同时具备两种身份本身就不符合法律规范。

## （二）辅导员权利与义务不具体

"教师法律身份一方面涉及教师与相关工作对象的法律关系构成与性质，体现教师职业的社会责任与社会地位，另一方面还影响教师法定权利与义务的确立"（余雅风和王祈然，2021）。由于辅导员法律身份的不明确，其享有的法定权利和需要依法履行的义务也就不具体，因而导致辅导员在工作进程中会出现责任模糊的窘态。

除了《教育法》《高等教育法》《教师法》所规定的教师基本权利，法律法规中并未对辅导员应当具有的特别权利进行规定。这就导致辅导员的工资待遇与个人发展难以得到法律保障，同时也导致辅导员权利受到侵害时救济渠道的不通畅。

从《普通高等学校辅导员队伍建设规定》文本来看，虽然从九个方面划分出辅导员的职责，但这些是辅导员的职业责任，并非法定义务，而且即使将这九条职责视作是辅导员的义务，也仅是部分义务并非全部。义务的不具体，再加上辅导员由学生工作部门和院系双重管理，就会导致实际工作中辅导员职责的泛化，很多本不属于辅导员的工作也需要由辅导员来承担。

（三）辅导员职业认同感不高

近年来，辅导员队伍的频繁流动，反映出辅导员职业认同感有待提升。分析背后的原因，可以发现职业认同感不高并非单一因素导致，而是多方面因素综合作用的结果。

一方面，辅导员职业压力大。由于辅导员工作具有工作内容的广泛性、工作对象的复杂性、工作时间的延时性、工作场所的全域性等特点，相比普通教师，辅导员不得不面对更为复杂的工作情况，承担岗位特点所带来的独特职业压力。辅导员工作内容的广泛性、工作职责的泛化，以及现有制度缺乏对辅导员义务的具体规定，导致辅导员除了本职工作，还需要处理大量繁杂的日常事务，时间精力都被"无意义"且"对个人发展没有帮助的琐事"所消耗，带来的结果自然是压力倍增、成就感不强、甚至出现职业倦怠。

另一方面，辅导员待遇保障力度有待提升。尽管《教师法》和《高等教育法》对高校教师的待遇进行了规定，《普通高等学校辅导员队伍建设规定》也专门针对辅导员的待遇制定了一条原则性规定，但是这些规定都在一定程度上缺乏具体标准和有效的监督措施。大部分高校在不同程度上存在经费、编制、房屋等资源紧张的难题，对专职教师尚难以完全保障到位，更不用说对辅导员的实际保障。能够落实的津贴、补助等保障措施，相比辅导员的工作量而言，不足以匹配。对辅导员而言，比较特殊的一点是具备专技职称和管理职级"双线"晋升通道；然而"巨大的压力和繁杂的事务性工作削弱了辅导员专技职称发展的竞争力，现有辅导员管理职级的发展体系则缺乏'规划性'

和'可预见性'"（杨长亮和王鑫，2024），导致辅导员"双线"晋升路径实际上难以实现。待遇保障的不匹配和个人发展的不通畅，影响了辅导员的职业认同感。

## 四、以《教师法》修订为契机，进一步完善辅导员队伍建设制度

制度建设是引领和保障辅导员队伍建设的必由之路。根据辅导员工作的特点，针对辅导员队伍建设的现实困境和制度需求，抓住此次《教师法》修订的契机，从多个方面进一步完善辅导员队伍建设制度。

（一）通过法律法规条文来明确辅导员的法律身份

新修订的《教师法》应当明确高校教师的法律身份，并根据不同类型高校教师的实际情况有区分地进行规定。由于辅导员群体内部存在公办高校和民办高校、有编制和无编制、专职和兼职的差异，所以在明确辅导员法律身份时，也应当有所区别。新修订的《教师法》即使不能制定专门针对辅导员的条款，也应当在文本中提及辅导员，规定辅导员群体是高校教师群体中的一种类型，之后在相应的法规或者规章中对辅导员身份进行明确规定。

只有在辅导员的法律身份得以明确之后，才能细化辅导员的权利和义务，在保障辅导员合法权利的同时，优化辅导员的职责，提升辅导员的准入标准水平，完善辅导员培训和晋升体系，从而提升辅导员队伍建设质量。

（二）优化辅导员工作职责，避免职责泛化

明确职责范围，有利于减轻辅导员工作压力，从而让辅导员可以腾出更多的时间精力用于专业能力提升。首先，要在相应法律法规文

件中，明确规定辅导员应当履行的义务，将辅导员九条工作职责融入其中，细化具体条款。其次，要对辅导员现有的九条工作职责进行调整和优化。例如，当前构建大思政格局的背景下，辅导员肩负的"思想理论教育和价值引领""党团和班级建设""网络思想政治教育"这三条职责均是开展思政教育的内容和方式，可以将其合并。最后，需要明确辅导员职责边界，避免职责泛化。在推进大学生思想政治教育和协同育人的过程中，辅导员与党政管理人员、专业课教师以及研究生导师等育人主体的协同是非常必要的，但也需要明确各自的职责边界。"院系除了要为辅导员工作提供必要的条件，还要注意明确院系党政管理工作与辅导员工作的职责边界，建立健全既各负其责、又相互协同的工作机制"（朱平和李永山，2022）。可以通过详细列举辅导员工作任务或制定不属于辅导员职责范围的工作清单，来明确辅导员职责边界。

（三）加强辅导员待遇保障力度

加大待遇保障力度，有利于维持辅导员队伍的稳定性，从而提升辅导员队伍建设质量。其一，落实落细法律法规中关于辅导员待遇保障的规定。针对这个问题，可以参考的案例有，天津大学助力辅导员队伍建设，投入1200万元，专门设立"天大辅导员"基金。其二，辅导员既是教师也是管理人员，在待遇保障上，应当与教师和管理人员保持相当水平。其三，进一步论证辅导员"双线"晋升通道的可行性，完善"双线"晋升的标准和程序，破解"双线"晋升制度与人事管理制度之间的矛盾。其四，完善制度执行的监督机制，提升监督效力，确保已有的辅导员待遇保障制度能够准确执行、有效落实。这就要求高校内部实行自我监督，上级部门对高校进行行政监督，辅导员群体也要积极参与到制度监督工作中。

# 参考文献

[1] 程雁雷，隋世锋.《教师法》修订：基本理念、教师身份与立法技术 [J].现代教育论丛，2024（1）：28-37.

[2] 李燕兴.新时期高校辅导员工作特点研究 [J].中国多媒体与网络教学学报（上旬刊），2020（9）：133-135.

[3] 杨长亮，王鑫.背景·实景·前景：高校辅导员"两双"政策的演化逻辑 [J].高校辅导员学刊，2024，16（2）：7-11+95.

[4] 余雅风，王祈然.教师的法律地位研究 [J].华东师范大学学报（教育科学版），2021，39（1）：49-58.

[5] 朱平，李永山.高校辅导员专业化的动阻力分析与推进策略：基于高校政策执行视角的分析 [J].思想理论教育，2022（5）：100-105.

# 高校研究生资助育人工作质量的提升策略研究

罗东东①　闫智璇②　祝鑫宇③

**摘　要**：本文深入探讨了研究生资助育人工作的价值内涵、时代发展脉络以及有效实践路径。研究生在国家发展中具有重要地位，研究生资助工作在教育公平和人才培养中发挥着关键作用。资助育人作为十大育人体系之一，是落实立德树人根本任务的必然要求、践行教育人民属性的内在要求以及作为研究生思想政治教育的重要抓手。当前的资助育人工作具有侧重性、嵌入性和复杂性，面临着资助功能与育人功能融合度不足、资助精准化程度有待提高以及缺乏资助效果跟踪检测机制等现实挑战。为应对这些挑战，充分发挥资助育人效应，必须加强顶层设计以促进资助育人相交融，丰富评估形式以提升资助精准化程度，开展跟踪调研以发挥资助育人实效。在进一步全面深化改革中提高研究生资助育人工作的质量，实现资助与育人的有机结合，促进研究生全面发展，为国家培养高层次创新人才。

**关键词**：高校；研究生；资助育人；奖助学金；教育公平

## 一、引言

习近平总书记在 2024 年 9 月召开的全国教育大会中指出，要坚持

---

① 罗东东，对外经济贸易大学党委研究生工作部教师。研究方向：思想政治教育。
② 闫智璇，对外经济贸易大学国际商学院博士研究生。专业：会计学。
③ 祝鑫宇，对外经济贸易大学马克思主义学院硕士研究生。专业：马克思主义中国化研究。

以人民为中心，不断提升教育公共服务的普惠性、可及性、便捷性，应当具有强大的思政引领力、人才引领力、科技支撑力、民生保障力、社会协同力、国际影响力，为以中国式现代化全面推进强国建设、民族复兴伟业提供有力支撑。研究生作为支撑国家建设发展的重要力量，研究生培养为党和国家事业发展输入优秀人才，在建设创新型国家、推动中国式现代化的进程中发挥着不可替代的作用。研究生资助工作是研究生教育的重要组成部分，关乎教育公平的实现与人才培养质量的提升，是全面落实教育强国建设任务的一项基础性工作，也是推动实现教育公平的有效措施。近年来，国家愈发重视学生资助工作，不断加大投入力度，出台了一系列惠及学生的资助政策。2024 年《关于调整高等教育阶段和高中阶段国家奖助学金政策的通知》中增加研究生国家奖学金奖励名额，从每年 4.5 万名提升至 9 万名。这不仅体现了国家对教育公平的执着追求，更是对研究生培养的有力保障，为国家储备高层次人才奠定了坚实基础。同时，资助育人作为十大育人体系中的关键一环，在思想政治教育、综合素质培养、社会责任感塑造等方面发挥着独特的育人功能，是高校实现立德树人根本任务的重要支撑。通过资助工作引导研究生树立正确的价值观念，提高研究生的学习动力，培养感恩意识和社会责任感，促进研究生全面发展、成长成才。因此，聚焦研究生资助育人功能，剖析其价值内涵、把握时代发展脉络并探寻有效实践路径，是顺应时代发展需求、助力人才培养与国家建设的必要之举，具有重要价值与意义。

## 二、高校研究生资助育人工作的基本内涵

### （一）落实立德树人根本任务的必然要求

习近平总书记提出关于"培养什么人、怎样培养人、为谁培养人"

这一教育理念的根本问题，高校学生资助工作是回答好这一问题的有效现实路径。当前，资助工作的核心目标已经从经济援助支持转变为以立德树人为根本任务的资助育人理念。"立德"是"树人"的前提和基础，高校作为人才培养的"主阵地"，如何通过全面育人，引导研究生树立正确的价值观念，培养优秀人才，是回答好这一根本问题的关键。资助工作是一个重要的育人环节，也是一个良好的育人契机。高校研究生资助工作应融入育人理念，在为经济困难的研究生提供支持、为学业优秀的学生提供激励的同时，深入开展理想信念教育、感恩教育、诚信教育等，引导研究生坚定理想信念，将"扶志"融入"扶困"与"扶智"的育人过程中，厚植家国情怀，增强责任担当，助力研究生成长为德才兼备的未来栋梁，是落实立德树人根本任务的必然要求。

（二）践行教育人民属性的内在要求

教育必须坚持以人民为中心的发展思想，必须不断提升教育公共服务的普惠性、可及性和便捷性。通过搭建公平的教育平台与机会，确保每一位有潜力、有志向的学生都能够接受高质量的研究生教育，不因家庭经济困难而失去深造的机会。学生资助工作正是践行这一理念的具体体现，通过公平、公正、公开的资助体系，将教育改革发展的成果更多更公平地惠及全体人民，让经济困难的学生感受到党和国家的关怀，激发他们的学习热情和奋斗精神，为实现个人梦想和社会发展贡献力量。

（三）做好研究生思想政治教育的重要抓手

资助育人不仅是经济帮扶，更是思想帮扶、精神帮扶。我国目前已经形成多元的研究生资助体系，采用保障型资助与发展型资助双轨并行的方式，鼓励研究生全面发展，不仅满足受助对象学习生活中的基本经济需求，还将引导受助对象进一步提升思想政治水平、专业能力素养等，体现资助的育人功能。将资助工作与思政教育紧密连接在一起，在资助过程中，可以通过挖掘资助政策背后的价值理念、宣传国家对研究生教育的重视和期望、讲述优秀受助研究生的励志故事等方式，增强他们的感恩意识、诚信意识和担当意识，引导其将个人成长与国家命运紧密结合起来，使资助工作成为开展研究生思政教育的有力抓手，充分发挥资助育人功能。

## 三、高校研究生资助育人工作的开展现状

### （一）侧重性

目前，我国已建立"奖、助、勤、贷"相结合的资助体系，聚焦保证学生公平教育机会、鼓励学生科研创新、提升学生培养质量等方面。研究生资助工作以经济援助与学业发展为主，提供经济支持，确保贫困研究生能够顺利完成学业，关注其学业表现，鼓励研究生科研创新，育人手段更加突出社会责任感、诚信与感恩等品质培养。为助力研究生全面发展，不仅要"五育"并举，还应继续探索全面、均衡、富有活力的育人生态，探索物质帮助、道德浸润、能力拓展在资助育人工作中的有效融合，通过调整各方面权重、设置专项奖学金等奖励方式，不断培养出具备高尚品德、智慧才华、强健体魄、审美情趣和实践能力的时代新人。

### （二）嵌入性

目前，各高校已将资助育人工作融入学业帮扶、心理辅导、社会实践、就业能力与创新意识培养等研究生日常学习、生活和活动的各个方面，搭建物质帮助、道德浸润、能力拓展有效融合的资助育人长效机制。构建完善的导师制度，精准匹配专业教师对研究生进行一对

一指导。设置多项奖学金，使资助与学业提升紧密相连。加强人文关怀，关注研究生日常心理状态和生活情况，从饮食花费、宿舍情况等多个方面着手，将心理关怀融入资助工作，帮助研究生缓解学业压力、经济压力带来的心理负担，塑造健全人格。鼓励学生参与志愿服务、社会调研等项目，并给予资金资助，让研究生在回馈社会的同时，增强其社会责任感与实践能力，实现资助价值的向外延伸。设立科研基金、创业孵化基地等平台，鼓励研究生投身科研实践，激发其创新思维与探索精神，全方位促进研究生成长成才。

（三）复杂性

在新时代背景下，高校研究生资助育人工作存在着复杂性特征。切实做好新时代高校研究生资助育人工作，关键在精准，难点也在精准。如何确保资助对象的精准定位，让有限的资助资源真正惠及最需要的研究生群体；如何实现资源精准配置，充分发挥资源的最大效益；对于不同方面的情况资助，如何进行详细且具有针对性的育人方案是目前各高校在开展资助育人工作中面临的难题。资助育人工作因研究生基数大，个人情况多变等因素，存在着极大的复杂性。如何真正将资助育人工作做到全面覆盖、精准对接，是当前面临的一大难题。各高校目前在不断探索工作办法，在不停实践中稳步前行，努力为研究生的全面发展提供有力保障。

## 四、高校研究生资助育人工作的现实挑战

（一）资助功能与育人功能融合度不足

2017 年中共教育部党组发布《高校思想政治工作质量提升工程实施纲要》，明确将"资助育人质量提升体系"纳入"十大"育人体系

之中，这标志着资助育人作为高校育人工作重要环节的理念被正式确立并系统规划。资助育人旨在通过资助措施帮助家庭经济困难研究生解决经济问题的同时充分发挥资助工作的教育功能、促进受资助研究生的全面发展，但是当下研究生资助工作仍存在一定的重经济支持、轻育人引领现象，资助与育人相分离，二者结合生硬，未能充分发挥资助的育人功能，如各类奖学金获得者优秀事迹的宣传力度不足导致榜样效果发挥有限、受资助研究生对待资助的感恩情怀淡薄，未能得到正确宣贯指引而缺乏回馈社会意识等。

（二）资助的精准化程度有待提高

精准识别困难研究生，实施精准资助保障研究生基本学习生活条件是促进教育公平进而推动社会公平发展的关键所在。长期以来，高等教育奖助学金的合理发放问题始终是校园师生、社会公众讨论的热点问题，亦属于人民群众最关心的现实问题，办好人民满意的教育就内在包含了处理好人民群众关心的奖助学金分配问题。但是研究生作为与本科生学习、生活方式差异性较大的高等教育群体，受资助对象所接触的生活环境、学习条件已发生巨大变化，本科期间奖助学金的评选标准与研究生的学习生活的具体实际已产生偏差，但困难研究生的认定仍大多数沿袭本科生的评选标准，未能坚持具体情况具体分析，制约了精准资助的推进。例如，研究生分为专硕、学硕两大类，在近年专硕培养逐步提高的情况下，资助政策未能及时跟进，不同培养类型硕士受资助渠道分配不均等。

（三）资助效果跟踪检测机制缺乏

资助育人是一项开展资助评估、确认资助对象、落实资助发放、发挥育人实效的系统工程。截至目前，研究生资助工作重心仍然集中于评选阶段，未建立科学的资助效果跟踪检测机制，育人功能多流于宣传报道受资助研究生的形式，不能充分发挥资助的育人功能。例如，当下资助工作侧重经济支持、物质奖励等，相关资助发放完毕后并未进行跟踪考核，无法对资助实效进行科学的评估，使研究生资助工作在一定程度上成为政府、社会、学校面对受资助者单向度的物质奖励工作，而非与受资助研究生之间双向互动、互相促进的健康闭环。

## 五、高校研究生资助育人工作质量的提升策略

### （一）加强顶层设计，促进资助育人相交融

自上而下推动工作改革，创新工作思路以实现资助功能与育人功能的相互交融。第一，通过举办讲座和研讨会等形式加强资助育人理念的宣传教育，利用校园媒体和社交平台加大奖学金获得者的优秀事迹的宣传力度，以此扩大影响力以提升师生对资助育人重要性的认识，并激发受资助研究生的感恩情怀和回馈社会意识。第二，根据《高校思想政治工作质量提升工程实施纲要》确定具体的资助育人工作方案、明确育人目标，将资助与育人有机结合，设立多种类型的专项资助育人项目，促进受资助研究生的全面发展。第三，深入贯彻落实党的二十届三中全会精神和全国教育大会精神，将进一步全面深化改革的要求贯彻到高校资助育人工作之中，不断破除推进资助育人工作发展的体制机制弊端，结合具体工作实际大胆创新，真正实现因时因地制宜。

### （二）丰富评估形式，提升资助精准化程度

教育公平是最大的公平，促进教育公平必须提升资助育人的精准程度。首先，根据不同研究生的学习生活方式和经济需求，制定更为精准的困难研究生认定标准，采用多维度评估体系，综合考虑研究生的学术表现、科研能力、社会实践等多方面因素，实现精准资助。其

次，对不同类型的研究生（如专业型硕士、学术型硕士、博士研究生），制定差异化的资助政策，并根据学科特点和培养需求设立专项资助项目以支持研究生的个性化发展。最后，构建起资助政策的动态调整机制，根据社会经济发展水平和研究生需求的变化及时调整资助标准和资助方式，并加强与研究生的沟通，了解他们的实际需求，鼓励研究生对资助政策提出意见和建议，确保资助政策的科学性和有效性，使资助政策更加贴近研究生的实际生活。

（三）开展跟踪调研，发挥资助育人实效

资助效果检测是评判资助育人工作的最直接途径，要尽快建立起完善的跟踪调查机制。首先，制定科学的资助效果评估指标，包括受资助研究生的未来一段时期内的学业成绩、生活状况、科研能力、就业情况等，并利用大数据和信息技术建立资助效果跟踪平台，实现对资助成果的有效收集。其次，对受资助研究生进行定期访问，了解他们的学习、生活和心理状况，及时发现并解决在资助过程中出现的问题，积极建立资助后反馈机制，鼓励受资助研究生分享自己的收获与问题，为资助政策的优化调整提供一手资料。最后，将资助与育人工作紧密结合，通过资助活动促进研究生的思想政治教育、心理健康教育等，实现资助与育人的双向互动，并建立资助育人的长效机制，将资助效果评估纳入学校教育质量评估体系，确保资助育人工作的有效开展。

## 参考文献

[1] 韩广梅，范晓琳，覃海冰，等. 新时代高校研究生资助育人策略研究 [J]. 科教导刊，2023，（20）：130 – 132.

[2] 邱化民. 研究生资助体系的育人功能及其实现机制 [J]. 北京教育（高教），2022（6）：59 – 61.

[3] 孙毅，刘志坚，李睿. 新时代高校研究生资助的价值意蕴、时代转向与实践进路 [J]. 教育探索，2024（6）：29－33.

[4] 郑佳然，薛小娟. 我国研究生教育资助政策和实践研究的现状与热点 [J]. 扬州大学学报（高教研究版），2023，27（1）：91－102.

[5] 周赛君. 新时代研究生资助工作特点、问题及对策 [J]. 现代教育管理，2021（12）：118－123.

# "五育并举"视域下高校学生心理育人模式创新研究

李璐[①]

**摘　要：** 在高等教育领域，对学生全面发展的关注以及心理健康状况的重视已成为研究的焦点。"五育并举"的教育策略提出后，对高校的心理健康教育产生了全面的影响，这得益于德育、智育、体育、美育、劳育等方面的整合。本文旨在探讨"五育并举"视角下高校心理育人的创新路径，研究如何整合"五育"资源，明确心理健康教育与"五育"的协同效应及其融合基础，探索促进大学生全面成长和发展的心理健康教育工作体系。

**关键词：** 五育并举；心理育人；工作体系

中共中央、国务院于 2019 年 6 月 23 日印发的《关于深化教育教学改革全面提高义务教育质量的意见》明确指出，坚持"五育"并举，全面发展素质教育。2023 年 4 月，教育部协同 17 个部门印发《全面加强和改进新时代学生心理健康工作专项行动计划（2023—2025 年)》，以德育、智育、体育、美育、劳育深度融合的"五育并举"教育模式，推动学生心理健康发展，促进学生心理健康水平全面提高。在这一背景下，"五育并举"视域下心理健康教育的新模式亟须高校探索与实践。

---

① 李璐，对外经济贸易大学党委研究生工作部，副研究员。研究方向：高等教育管理、创新创业、思政教育。

# 一、高校学生心理健康教育的现状

## （一）高校学生心理健康的影响因素分析

在当下社会语境中，高校学生心理健康状况呈现出复杂且多样的特点，受多种因素共同影响，亟须深入探究。在学习与就业压力层面，高校学生身处竞争渐趋激烈的环境，面临的学业压力持续攀升。同时，就业市场竞争愈发激烈，岗位供需失衡、职业前景不明等状况，加剧了学生对其未来职业规划的担忧程度。由此产生的学习与就业双重压力，在加重学生心理负担之余，易诱发焦虑、抑郁等心理问题，成为影响其心理健康的重要因素之一；在价值观及行为变化层面，随着社会快速发展与科技飞速进步，高校学生所处外部环境正在发生深刻变化。多元文化交融、新思潮涌现以及信息传播的海量与即时，使学生价值观和行为方式不断变化。面对这复杂多变的外部世界，部分学生常难以迅速找准自身定位，陷入迷茫与不适状态，进而对其心理健康产生不可忽视的负面影响；在人际关系层面，大学生正处于世界观、人生观和价值观塑造的关键时期，校园人际交往涉及舍友、同学、师生等多方面，而人际冲突、社交融入难题以及人际比较产生的心理落差等情况，都会给学生带来较大心理压力，干扰其心理健康水平；在家庭与社会环境层面，家庭背景和社会环境亦是影响高校学生心理健康的关键要素，就家庭而言，家庭经济状况、家庭教育方式以及家庭成员心理健康情况等，都会对学生心理健康产生影响。例如，经济困难可能催生学生的自卑情绪，不当的家庭教育方式不利于学生的健康人格塑造，家庭成员心理问题也可能传递负面效应。同时从社会角度看，社会舆论导向、价值评判标准以及文化氛围等，也会影响学生心理健康状况。

综上所述，鉴于高校学生心理健康状况受学习压力、社会环境、人际关系以及家庭背景等诸多因素影响，高校需构建全面系统的心理健康教育工作体系，培养学生的积极心理，使其更好地应对学习生活的挑战。

### （二）高校学生心理健康教育的现状分析

随着社会的发展和对人才综合素质要求的不断提高，高校学生心理健康状况呈现出新的特点。为应对这些新的挑战，高校对学生心理健康教育的重视程度越来越高，现将当前高校学生心理健康教育现状分析如下：

（1）关注程度逐步提升。近年来，心理健康教育被许多高校纳入学校人才培养体系，制定了相关政策和规划。部分高校建立了专门的心理健康教育中心，开设心理健康课程，举办各类心理健康活动。然而，不同地区、不同类型高校之间重视程度存在差异。

（2）师资队伍建设不断加强。越来越多的高校重视心理健康教育师资队伍建设，积极引进心理学专业人才，组织教师参加各类培训和进修，提升师资队伍的专业素养。但与高校学生数量相比，专业心理教师的配备比例较低，难以满足学生日益增长的心理健康需求。

（3）教育形式日益丰富。除了传统的课堂教学，学校还要积极策划并举办各式各样的心理健康教育活动，全方位开展心理健康宣传工作，致力于让心理健康知识得到更广泛的普及。在活动和实践中引导学生关注心理健康与情绪压力问题，在潜移默化中培育学生群体的积极心态。

（4）心理危机预警机制初建。为应对可能发生的学生心理危机事件，高校要通过定期开展心理普查、重点关注学生排查、深度辅导、心理咨询、转介专业医疗机构等途径，为存在心理问题的学生建立心理档案，为重点关注学生建立"一人一案"的干预方案，构建系统全面的心理危机预警机制，为学生的心理健康和生活安全保驾护航。

（三）高校学生心理健康教育工作存在的问题分析

当前高校学生心理健康教育工作存在着一些问题，这些问题不仅影响着大学生的成长与发展，也对高校教育质量的提升带来了挑战，对存在的问题分析如下：

（1）师资力量需进一步强化。在心理健康的教育领域，部分高等院校面临专业师资团队不足的问题。一方面，具备心理学专业背景的教师数量有限，难以满足对学生进行个体化心理疏导的需求；另一方面，部分高校的心理健康教育教师由辅导员等其他岗位人员兼任，他们缺乏专业的心理学背景，且不熟悉专业的心理危机干预技巧。

（2）课程实效性有待提升。当前心理健康教育课程体系不断完善，但部分高校心理健康课程理论性过强，照搬教案，未能很好地结合学校的专业特点和学生特点，课程内容无法转化为学生实际的心理调适能力。

（3）学生认知存在偏差。部分大学生认为心理健康教育课程是"水课"，以应付的心态对待课堂内容，主动学习和参与度不高，这种认知偏差使一些学生潜在的心理问题不能被及时发现和解决，心理健康教育难以深入开展。

## 二、"五育并举"与心理健康教育融合的内涵及价值

（一）"五育融合"教育理念中的心理健康元素

（1）德育与心理健康教育的融合，注重培养学生的道德观念、价值取向和社会责任感，心理健康教育关注学生的情绪管理、自我认知、人际关系等心理层面的发展。二者融合可以从认知、情感、行为等多

个维度给予学生全面的引导，帮助学生塑造健全的人格引导，更好地应对学习和生活中的各种压力和挑战，保持积极乐观的心态，促进心理健康。

（2）智育与心理健康教育相结合，意味着在传授知识的同时，要融入心理健康教育的要素。这一过程着重培育学生适应社会和持续学习的能力，同时唤醒他们对学习的热情，并赋予他们终身学习的技能。通过这种方式，学生能够以积极向上的态度、强烈的求知欲和卓越的学习技巧，全身心地投入对知识的探索之中。

（3）体育与心理健康教育的融合，体现出深层次且全面的教育理念与实践的融合。体育旨在增强学生体质、提升身体机能和运动技能，心理健康教育聚焦培养良好心理素质和健全人格，二者融合后致力于塑造身心皆健的个体，让学生在强身健体的同时获得心理成长。

（4）美育与心理健康教育的融合，关注学生的精神世界，美育通过审美活动培养学生的高尚情操和提高他们的审美能力，心理健康教育则着重帮助学生形成良好的自我认知、情绪管理和社会适应能力。二者融合后帮助学生全面发展和完善人格，在美育课程中渗透心理健康教育元素，引导学生通过艺术作品赏析、艺术创作等方式释放情绪、缓解压力、提升心理韧性；心理健康教育借助美育形式，如音乐疗法、绘画疗法等，帮助学生探索内心世界，实现自我疗愈与成长。

（5）劳育与心理健康教育的融合，通过开展劳动实践提升劳动技能，让学生体验劳动带来的价值感，具有"自己动手、丰衣足食"的生活自理能力，提高自我认知和自我管理能力，树立科学的劳动观。

（二）心理健康教育在"五育融合"中的地位与作用

心理健康教育贯穿"五育"之中，对德智体美劳的有效实施起着关键的促进和支撑作用。

（1）确立以综合素质为核心的教育目标。心理健康教育目标与五育目标均致力于培育学生的全面素质。在德育目标的实现过程中，各类思政教育活动可以融入培养学生心理健康素质的相关内容；在智育目标上，学生所具备的心理因素起着至关重要的作用。学生积极向上的学习心态、浓郁浓厚的学习兴趣、健康良好的学习动机等，这些心理因素与学生的学习效果直接挂钩，对其学习成效有着不可忽视的直接影响；在体育目标上，将心理健康教育融入体育教学和训练中，可以更好地发挥体育的育人功能，实现学生身体和心理的双重健康发展；在美育目标上，引导学生树立正确的审美观念，培育积极向上的审美情趣，通过艺术欣赏、艺术创作等美育形式，促进学生的心理健康发展和人格完善；在劳育目标上，助力学生塑造正确且清晰的劳动观念，在劳动过程中收获成就感，体悟劳动所蕴含的价值，从而真正理解劳动的意义与价值。同时劳动教育过程中的实践活动也为心理健康教育提供了现实场景，有助于学生在劳动中磨炼意志、增强心理适应能力。

（2）构建"五育"和心理健康教育相融合的育人内容体系。在专业课教学中，可以融入应对学业科研压力管理的内容；在思政教育等活动中，可以通过音乐、美育、体育活动等形式组织开展，在丰富立体的教学内容中促进学生"五育"综合发展，不断提升大学生活的幸福感和获得感。

（3）探索多元与个性发展相契合的育人方法路径。在心理团体辅导活动中，引入互动故事和游戏化机制，通过有趣的互动方式帮助学生学习心理知识，提高心理健康水平。在心理健康教育课堂上，采用案例分析、角色扮演等教学方式，在互动讨论学习中提高对自我心理健康的认知程度，掌握情绪管理和应对压力的技能和方法。

（三）"五育"与心理健康教育相互融合的价值探讨

（1）助力学生成长成才。"五育"从不同维度对学生进行培养，心理健康教育让学生在德、智、体、美、劳全面发展的同时，保持良好的心理状态。通过"五育"并举，从评价机制和导向上激励学生德、智、体、美、劳全面发展，在结果上也促进了学生心理健康水平的提升，帮助大学生实现身心的协调发展，在为其未来的成长和发展奠定坚实基础。

（2）推动育人评价改革。"五育"并举与心理健康教育的协同育人，是教育教学改革和教育评价改革的重要方向。这种结合可以打破传统教育模式的束缚，从单一学科教学向跨学科教学转变，从教师主导向学生主体转变。同时，也将大力推动教育评价改革，借助全面且立体的评价体系，对学生进行科学、客观的引导。通过这种方式，激发学生在各方面的潜能，助力其综合素质实现全方位、多层次的提升，让学生在多元化的评价中找准自身定位，不断成长与进步。在评奖评优阶段综合考虑学生在德、智、体、美、劳各方面的表现，减少应试教育的负面影响，注重学生的个性发展和心理需求，营造更加和谐、健康的育人环境，最终实现培养具有健全人格、健康心理和全面素质人才的目标。

## 三、"五育并举"视域下构建心理健康育人工作模式探析

### （一）顶层设计与心理育人的协同发展

要实现"五育"融合下的心理育人目标，首先需要构建心理育人与"五育"融合的协同机制，通过机制体制的设计，明确"五育"与心理健康教育的融通整合，建立跨部门、跨学科的协作机制，成立由学校领导、各学院负责人、心理健康教育专家、辅导员、相关职能部门构成的心理健康教育工作领导小组，通过议事协调机构来制定本校的心理健康教育工作方案，明确相关单位在心理健康教育工作中的职责分工，协同多个培养单位和职能部门共同完成育人目标。

### （二）"四堂联动"心理课程体系的构建与实施

在"五育"融合视域下，应发挥课堂主渠道作用，打造"四堂联动"的心理课程体系，将心理健康教育融入不同课堂中。在第一课堂上，教师可以结合专业内容和学科特点，在育人内容中适时地融入心理育人元素。把第二课堂活动作为第一课堂的延伸和补充，心理健康教育专门课堂则为学生提供系统的心理健康知识，掌握人际交往、情绪管理、压力应对等方面的方法和技能。第三课堂则强调将心理健康教育与社会实践相结合，通过组织团体辅导、素质拓展、社会调查、志愿服务等活动，让学生在实践中运用所学知识，锻炼心理调适能力。第四课堂则通过网络平台，传播普及心理健康知识、心理调适技巧等内容，提供在线情绪疏导、心理测评等服务，确保学生在不同场景中都能接受到系统、有效的心理健康教育，助力其身心健康成长与全面发展。

### （三）"心理+""五育"融合心理育人模式的探索

"心理+""五育"融合心理育人模式，是在教育改革与发展背景下对人才培养的创新探索。该模式以心理健康教育为核心纽带，深度融入德育、智育、体育、美育、劳动教育之中。在德育方面，借助心理健康教育引导学生树立正确价值观，培养积极道德情感，强化道德认知与行为的一致性；在智育方面，运用心理规律激发学生学习兴趣、优化学习方法，提升思维能力与创造力；在体育方面，结合心理健康教育增强学生意志品质，让其在运动中保持良好心态，提升心理韧性；在美育方面，借助心理健康教育有效提升学生对美的感知敏锐度，让他们以更细腻的心灵去捕捉生活中的美好。同时，为学生的情感表达搭建广阔的平台，使其能够自如地抒发内心对美的独特感受与见解，进而丰富学生的精神世界，让他们在美的滋养中不断成长，塑造更加健全、丰富的人格；在劳动教育方面，融入心理健康元素培养学生责任意识与合作精神，使其在劳动实践中获得成就感与自信心。"心理＋""五育"融合心理育人模式，实现各育与心理健康教育的优势互补、协同共进，全方位促进学生身心健康发展，为培养全面发展的高素质人才奠定坚实基础。

**（四）体育等多元化教育资源的整合与应用**

体育资源与智育、德育、美育、劳动教育等其他教育领域的资源深度融合，不仅直接关系到学生的身体健康，还对学生心理健康、社会适应能力以及综合素质的提升具有重要影响。通过体育运动，学生能有效锻炼身体、增强免疫力，为其成长成才筑牢健康根基。同时，体育赛事也是德育教育的重要途径，学生在遵守规则、团队合作中，培养道德品质与责任感。通过体育比赛中的胜败体验，帮助学生建立积极的生活态度和培养其坚韧的抗压能力，从而提高其心理健康水平。体育教育与美育、劳动教育的结合，通过身体语言展现美感，在体育活动中融入艺术元素，如舞蹈、音乐、戏剧元素，可以提升学生的审美鉴赏能力。综上所述，体育教育于"五育"中兼具基础与协同功能，对推动学生全面发展意义重大、无可替代。

在"五育并举"视域下，高校学生心理健康教育工作体系的创新研究是当前教育改革的重要组成部分，不断探索"五育"与心理健康教育的融合模式，创新构建两者有机融合的心理健康教育工作模式，进而提升教育实效，促进教育高质量发展，实现学生全面发展和成长成才。

## 参考文献

[1] 姜小军，孙建波．高校重点关注学生群体的积极心理品质研究 [J]．江苏高教，2024（4）：88－93.

［2］李慧．"五育融合"视域下高校心理健康教育的探索与实践［J］．湖北开放职业学院学报，2024，37（2）：39－41.

［3］马建青，田苗．高校心理健康教育发展的三大特征［J］．思想理论教育，2023（8）：101－106.

［4］肖娜，阳剑兰．我国高校心理健康教育政策发展历程与主题演进分析［J］．黑龙江高教研究，2024，42（10）：128－136.

［5］谢宇．高校心理健康教育生态系统模式构建研究［J］．黑龙江高教研究，2023，41（7）：128－134.

［6］熊丽，吴吉惠．"五育"并举下新时代高校劳动教育与心理健康教育的融合探索［J］．乐山师范学院学报，2024，39（8）：117－123.

［7］许相嫒，王玥，张明颜．五育并举视角下高校心理健康四级预警防控体系探究［J］．公关世界，2024（2）：10－12.

［8］俞国良，王学振．我国研究生心理健康问题的基本状况与教育对策［J］．中国高教研究，2024（7）：80－87.

［9］张璐．新时代高校心理健康教育新探［J］．淮南师范学院学报，2024，26（3）：139－143.

# "驼峰航线"的开辟原因、发展历程及历史意义

张小锋①　郭子欢②

**摘　要：**"驼峰航线"是第二次世界大战期间美国为中国运送战争物资而由中美合作开辟的一条空中运输线，也是第二次世界大战期间美国对中国援助规模最大的一次活动，具有重要的战略意义。随着美国在第二次世界大战中的作战态度逐渐明朗，以及其他国际援助物资通道都被封锁的情况下，中美两国共同开辟了这条飞行条件极端恶劣、代价极其高昂的空中补给线。航线的开辟有效牵制了日军，为中国抗日战争、缅北和滇西的反攻战争提供了关键物资支持，并提供了国际人道主义救援的伟大实践。"驼峰航线"不仅是中美合作的典范，也是两国人民共同用生命和勇气谱写的壮丽史诗，其精神至今仍具有重要的现实意义。

**关键词：**"驼峰航线"；中美合作；太平洋战争

中国和美国分别作为当今世界上最大的发展中国家和发达国家、最大的社会主义国家和资本主义国家，其双边关系在全球化发展的大背景下具有极其重要的影响。从历史层面来看，中美两国在经济发展水平、政治制度、意识形态、文化背景、发展策略等方面都有很大差异，在这些不确定因素的综合作用下，中美两国的关系呈现出不稳定的状态。新中国成立之前，美国对中国的态度经历了由一步步加深侵

---

① 张小锋，历史学博士，对外经济贸易大学马克思主义学院教授。研究方向：中国历史与文化、中国近现代史。

② 郭子欢，对外经济贸易大学马克思主义学院硕士研究生。专业：中国近现代史基本问题研究。

略到逐渐对华援助的转变。19 世纪初期，美国由于其资本主义发展水平落后于同时期的英法，因此主要跟随英法的脚步来侵略中国。19 世纪末期，随着资本主义向帝国主义过渡，美国的综合实力显著增强，加上在此期间美国已经基本落实其"门罗主义"政策，成为西半球的霸主。此外，在 1898 年美西战争后美国不再进行大规模的海外扩张，这就是美国的"门户开放"策略，通过加强商品输出与资本输出来代替以往的武力占领，从而扩大其侵略权益。

日本占领广州、武汉后，中日逐步进入战略相持阶段，日本无法再集中大规模的军事力量与中国交战，并未按照其预想掌握中日战争的主导权。因此，日本迫切想要制定新的政策来改变现有的局势。在欧洲，德国入侵波兰，第二次世界大战爆发，由于德意日三国基于对内政、经济、军事和意识形态的共同需求，以及对国际地位和战略利益的追求，成为军事同盟，分别在亚洲、欧洲开展侵略活动。德国在欧洲战场的节节胜利，使日本认为有机会利用欧洲各国的困境，以实现"东亚新秩序"。日本在亚洲的扩张与侵略以及"南进政策"制定与推行直接影响了英美国家在亚洲的既得利益，到 1941 年 8 月，美国全面完成对日本的经济制裁，美日矛盾逐渐升级。1941 年 12 月 7 日，日本海军偷袭美国珍珠港海军基地，太平洋战争由此爆发。从 1937 年 7 月日本发动全面侵华战争开始到 1941 年 12 月太平洋战争爆发，第二次世界大战由局部战争演变为全球大战，英美等国逐渐认识到中国与中国抗日战场在世界反法西斯战争中的战略地位。因此，美国开始加大对中国的援助以阻止或者延缓日本南进，从而使英美获得更广阔的回旋余地和更充裕的备战时间。

## 一、开辟"驼峰航线"的历史原因

交通是在现代化军事较量中取得胜利的一个重要环节。"驼峰航线"是第二次世界大战期间美国为中国运送战争物资的一条空中运输线，在当时其他国际援助通道都受到封锁或者运输效益甚微的情况下，对中国接受国际援助物资、缓解抗日战争和中国战场的压力从而赢得世界反法西斯战争的胜利具有重要的意义。"驼峰航线"西起印度的阿萨姆邦，东至中国云南的昆明，横跨喜马拉雅山脉、高黎贡山、横断山脉，沿途地势起伏，似骆驼峰背，因此被称为"驼峰航线"。

（一）开辟"驼峰航线"的内因——通道封锁

中国在第二次世界大战中获取国际援助物资的通道主要有三条。第一条是由中国西北连接苏联的中苏陆上通道。抗日战争爆发后，积贫积弱的中国想要长期持久战斗，更需要获得国际援助，而苏联是中国周围实力最强大且运输成本相对较低的国家。同时，苏联也需要援助中国，以求中国能够在本土上牵制日本，以免日本进攻苏联，将中国作为保护其不受日本侵略的防线。因此，建立一条苏联援助中国的国际交通运输线迫在眉睫。1937年8月，中苏签订《中苏互不侵犯条约》，这为苏联对中国进行援助提供了基础与依据。中国共产党方面，二十世纪二三十年代中国的抗日根据地大部分建立在偏远的农村地区，受自然地理条件的影响较大，在这种情况下，中国共产党急需苏联和共产国际提供各方面援助。苏联和共产国际、中共中央都明确提出中国共产党要向苏联方向发展，以便建立一条直接、方便的援助交通线。

1937年，苏联开始通过经新疆的国际交通线运送对国民政府的各种援助，同时苏联也借助这条线路秘密为中国共产党提供战略物资援助，但在蒋介石国民政府的破坏和封锁下，运输任务日益艰难。随着国共矛盾的不断深化，蒋介石决定封锁这条西北交通线。皖南事变发生后，国共两党关系破裂，中共要求苏联和共产国际尽可能地提供援助以抵御日本和国民政府两方的威胁，而苏联认为两党关系无须破裂因此暂停对国民政府和中国共产党的援助。至此，这条国际交通线停止使用。

第二条国际物资运输通道是滇越铁路。滇越铁路是一条由云南昆明至越南海防的铁路运输线。1937 年，日本发动"七七事变"，全面侵华开始，日本为了切断中国的对外联系和物资供应，对中国东南沿海地区实施了严格的封锁。这一封锁始于 1937 年抗日战争全面爆发后，日军迅速占领华北及华东大部分地区，并控制了东部沿海。日军不仅在海上进行封锁，还通过占领沿海港口和岛屿，如广州、厦门等，以及在沿海地区实施军事行动，来确保封锁的有效性，使得国际援助物资无法通过东部沿海进入中国。

在此情况下，滇越铁路成为主要的援助交通线。除了要运送国际援助物资进入中国，滇越铁路还承担着运输对外偿付贷款所需要物资的任务。例如，为了获得美国的经费援助，中国需偿付美国桐油、钨砂、锡等战略物资，这些物资大多产于云南，因此这些战略物资也大多是通过滇越铁路来运到国外的。

自 1938 年起，日本多次封锁和轰炸滇越铁路，日本之所以要轰炸滇越铁路，主要有三个原因：一是截断滇越铁路来遏制物资的运输；二是阻止中国军队利用该铁路南下反击；三是打击中国军民的抗日信心。法国在第二次世界大战期间的主要战场在欧洲，对于日本在法属印度支那地区的侵略无暇东顾。因此为了不被日本攻击，法国最初采取的是"绥靖日本"的政策。1940 年 6 月，随着法国在与德国交战中失利，日本侵略军在越南北圻登陆，要求法国殖民政府停止中越运输，并派人监视封锁中越边境，法国殖民当局接受了日本的要求。1940 年 9 月，日军在越南海防登陆，企图北上进入云南，国民政府为防止日军经过滇越铁路进犯云南，拆毁了河口至碧色寨段的铁路。至此，滇越铁路被切断。

第三条国际物资运输通道是滇缅公路。滇缅公路由云南的省会昆明一直延伸至缅甸境内的腊成。滇越铁路被切断后，滇缅公路就成为中国当时唯一的对外交通通道，中国自国外采购的战略物资全部要经这里运入国内，成为备受日本关注的"战时生命线"。自 1938 年 8 月通车后，滇缅公路对于其他国家物资援助的运送状况主要分为两个阶段。第一阶段是滇缅公路通车后至 1940 年 7 月英国封锁滇缅铁路。这一阶段由于英美等国家对日本采取"绥靖政策"，并不想在亚洲战场与日本产生过多的正面冲突，因此英美等国家对中国的物资支持是在不引起日本反感的限度内的。1940 年，日本要求法国殖民当局封锁滇越铁路的同时，也向英国提出了封锁滇缅公路的要求，英国在不与日本激化矛盾的前提下，同意将滇缅公路封锁三个月。第二阶段是 1940 年 10 月，滇缅公路重新通车至 1942 年 5 月，这一阶段英美等国对华援助大幅度增加。1941 年 12 月 7 日，日本挑起"珍珠港事件"后，太平洋战争爆发，美日矛盾激化。不仅如此，美国于 1941 年 5 月宣布《租借法案》同样适用于中国，并加大了对华物资的援助力度。1942 年初，日本为了切断滇缅公路，从而达到孤立中国、封锁中国、灭亡中国的目的，大举进攻缅甸。面对日本的接连进攻，英军节节败退，并且以邻为壑，决意放弃缅甸。1942 年 5 月，缅甸全境沦陷。

至此，滇缅公路被完全切断，中国接受国际援助的三条主要通道都陷入停滞。

### 2. 开辟"驼峰航线"的外因——美国态度转变

美国对中国战场的重视程度也经历了一个转变的过程。第二次世界大战初期，美国实行的是"先欧后亚""先德后日"的战略。美国最初的构想是先集中力量打败德国，然后再对抗日本，而这一战略在远东太平洋的基点就是从事防御性作战，即在对日作战中，美国以太平洋舰队作为主力，维持中太平洋战略防线。日本偷袭美国珍珠港，挑起太平洋战争后，打破了美国的既定战略，突破了美国苦苦维持的太平洋战线。在太平洋战争爆发前，虽然美国逐渐意识到中国战场的重要性，逐渐加大了对华的援助物资，但由于其国内普遍支持采取固有的孤立主义，并不愿意与日本发生直接的冲突。太平洋战争的爆发彻底打破了美国想要置身事外的设想。因此，美国必须尽快遏制住日本的扩张野心，来保证世界反法西斯战争既定战略的实施，以及"先欧后亚""先德后日"政策的落实。

美国第32任总统罗斯福在第二十一次炉边谈话中说："我们没有忘却，在这场战争中，中国人民是第一个站出来反抗侵略者的民族；战后，不可战胜的中国一定会帮助维护远东的和平与繁荣，且不仅限于远东，他们还会帮助捍卫全世界的和平繁荣。"这也就是说，美国已经在一定程度上偏离了其既定的"先欧后亚""先德后日"的政策。为阻止日本南进，进攻澳大利亚从而控制住西南太平洋和印度洋，进而进攻印度，进入中东和德国回合夹击苏联，从而动摇整个反法西斯构架，美国因此必须调整其既定政策，即缓解远东的紧急态势，这也就使美国不得不关注牵制了绝大部分日军主力的中国战场。再加上美国为了帮助英国抵御德国的进攻，颁布了《租借法案》，允许美国以租借或贷款的方式向某些被认为其国防对美国安全具有重大意义的国家提供武器、军用物资、粮食和各种方便。"珍珠港事件"发生后，美国其实已经彻底放弃传统的中立政策，并于1941年5月6日宣布《租借法案》同样适用于中国，向中国提供物资援助以期拖住日军主力。

## 二、"驼峰航线"的发展历程

在国内外综合因素的推动下，中美为实现共同利益，决定共同开辟一条航空运输线——"驼峰航线"。

1942年1月31日，中国国民政府外交部部长宋子文提出开辟从印度到昆明的空运方案，得到了美国总统罗斯福的支持。同年4月，"驼峰航线"开始运营。

开辟初期，"驼峰航线"有南北两条运输线，北线远离日军侵袭的范围，但地理和气候条件更为恶劣，包括高山雪峰、峡谷冰川、热带雨林和寒带原始森林，全程地势海拔为 4500 ~ 5000 米，最高海拔达 7000 米，这意味着飞机必须时刻保持在 1 万米左右的高空中飞行。在这样的低温环境下，飞机容易外部结冰，油管可能因低温而破裂，导致燃油泄漏甚至引发燃烧或爆炸，其艰苦的条件是常人难以想象的。南线的飞行条件较好，但靠近日军的活动范围。日军在占领缅甸后利用当地的通信设备，又配备了战斗机不断拦截来往输送的运输机，而运送物资的运输机并不具备作战条件，遇到日军的战斗机，几乎难逃一劫。因此，飞行员往往偏向于走北线而不愿意在南线遭受日军的侵袭。

"驼峰航线"开辟之初，美国对这条航线并不重视，对这条新航线的空运能力也持悲观态度，认为驼峰空运只是象征性的行动。甚至在 1942 年 6 月，美国不顾中国战场的严重困难，把第 10 航空队大部分兵力调往中东救急，蒋介石对此极为不满。为安抚蒋介石，罗斯福满足了蒋介石趁机提出的关于空战与空运的要求，双方达成了月空运量 5000 吨的共识。"驼峰航线"在开辟初期，自身的基础设施建设极不完善，运输效率极低。其一，机场及配套设施匮乏。"驼峰航线"涉及的机场在航线刚开辟时普遍设施简陋，无法满足大规模空运的需求。其二，通信、导航、气象设施落后。航线上几乎没有雷达情报保障，通信设施少；气象观测点少，观测手段单一，气象人员业务水平也不高；飞行员主要使用的航行地图由美国绘制，未经实测校验，有时地图位置与实际位置相差甚远，只能靠飞行员的经验与技术随时调整。其三，物资供应与维修保障困难。"驼峰航线"飞行损耗的零配件得不到及时供应和补充，维修及地勤人员短缺，大幅降低了飞机的实际出航率。其四，机组人员储备不足。"驼峰航线"的飞行任务需要机组人员具备高超的飞行技能和丰富的飞行经验，而在战争期间合格的飞行员和机组人员本就稀缺，再加上"驼峰航线"对飞行技能的高要求，使得选拔和培训合格的机组人员变得异常困难。运输机每运 1 加仑汽油到中国，自身损耗也是 1 加仑，运损比达到了 1：1。每架满载的运油飞机，最终只能留下满载量的 30%，每运送 1 吨弹药需要消耗 18 吨物资。因此，"驼峰航线"也是第二次世界大战期间后勤运输史上最艰难、牺牲最大的航线。

随着战争的进展和中国战场的重要性日益凸显，美国逐渐认识到"驼峰航线"的战略价值，并开始投入更多的资源和努力来保障航线的运行。1943 年 5 月，美国制定"7 号工程"方案，要求在同年 7 月给空运队增加运输机 142 架、人员 2490 人，并增设 7 个机场，还派专门的技术人员前往印度改善通信设备。在中美两国共同的努力与配合下，这条航线的基础设施不断完善、运输设备不断优化、飞行人员不断补充、飞行技能不断精湛，运输效率大幅提升。从 1942 年开始到 1945 年结束，"驼峰航线"在近 4 年的运输时间里，实际运行 1300 多天。据不完全统计，第二次世界大战期间，运往中国的国际援助物资 81% 都是经过"驼峰航线"运入中国，在"驼峰航线"空运中，有 80 多万吨的国际援助物资运送到中国，中美两国牺牲和失踪飞行员 1500 余人，共损失飞机 609 架，平均每天损失 1.15 名飞行员，每两天损失 1 架飞机。

## 三、开辟"驼峰航线"的历史意义

"驼峰航线"开辟于中国抗日战争的危急关头，虽然是中美两国为了两国的共同利益开辟的，但它的意义远不止于此。

首先，"驼峰航线"的开辟有效牵制了驻缅日军的大部分主力。"驼峰航线"作为中国抗日战争后期接受国际援助物资的唯一一条通道，成为日军的进攻重点。日本方面非常清楚"驼峰航线"的战略重要性，认为驻缅空军的最大任务就是截断中印空运路线，因此也就拖住了日本驻缅空军的绝大部分主力，从而间接支援了其他地区的作战。中国第二历史档案馆编《国民政府抗战时期军事档案选辑（下）》辑录《缅战概要稿》（1943 年 4 月）指出："我以装备不全当倭寇之精锐，坚持至数月之久，业予敌以严重之打击，挫其锐气，削其实力，使我盟军从容整备印度防务，致【敌】不敢冒然西窥。"在"驼峰航线"这条中日双方在战略层面的重要博弈点上，中美两国要保证航线的畅通，而日本则要千方百计封锁航线，于是这也就不可避免地产生双方激烈冲突与对峙，而长期的对峙对资源贫乏的日本来说明显是不利的，持久的对峙也势必大量消耗日本的资源，这也就预示日本在这次战争中最终必然溃败。在这场空中较量中，中美同盟的坚持与牺牲，不仅保障了抗日战争的物资供应，也逐步削弱了日军的战斗力，为最终的胜利奠定了基础。

其次，"驼峰航线"的开辟为中国的抗日战争与中国远征军在缅北和滇西的反攻提供了物资支持。抗日战争进入战略相持阶段后，中国能够坚持抗日战争的一个有利因素就是大量的援华物资通过国际交通运输线运抵中国。在此情况下，日军实行的是"断"字号作战行动，即"切断国际援助通道"的作战计划。中苏陆上通道、滇越铁路、滇缅公路被相继切断后，"驼峰航线"的作用就显得极为重要，绝大多数国际援助物资都由此运达国内。

"驼峰航线"的运输物资主要有四部分：第一部分是军事物资。这一部分主要用于装备中国的远征军去反攻缅北、滇西；第二部分主要是武装力量与战略物资的投送。经"驼峰航线"所补充的驻印军总计 4 万人左右；第三部分是国民政府货币。货币在美国印刷完成后通过"驼峰航线"运回国内来弥补因为战争造成的巨额财政赤字；第四部分是战时中国为数不多的一些外贸出口产品也由此运往国外。在"驼峰航线"开辟期间，国民党军队的 11 个军、31 个师、22 万多人每月需要的 3500 多吨军用物资全部依靠"驼峰航线"的空运补给。在三年多的时间里，中美两国共投入各种运输机、战斗机和轰炸机两千多架，运输物资由开始的每月几百吨增加到后来的上万吨，最多时达到七万八千吨，包括武器弹药、燃料、食物和药品等，这些物资的补充极大支持了中国的对外作战，有力地推动了中国抗日战争的胜利、缅北和滇西反击战的胜利，以及反法西斯战争的胜利。

最后，"驼峰航线"的开辟树立了国际人道主义救援的光辉典范。"驼峰航线"不仅是军事通道，而且运输了大量医疗物资。战争所需的药物如盘尼西林、磺胺、奎宁等通过滇缅公路、"驼峰航线"、中印公路运送至西南后方和战争前线。其中，通过"驼峰航线"运送的物资达70万吨以上，极大缓解了所需的医药物资压力。"美国医药助华会"是由美国医学专家发起的民间组织，在会长 Van Slyke 博士和血库专家 John Scudder 博士的带领下捐赠"华人血库"给中国用以帮助抗日战争，并且在1944年，"助华会"准备的各种医疗物资共67吨，经过"驼峰航线"运入中国。"驼峰航线"的人道主义价值不仅体现在大规模物资运输中，而且展现在跨国界的救援协作上。法国驻北平领事机构医官贝熙业在日军对敌后抗日根据地实施物资封锁的情况下，开辟了自行车"驼峰航线"，为晋察冀根据地运输紧缺的医药物资，贝熙业认为"任何一个有良知的人都应该参与这一人道主义行动"。这些横跨天险的国际协作，不仅打破了日军围困，更以生命至上的全球共识，为世界反法西斯同盟的胜利注入人道主义内核。

"驼峰航线"的开辟，不仅为中国抗日战争提供了宝贵的物资支持，也对日军构成重大的战略压力。这条航线的运行不仅是中美合作的典范，更是两国人民共同用生命和勇气谱写的壮丽史诗。

当前，世界百年未有之大变局加速演进，国际局势波诡云谲，人类又一次站在历史的十字路口，是合作还是对抗关乎人类的前途命运。在世界各国审慎抉择的紧要关口，智者往往以史为鉴，把握历史大势，掌握历史主动。重温"驼峰航线"的历史和内蕴其中的精神财富，无疑具有重大而深远的意义。面对困难和挑战，负责任者只要团结一心、共同奋斗，就一定能够战胜一切艰难险阻。这是"驼峰航线"留给世界的宝贵财富，是和平与自由的捍卫者不灭的信仰。"无论国际形势如何变迁，如何多变，回首往事，需多谨记，我们曾是在'上帝的弃地'之上，并肩战斗的生死之交。""驼峰航线"是人类航空史上的伟大壮举，历史不会忘记，中、美两国的人民更不会忘记。

## 参考文献

[1] 马振犊. 国民政府抗战时期军事档案选辑 [M]. 重庆：重庆出版社，2016.

[2] 王玉芝，王红晓. 滇越铁路史研究 [M]. 北京：人民出版社，2020.

[3] 徐康明. 中缅印战场抗日战争史 [M]. 北京：解放军出版社，2007.

[4] 赵丽娟. 驼峰航线一条改变太平洋战区格局的悲壮航线 [M]. 北京：中国友谊出版公司，2007.

[5] 韩永利. 美国"先德后日"战略调整与中国抗日战场 [J]. 世界历史，2002（3）：10 - 19.

[6] 李成刚. 论抗战时期的中苏西北战略通道及其作用 [J]. 军事历史，2015（4）：32 - 37.

[7] 李戈瑞. 延安与莫斯科间的神秘红色国际交通线 [J]. 湘潮（上半月），2015（8）：51 - 55.

[8] 刘莲芬. 抗战期间中美的战略合作与驼峰空运的发展 [J]. 军事历史研究，2007（4）：76 - 84.

[9] 刘少才. "驼峰航线"：飞越死亡高度的生命线 [J]. 军事史林，2020（1）：74 - 78.

[10] 佘湘，唐艳华. "驼峰航线"与世界反法西斯战争 [J]. 湘潭大学社会科学学报（研究生论丛），2003（S1）：20 - 22.

[11] 谢本书. 抗日战争时期的滇越铁路 [J]. 云南档案，2017（2）：31 - 34.

[12] 徐康明. 二次大战中的"驼峰"航线 [J]. 云南大学学报（社会科学

版），2003（3）：83 – 93 + 96.

[13] 杨栋梁，雷娟利. 日本侵华期间切断国际援华路线的"断"字号作战 [J]. 南开学报（哲学社会科学版），2017（5）：15 – 24.

[14] 余子道. 日本的南进政策与英国封闭滇缅公路事件 [J]. 军事历史研究，2008（1）：57 – 70.

[15] 章永乐. 门罗主义是霸权主义的"绣手巾" [J]. 历史评论，2023（2）：52 – 56.

[16] 赵灿东. 驼峰航线：二战空运史上的奇迹 [J]. 中学历史教学参考，1996（10）：2.

[17] 朱振明. 抗日战争时期的滇缅公路 [J]. 云南社会科学，1982（4）：73 – 81.

# 博士研究生多元化就业趋势探析

张晶娟①

**摘　要**：加快推动博士研究生教育高质量发展是我国培养战略人才的系统部署。博士研究生的就业质量是评估博士研究生教育高质量的重要指标。目前阶段，博士研究生多元化就业趋势明显。传统就业观念的限制，博士研究生可迁移能力的不足和就业支持系统的相对弱化，制约了博士研究生多元化就业的发展。高校培养单位、就业部门及博士研究生导师、辅导员等主体需要积极转换博士研究生就业传统观念，多举措提升博士研究生的可迁移能力，多层面加大博士研究生就业的支持力度。

**关键词**：博士研究生；就业；多元化；高质量

2024 年，中共中央办公厅、国务院办公厅印发《关于加快推动博士研究生教育高质量发展的意见》指出，博士研究生教育是国民教育的最高层次，是国家创新体系的关键支撑。在未来的一段时间内，博士研究生招生规模将持续扩大，对于博士研究生培养质量的要求将更加严格。高校相关主体需要积极回应博士研究生教育的发展要求，提前做好战略规划和工作部署，加快推动博士研究生教育高质量发展。

博士研究生的就业质量是评估博士研究生教育高质量的重要指标。高校相关主体需要了解博士研究生就业市场的现状趋势，发现制约博士研究生多元化就业的主要问题，并采取措施推进博士研究生就业高

---

① 张晶娟，对外经济贸易大学国际经济贸易学院辅导员。研究方向：思想政治教育。

质量发展，更好地促进招生质量和培养质量的提升，形成良性循环。

# 一、博士研究生就业市场的基本现状和趋势

## （一）学术劳动力市场

从客观的学术岗位供求关系分析，目前博士研究生总量已经达到相当的规模，学术劳动力市场无法为博士研究生提供充分的就业岗位。学术劳动力市场对博士研究生的学术发表要求、科研潜力、学科背景等方面的考核更加严格。只有符合高校考核要求的博士研究生才能够入围学术劳动力市场，其他博士研究生势必转向非学术劳动力市场求职。

从学术岗位投入产出效益分析，目前"双一流"高校普遍采用"非升即走"考核模式，博士研究生选择高校教职存在再择业的风险。高校教职招聘出现优先考虑博士后的趋势，这是学术岗位供不应求的市场化选择结果。博士后作为过渡性的工作岗位，也存在着诸多不确定性。入职高校教职，需要面对学术考核的压力和未来的不确定性，学术岗位对博士研究生的吸引力在降低。

有学者研究表明，学术劳动力市场中博士研究生的就业去向以"下沉式就业"为主。一流大学建设高校毕业的博士研究生就职于同层级高校的比例为 32.25%，"下沉就业"于一流学科建设高校、普通高校的比例分别为 25.00% 和 42.75%；一流学科建设高校毕业的博士研究生就职于同层级高校的比例 44.82%，"下沉就业"于普通高校的比例为 50.17%；普通高校毕业的博士研究生就职于同层级高校的比例为 85.59%。由此可见，个体无论在何层次高校获得博士学位，选择就职于高校的多为"下沉式就业"。

近几年，"下沉式就业"趋势尤其明显。在实际工作中，我们发

现，西部地区高校、东部地区的普通高校和民办高校积极吸纳博士研究生。但这些高校由于地理位置、资源获取、发展前景和社会知名度等原因，对博士研究生的吸引力非常有限。部分高校会以福利待遇、职称晋升等作为吸引博士研究生的条件，如提供数额较高的"安家费"，因而部分博士研究生也会考虑此类单位。

## （二）非学术劳动力市场

从知识生产方式来讲，伴随着信息经济的发展，知识的创新、应用和传播的方式发生了根本改变。传统产业的升级迭代，新产业的蓬勃发展需要更多具备科学研究素养的博士研究生参与。政府机关、事业单位和非营利组织等部门需要博士研究生参与调研决策，以其专业视野、前沿理论和科学方法助力组织提升现代化治理水平。

博士研究生在校期间接受科研能力和科研方法的系统训练，这给予博士研究生在非学术劳动力市场特定的竞争优势。在非学术劳动力市场中，特别是专业壁垒较高的行业，在创新研发、转化应用和运营管理方面倾向招聘博士研究生，期待博士研究生能够以创新能力和专业素养为组织赋能。近几年的就业情况显示，以往硕士研究生适配的就业岗位已经开始招聘博士研究生，一方面是由于学术劳动力市场的溢出效应，推动了部分就业岗位吸纳更高层次学历的毕业生；另一方面，反映出产业升级和组织内涵式发展的现实需求。

## （三）博士研究生多元化就业趋势明显

近几年，经贸学院博士研究生就业率稳定保持较高水平，但是就业结构呈现出明显变化，选择高校教职的博士研究生比例逐渐降低，选择央企、事业单位、选调生岗位的博士研究生比例逐渐增加。博士研究生就业结构和就业意愿的变化映射出学术劳动力市场和非学术劳动力市场的变化趋势。博士研究生多元化就业趋势日益明显。

据统计，我国高等教育扩招的前 3 年（1996—1998 年），75% 的博士研究生都就业于高校。然而，最新的就业数据显示，我国顶尖研究型大学博士研究生在高等教育单位任职的比例均低于 50%。相应的，博士研究生到企业、科研设计单位、党政机关等就业的比例逐年攀升。

学术劳动力市场竞争态势严峻，对新入职教师的学术科研考核标准较高，推动部分博士研究生退出学术劳动力市场，转向能够实现职业发展的非学术劳动力市场。

非学术劳动力市场面临着产业结构的调整和新质生产力的发展要求。科技革命和产业创新为博士研究生在非学术劳动力市场实现职业发展提供了更多机遇，召唤博士研究生在战略产业和社会组织中发挥才智与贡献力量。

## 二、制约博士研究生多元化就业的主要问题

### （一）传统就业观念对博士研究生的限制

从传统社会文化的视角，高校博士研究生是研究学科理论和创新学术知识的高级知识分子群体，博士研究生应该入职高校、科研院所的教学科研岗位，传承实践学术理想。

从高校就业文化的视角，在优秀毕业生评选、优秀毕业生宣传活动中，高校相关主体倾向选择学术科研能力强，就职于高水平高校及科研院所，从事教学科研工作的博士研究生代表，不仅会强化博士研究生学术就业的导向，对高校其他群体也具有潜移默化的影响。

从博士研究生导师的视角，导师更多期待自己的学生从事高校、科研院所的教学科研工作。导师的期待持续强化博士研究生学术就业的发展目标。在学生访谈中，我们经常发现，部分博士研究生选择了非学术岗位就业，福利待遇和发展前景比较理想，但博士研究生并没

有较高的自我成就感，认为这只是个人无法适应学术岗位的就业选择而已。

在严格的博士研究生培养考核过程中，博士研究生投入时间和精力，提升自己的人力资本，期待在就业市场中得到合理的回报和实现自己的职业理想。如果不能突破传统就业观念的束缚，势必有博士研究生在求职时产生失落茫然等消极情绪。

（二）博士研究生的可迁移能力有待提升

学术劳动力市场的竞争力要素比较明确，在毕业学校层级、所属学科专业排名、学术成果考评等方面，学术劳动力市场已经形成比较标准化的认定和共识。相对学术劳动力市场，非学术劳动力市场不仅需要博士研究生具备科研能力，也需要博士研究生具备沟通合作、协同创新和领导力等可迁移能力。

在和非学术劳动力市场的人力经理沟通的过程中，我们了解到，他们看重博士研究生的科研能力，但并不局限于对基础理论的研究和发表学术论文，重点关注学生在相关行业或产业领域的调研能力和执行能力。对非学术劳动力市场，获得博士学位已经是学生具备良好科研能力的信号，而学生理论和实践相结合的能力、沟通合作等可迁移能力就成为非学术岗位对博士研究生的重点考察要求。

目前，高校博士研究生培养更多关注的是学科理论素养、学术科研能力和学术写作能力。博士研究生培养环节较多，无论是课程学习、博士研究生资格考试，还是工作坊论文交流、小论文发表，都需要花费大量的时间。在博士研究生基本学制内，博士研究生的学习科研节奏已经相当紧凑。为了避免出现"问题论文"，在教育部的监督指导下，高校在博士研究生毕业论文质量方面严格把关，博士研究生延期毕业已经是普遍现象。

如何在有限的博士研究生在校就读期间，完成博士研究生培养环节要求的基础上，有效提升博士研究生的可迁移能力，从而帮助博士研究生在非学术劳动力市场凸显优势，获取非学术职业发展的助力，对高校相关主体都是新的挑战。

（三）博士研究生的就业支持系统相对弱化

在高校就业指导体系中，本科生和硕士生是高校就业中心更加关注的群体。一方面，博士研究生人数较少，在应届毕业生中占据比例不高；另一方面，在很长一段时间内，学术劳动力市场竞争不甚激烈，博士研究生整体就业情况比较稳定。

在高校组织的就业双选会中，博士研究生专场比较少。对限定学历为"硕士研究生及以上"的招聘岗位，博士研究生会和硕士生一起参与竞聘。博士研究生在应聘非研究型非专业型的行政管理岗位时，由于年龄较大、缺乏实习经验等原因，综合优势并不明显。

在学院就业指导层面，博士研究生导师更多具备学术岗位的求职经验，更多期望学生从事学术职业，如果学生求职非学术岗位，可能无法提供太多的支持；辅导员组织毕业生经验分享，解读就业政策流程，开展就业深度辅导，但面对博士研究生就业结构的重大调整，有时会感到力不从心。

## 三、采取措施推进博士研究生就业高质量发展

在日益严峻的博士研究生就业形势面前，高校相关主体需要采取积极的措施，坚持"以学生为本"的工作理念，推进博士研究生探索深化自我认知，合理确定职业期待，踏实完成学业任务，不断提升综合素养。

（一）积极转换博士研究生就业传统观念

高校相关主体都需要根据时势变化，积极转换就业观念。博士研

究生需要深入了解自身需求和优势，不能盲目地受限于传统观念；高校相关部门和博士研究生导师、辅导员需要明确博士研究生就业多元化的趋势，帮助博士研究生实现多元化的职业发展。

博士研究生的读博动机存在显著差异。有的学生希望可以提升学历光耀门楣，有的学生心怀学术理想，有的学生希望暂缓就业压力，有的学生期待提升就业层次。博士研究生需要观照个人内心的真实需求，结合个人的学术和实践能力，在择业过程中做出理性的选择。

高校相关部门需要拓展博士研究生就业传统观念。在就业宣传方面，学校和学院要扩大对非学术就业领域的优秀博士研究生的事迹宣传，从就业文化方面强化对博士研究生多元化就业的认可，提升博士研究生多元化就业的自我驱动力。

博士研究生导师、辅导员对博士研究生多元化就业持有更加包容的态度，传递更加积极的信号，鼓励学生参与多元化就业趋势的讨论，帮助学生认识个人的比较优势，提升学生多元化就业的自信心和价值感。

## （二）多举措提升博士研究生的可迁移能力

如果学术劳动力市场的入围和竞争具有比较明确的学术评估标准，那么非学术劳动力市场需要的能力素质更加抽象和难以界定。招聘单位主要通过就读学校层次、专业学科排名等标准评估博士研究生的综合素质。例如，很多招聘单位都会在目标高校定向开展招聘工作。

如果高校在博士研究生可迁移能力提升方面有专项的支持项目和培养体系，博士研究生在非学术劳动力市场上就会更加具有竞争力。为了帮助博士研究生适应多元化就业，高校相关主体需要采取多种举措，提升博士研究生的可迁移能力。

高校及培养部门参与行业产业调研和毕业生跟踪访谈，了解用人单位对博士研究生的能力素质需求；在坚守学术科研的基础上，通过项目设计、专业实践、横向课题等方式，将博士研究生能力素质培养融入传统的教学科研中；在高年级阶段，针对已经明确非学术岗位就业的博士研究生，制订更加具体的能力提升计划，帮助学生改善短板，提升优势。

博士研究生导师在发掘学生学术潜力的同时，要引领学生参与项目实践和横向课题，锻炼提升学生的团队合作能力和组织领导能力。

### （三）多层面加大博士研究生就业的支持力度

多层面加大博士研究生就业的支持力度，有助于提升博士研究生的就业率、就业质量和就业满意度。在博士研究生学术科研方面，有留学基金委、高校联培等项目给予经费支持，在博士研究生就业方面，目前还没有普及性的支持项目。如果说教育部门和高校提供的是系统支持，那么学院作为基层培养单位，需要针对学生的优势特点和就业偏好给予日常的指导与个性化的支持。

在博士研究生不同的培养阶段，学院提供持续的就业支持。在新生入学阶段，帮助博士研究生更好地探索自我；在博士研究生培养中期，鼓励博士研究生参与实习实践和各类竞赛，提升博士研究生多元化就业的软实力；在博士研究生培养后期，针对博士研究生的优势特点和职业目标，进行个性化的指导支持。

学院积极推送就业信息，为博士研究生交流互动搭建渠道，在博士研究生群体中形成互助分享的良好氛围。学院定期召开博士研究生就业经验分享会，邀请毕业生代表分享就业经验，帮助在校博士研究生做好职业发展规划。学院积极开展调研，通过走访兄弟高校和就业单位等方式，为博士研究生多元化就业提供丰富信息和优质平台。

目前阶段，博士研究生多元化就业趋势明显。博士研究生在读阶段需要主动探索认知职业目标，打造锤炼职业本领。高校相关部门、博士研究生导师、辅导员等主体需要适应时势，创新观念，付诸行动，助力博士研究生就业工作高质量发展。

## 参考文献

[1] 樊秀娣，沈晶晶. 从单一到多元：博士生职业发展多样化的现实需求及教育支持策略研究 [J]. 高校教育管理，2024，18（1）：81-91+112.

[2] 罗英姿，张晓可. 人力资本、信号与偏好：学术劳动力市场的"下沉式就业"及其对博士职业发展的影响 [J]. 高等教育研究，2023，44（10）：44-56.

[3] 新华社：中共中央办公厅 国务院办公厅印发《关于加快推动博士研究生教育高质量发展的意见》[EB/OL].（2024-10-20）[2024-11-10]. http://www.moe.gov.cn/jyb_xxgk/moe_1777/moe_1778/202410/t20241020_1158425.html?_refluxos=a10.

# 以 ChatGPT 为代表的生成式人工智能对高校思想政治工作的影响研究

毕帆①　白轩诚②

**摘　要：**本文探讨了生成式人工智能（Generative Artificial Intelligence，GAI）技术在高校思想政治教育中的应用及其影响。首先，本文分析了生成式人工智能在思想政治教育中的赋能作用，包括拓展教育资源和提升反馈质量。其次，本文指出生成式人工智能在思想政治教育中可能引发的挑战与潜在风险，如教育过程的去人性化、信息准确性问题以及思想偏差等。最后，基于上述分析，本文提出关于生成式人工智能辅助高校思想政治教育的建议和对策。高校应加强师资培训与技术整合，健全人工智能内容审核与监控机制，有关部门则应推进技术资源的普及与平衡，增强人文关怀，推动生成式人工智能等工具在教学中的应用，确保其在思想政治教育中发挥积极作用，为高校思想政治教育的发展提供理论支持和实践指导。

**关键词：**生成式人工智能；ChatGPT；思想政治教育

## 一、引言

第三次工业革命后信息技术迅猛发展，不断成熟的人工智能（Artificial Intelligence，AI）技术逐渐走入大众视野，如今人工智能的应用

---

① 毕帆，对外经济贸易大学国际经济贸易学院党委副书记，副教授。研究方向：思想政治教育。
② 白轩诚，对外经济贸易大学国际经济贸易学院本科生。专业：经济学（荣誉学士）。

已深入各个领域，深刻地影响着各行各业的运作模式和发展趋势。在教育领域更是如此，以 ChatGPT 为代表的生成式人工智能（Generative Artificial Intelligence，GAI）技术的应用正在逐步渗透到各个层面，推动教育模式发生一些前所未有的创新转型。GPT 是 Generative Pretrained Transformer 的缩写，译为"生成型预训练变换模型"，是一种大语言模型的机器学习系统，区别于传统机械式寻找对应答案的互动模式，ChatGPT 应用的深度学习技术使其能够不断学习和改进，在更高程度地贴近人类自然语言对话的同时又具有一定的逻辑推理能力，为教育领域带来了巨大的冲击和变革。它不仅在学术研究、知识传播和教育管理方面提供了新的解决方案，也在思政教育领域引起了广泛关注。

高校思想政治教育是中国特色社会主义高等教育体系的重要组成部分，是培养学生社会主义核心价值观和正确世界观、人生观、价值观的关键途径。思政教育在帮助学生树立正确的思想理论基础、激发社会责任感、培养国家认同和民族团结等方面具有重要作用。随着新时代背景下社会环境的变化，思政教育面临着诸多挑战和压力。特别是在信息化、全球化日益加深的当下，如何让思政教育更加接地气、富有吸引力，并能够有效地与现代学生的价值观、思维方式和生活经验相对接，成为摆在教育工作者面前的重大课题。

生成式人工智能技术，尤其是 ChatGPT 的崛起，为高校思政教育提供了前所未有的技术支持。ChatGPT 作为一种先进的自然语言生成模型，凭借其对自然语言强大的理解力、生产力，得以深度介入高校网络思想政治教育过程，为改进思政教育带来了全新的思路和灵感。它的技术介入可分为直接介入和间接介入，使用场景可大致对应为学生直接使用 ChatGPT 生成内容和教师将 ChatGPT 生成内容再加工以辅助授课。不管何种介入方式，它都为思政教育带来了不容小觑的创新动力。建立在大数据、大算法基础上的 ChatGPT 有助于打造更加完善的智慧化思政教育平台，其海量信息资源以及信息处理能力不仅可以提升教师的教学与科研效果，还能实时记录思政教育中学生学习的过程，让评价系统更加完善准确。此外，还有学者探究了 ChatGPT 相关的生成式人工智能在当下整体思政教育场景构建方面的潜在贡献，通过观念融入、技术嵌入、技能导入，机制引入利用 ChatGPT 等生成式人工智能全面拓展思政教育场景，带来全新的体验。

然而尽管如此，ChatGPT 引发的挑战和潜在风险也不容忽视。从教育工作者视角来看，思想政治教育的重点是做"人"的工作。从思想政治教育的基本原则来看，过度依赖以 ChatGPT 为代表的生成式人工智能可能会削弱思想政治教育的三个重要原则：方向原则、求实原则和示范原则，进而影响思政教育中主流价值的传播、学生实事求是精神的培养以及师生交流和情感沟通。从学生的视角来看，生成式人工智能存在的技术缺陷可能会误导学生的动机行为，它仍然是对人类思维的一种物化和模拟，只是一个有巨大训练数据集的神经网络模型，在这个巨大的数据集中很有可能隐藏着西方大国为对华发动宣传战、心理战的不当言论，过多使用也容易使学生们陷入"信息茧房"和"数字牢笼"，削弱原本的自主思考能力，抑制批判性思维等高阶素养的形成。

本文将从三个方面展开讨论：首先，探讨以 ChatGPT 为代表的生成式人工智能如何通过赋能思政工作，提升教育效率和质量带来正面影响；其次，分析使用 ChatGPT 等生成式人工智能技术辅助思政教育所面临的挑战，包括教育的去人性化、技术的局限性等隐藏的风险；最后，提出相应的对策与建议应对以 ChatGPT 为代表的生成式人工智能辅助思政教育时可能存在的负面影响，确保其能够在思政教育领域发挥积极作用，为未来高校思政教育在人工智能时代的发展提供理论支持和实践指导。

## 二、以 ChatGPT 为代表的生成式人工智能对高校思想政治工作的赋能

### (一) 思政教育资源的普及与创新

ChatGPT 能够极大地拓宽教育资源的获取途径，为学生提供更加丰富、即时且多样化的思政学习材料。传统的思政教育主要依赖教材和教师讲解，但这些材料和内容的更新速度通常较慢，无法满足个性化、动态化的学习需求。ChatGPT 则能够根据学生的兴趣和学习进度，实时生成或推荐相关的学习资料。

例如，ChatGPT 可以帮助学生生成针对特定思政主题的学习内容，如马克思主义理论、社会主义核心价值观等。与传统的思政教育内容相对静态不同，AI 可以基于数据分析和自然语言处理技术，快速更新相关资料，帮助学生及时掌握国内外政治、经济、社会等方面的新变化与热点问题。此外，AI 还能生成不同层次和风格的内容，满足不同学生群体的学习需求，如通过简明扼要的解释帮助低年级学生理解思政知识，或通过更具挑战性的讨论促进高年级学生的批判性思维。AI 不仅能提供精准的内容生成，还能根据学生的认知水平量身定制学习路径，从而增强学习体验和效果。通过这种个性化教育，学生能够更容易接触到丰富的思政学习资源，进而提升整体学习质量。

### (二) 思政教育工作的反馈质量提升

ChatGPT 在反馈收集和分析方面，尤其在教学效果评估和课程内容优化方面具有显著优势。传统的思政教育评价体系多依赖教师的主观判断，缺乏科学的数据支持，往往存在评估不全面或反馈滞后的问题。然而，以 ChatGPT 为代表的生成式人工智能可以通过分析学生的学习

数据，为教师提供实时反馈，帮助其了解学生的学习情况、认知难点以及思维盲点。GAI 可以与高校的学习管理系统结合，通过学生的在线答题、讨论互动以及课后作业，收集大量数据，并生成教学效果报告。这些报告能够帮助教师发现掌握情况较好和存疑较多的知识点，进而指导教师调整教学策略和内容，帮助教师优化课程设计。同时生成式人工智能还可以分析历史课程的教学资料，基于学生的学习反馈提出课程优化建议，生成新的课程大纲或教学案例。这种基于数据的动态评估与反馈机制，能够大幅提升思政教育的针对性和有效性。

（三）思政教育工作者工作效率增强

传统的思政教育工作不仅涉及教学内容的设计和授课，还包括大量附属的学生管理和学业辅导工作，这些工作也要占用教师不少的时间精力。通过引入以 ChatGPT 为代表的生成式人工智能，教师可以大幅减轻日常的教学负担，提高工作效率。ChatGPT 可以在作业批改和学术指导方面发挥重要作用。对大规模课程，教师批改作业和为每位学生提供个性化反馈的难度较大。教师可以通过建立 AI 自动化批改系统，快速对学生的作业、答疑进行初步处理，减轻教师的工作压力。同时 ChatGPT 还能提供即时反馈，对学生提出的问题进行解答，尤其是对于解答那些理论性较强或记忆性质的基础性问题，ChatGPT 高准确度的庞大数据库和处理能力相较于人脑具有更强的优势。

帮助教育工作者减轻以上的学生工作压力后，教育工作者们就能够将更多的精力投入课程的优化之中。ChatGPT 通过分析学生的思想动态、心理状况和行为数据，能够帮助教师了解学生学习过程中的思想变化甚至潜在的情感倾向。例如，在一些思政课程的讨论过程中，GAI 可以对学生的言论进行分析，帮助教师识别出学生学习过程中可能产生的错误或偏激观点，从而为教师提供及时干预的提醒。这种基于 GAI 的数据分析不仅可以帮助教师更好地进行思想政治工作，也能提高其决策的科学性和准确性。

## 三、ChatGPT 对高校思想政治工作的挑战

### (一) 思政教育的"去人性化"问题

以 ChatGPT 为代表的生成式人工智能的引入虽然能提高教育效率，但也带来了一些"去人性化"的问题。思政教育的核心不仅是知识的传授，更是价值观、思想和情感的传递。教师与学生之间的互动，不仅是教学的手段，更是思想交流和情感培养的桥梁。思政教育绝不是像念课本一样将冷冰冰的知识点灌输到接收者的脑海中就一了百了，关键是教育工作者们要在这个过程中去努力复现场景，唤起听者的共鸣，让听者产生切身的认同感才能达到春风化雨的教育目的。然而，ChatGPT 等 AI 技术的使用，虽然能通过智能回答提供一定程度的互动，但其无法替代人类教师在情感交流和价值引领上的作用。思政教育不仅关乎理性知识的传授，更是情感和价值观的塑造，人工智能缺乏情感和人文关怀，难以为学生提供深层次的思想碰撞和情感支持，依赖 AI 技术展开思政教育时必然会面临削弱思政教育人文关怀的问题，这将可能导致教育内容的去人性化、空洞化。

### (二) 信息准确性与思想偏差问题

虽然目前 ChatGPT 的功能强大到有时候令人叹为观止，但 ChatGPT 并不是百分百准确无误的，其生成的内容也会存在偏差和不准确的情况。类似 ChatGPT 这种使用大语言模型训练出的人工智能，其生成内容的依据归根结底还是其训练数据集中的信息，训练数据集无比庞大但没有人能保证其中的观点信息都是准确无误的。不同的训练内容导致的输出结果天差地别，在这个信息爆炸的时代，"投喂"给这类 AI

的数据即使经过筛选，也很难保证不漏掉每一条有偏差的信息，这在思政教育应用中需要加以防范，网络空间的数据中不乏各种宣扬历史虚无主义、暴力言论和种族歧视等妄图挑战马克思主义指导地位的错误言论。有时 AI 给出的回答会因此产生偏差，对思考能力和知识水平尚处于完善阶段的学生来说，并不能总是及时分辨。另外，ChatGPT 的错误回答通常是"一本正经地胡说八道"，在大量正确回答中夹杂一些错误观点或对错误观点使用模糊处理，对使用者来说有不小的考证难度。

（三）使用成本带来的教育不平等问题

想要将 AI 技术应用到思政教育中，先要解决 AI 技术所需的软硬件设施条件，这是使用 AI 带来的附加成本之一。ChatGPT 等 AI 属于科技含量较高的产品，需要相应的软硬件条件支持运转。目前我国的教育资源和技术分配并不平衡，东西部依然存在较大差距，在一些条件较差的学校和地区缺乏足够的技术设备和资源，AI 技术的应用自然会受到限制，使得学生无法享受到 AI 带来的教育红利，从而影响思政教育的公平性，加剧教育资源的不平等程度。

## 四、对策分析

### （一）加强师资培训与技术整合

思政教师的技术素养亟待提升。AI 技术的引入意味着教师不仅要具备传统的教学能力，还需掌握一定的技术应用能力，尤其是如何有效地使用以 ChatGPT 为代表的生成式人工智能工具来辅助思政教育。因此，针对教师的系统培训尤为重要。高校应根据思政教师的实际需求，组织定期的人工智能技能培训，使教师能够熟练使用 GAI 工具进行教学设计、内容生成、学业评估等任务。教师应学习如何将 AI 技术与传统教育模式相结合，形成"人机协作"的教学模式。具体而言，AI 可以帮助教师自动化批改作业、生成教学大纲等，而教师则更多的对学生进行思想启迪、情感引导和价值观培养。通过这种合作，既能保证教学的高效性，又能保持思政教育的深度和人文关怀。高校可以组建专门的技术支持团队，帮助教师解决在使用 AI 过程中遇到的技术难题，确保 AI 技术的顺利应用。

## （二）健全 AI 内容的审核与监控机制

高校在使用 AI 辅助教学时需要建立严格的内容审核和监控机制，确保 AI 生成的内容符合教育要求，尤其是思想政治教育中对价值观的要求。应制定详细的 AI 生成内容的质量标准，并定期对 AI 生成的教学内容进行审查。思政教育的内容尤其需要严格把关，确保其传递的思想观点和价值理念与社会主义核心价值观保持一致。对不符合要求的内容，必须进行及时修改和调整。在思政教育中，教师依然是主体，AI 仅是作为辅助，不可本末倒置，教师和教学管理人员需要扮演监控 AI 和内容审查的重要角色，避免学生受到误导。建议对所有 AI 生成的思政教育材料进行人工二次审核，确保准确性。针对学生在使用 AI 工具学习过程中遇到的问题，建立相应的反馈机制，师生合力监管 AI 工具，确保及时对错误内容作出相应的纠正。

## （三）推进技术资源的普及与平衡

可从宏观政策层面推进技术资源的公平分配，确保各类高校尤其是薄弱高校能够更平等地享用 AI 赋能教育的机会。国家和地方政府应加大对教育领域技术设备的投入力度，特别是对农村和偏远地区高校的信息化建设进行扶持。通过购买、捐赠、技术共享等方式，确保各类高校在教育技术、教学平台等方面实现公平共享。政府可以通过专项资金支持、税收减免等方式，鼓励高校购买和使用 AI 技术产品，并需要配套地组织人员培训，提升教师和学生的技术使用能力。此外，各高校可以加强资源共享，建立范围更广泛的 AI 学习平台，不同高校间共享优质的学习资源。

（四）增强人文关怀，避免"去人性化"

思政教育不仅是知识的传授，更重要的是情感的交流与思想的启发，因此 ChatGPT 的引入必须避免"去人性化"的倾向。尽管 ChatGPT 可以提供知识和答案，但它无法像教师一样进行情感交流和思想引导，教师应该通过面对面的交流、讨论和思考，引导学生形成正确的价值观。在此过程中，ChatGPT 工具应当作为辅助工具，而非替代工具。教师要主动了解学生的思想动态，提供个性化的思想辅导和情感支持，ChatGPT 无法培养学生的批判性思维和情感认同，过于依赖 ChatGPT 反而还会降低使用者的自主思维能力。因此，教师应在思政教育中加强对学生思维的引导，鼓励学生提出问题、锻炼批判思维，表达不同观点，从而培养他们的独立思考和理性分析能力，增强思政教育的效果。

## 参考文献

[1] 程琼，刘宏达. 基于生成式人工智能的思想政治教育场景构建及其风险防范 [J]. 国家教育行政学院学报，2024（8）：87–95.

[2] 杜晓东，胡沫. ChatGPT 在高校思想政治教育中的价值、风险与应对 [J]. 学术探索，2024（6）：143–149.

[3] 马也. ChatGPT 介入高校网络思想政治教育的风险审视及应对策略 [J]. 江苏高教，2024（6）：88–96.

[4] 燕连福，秦浦峰. 生成式人工智能赋能思想政治教育的价值、问题与对策 [J]. 广西社会科学，2023（9）：201–206.

# 社会化视域下高校博士生"精准思政"：现实反思与推进策略[①]

辛云飞[②]

**摘　要**：随着博士生的知识转化受到市场因素的影响，博士生的社会化程度在培养过程中愈加受到重视，这对新时期博士生思想政治教育工作提出了新要求和新任务。精准聚焦，关注"关键少数"，通过对新时期博士生群体社会化调研的方式，进一步对新时期博士生"精准思政"工作现实反思，从"精准布局、精准创新、精准落地"三个维度提出高校博士生"精准思政"工作推进策略，以期全面提高博士生群体思想政治教育工作水平，进而提升博士生社会化水平。

**关键词**：社会化视域；博士生；精准思政；现实反思；推进策略

## 一、引言

随着社会和经济的发展，世界呈现多元化态势，知识成为推动生产力发展的关键因素。随着国外学者 Chris 提出知识生产模式 2（Knowledge Production Mode 2）、"三螺旋模型"（Triple Helix Model）、"学术资本主义"（Academic Capitalism）等概念，相关研究逐渐增多，博士生培养与多元化劳动力市场需求间出现的错位问题逐渐受到重视。同时大学的内在学术性和外在社会性要求博士生培养也要兼顾学术和

① 基金项目：北京高校思想政治工作研究课题（项目编号：BJSZ2024ZC49）。
② 辛云飞，对外经济贸易大学中国金融学院辅导员。研究方向：思想政治教育。

市场，博士生面临着学术和职业的双重社会化。

博士生社会化即博士生学习、内化职业领域的知识技能、价值观、行为规范，并胜任该领域的相应角色的过程。具体分析，即博士生通过高校系统培养的过程，习得可以胜任相关职业的专业知识、技能和学术能力以及胜任该职业角色的职业技能（如可迁移能力、交际能力、适应能力、抗压能力等），并具备对该职业的激情和认同而从事该职业的倾向。

时代环境、社会需求及学科发展趋势的变化推动博士生培养方式发生变革，高等教育机构培养的博士生所掌握的技能与社会需求之间不匹配，博士生社会化程度成为衡量博士生培养质量的重要指标，这对新时期博士生的思想政治教育工作提出了更新和更高要求。习近平总书记多次强调，"要从细处着手，养成习惯""对准焦距、找准穴位、抓住要害"。党的十八大以来，关注"关键少数"，培养精准思维已经成为在各个领域中指导党和国家各项工作有效开展的思维方法。当前，"精准思政"已经成为高校博士生培养中社会化工作落实落地的有效手段。高校应更全面对准博士生思想引领工作，通过引领博士生树立正确价值观、人生观，培养博士生的可迁移能力、交际能力、适应能力、抗压能力等，多层次体系化提高博士生社会化程度，使高校博士生群体的思想政治工作朝着精准、有效以及更加可持续的方向发展。

## 二、"精准聚焦"——高校博士生群体"社会化"特征调研分析

近年来，随着国内政治、经济的快速发展，诸多领域面对转型升级问题，社会的发展直接或间接地对博士生的选拔和培养产生影响。本文"精准聚焦"博士生群体，通过调研问卷、理论分析、数理统计

等方法从博士生社会化培养环境、博士生压力困扰、博士生社会化进程中的现实问题三个角度进行摸排，旨在对博士生这一"关键少数"群体进行特征定义，对有效开展"精准思政"工作具有重要意义。本文以北京市多所财经类高校的博士生为样本，抽样开展问卷调查，对高校博士生群体思想政治教育工作开展的瓶颈和短板进行分析，通过精准定位博士生群体社会化特点和现状为博士生"精准思政"方案的制订与实施提供基础。

（一）我国高校博士生社会化培养环境："宽入窄出"与供求矛盾

**1. "宽入窄出"**

伴随中国社会和经济的快速发展，政府、企业和高校科研院所对博士生的需求增多，为满足社会需求，近年来我国高等教育博士生招生规模逐渐扩大。除传统的考试选拔制、申请审核制外，高校也设立了直博制、硕博连读制等多重升学渠道；专业博士学位的开设和招收也为学生提供了更多的攻读选择。

2024年10月教育部发布的《2023年全国教育事业发展统计公报》显示，2023年我国招收博士生15.33万人，比2022年增长了近10.29%。从博士生输出来看，2023年博士毕业生8.71万人，比2022年毕业8.23万人整体的增长率仅约5.8%，博士生的培养逐步呈现"宽入窄出"的现象。

**2. 供求矛盾**

随着世界经济社会形势不断演变，以学科知识为重心的博士生培养方式越来越难以满足社会对高等教育人才的需求。本文发现，博士生培养和社会需求主要面临以下矛盾：首先，高校培养的学术能力与社会需要的综合能力之间的矛盾。社会对高水平人才的需求扩张对博士生各方面的综合能力提出了更高要求，但当前博士生综合能力不完备造成了高教人才就业供需失衡的矛盾；其次，博士生教育中丰富的学科理论与薄弱的社会应用之间的矛盾。当前博士生"产学研"能力薄弱，以学术为主导的研究忽略了学科与社会之间应用性的联系；最后，博士生钻研领域单一与学科发展多元融合之间的矛盾。当前博士生知识技能的单一学科性不符合社会中知识创新发展的跨学科融合趋势。

这些现状揭示了目前博士生培养中亟须解决的问题。问题的解决不但需要博士生培养的教育改革，也为博士生培养中思想政治教育作用的发挥划定了广阔场域。

## （二）高校博士生社会化程度重要影响指标：压力困扰

有效开展博士生思想政治教育工作，首先应厘清博士生群体特征，正视其不容忽视的主观问题和潜在风险，明确新形势下面临的新的工作要求。通过了解博士生压力源和压力困扰现状，多渠道提升博士生抗压能力，对有效提升博士生社会化程度有重要作用。

本文针对北京市多所财经类高校博士生抽样开展抽样调查研究，发放问卷 165 份，经检验有效样本 158 个，调查问卷根据样本选择赋分，主要分析样本可能存在的适应困难、人际困扰、学业（科研）压力、就业压力、恋爱困扰等 5 类问题。

表1　调查问卷中子类问题人数与分数统计表

| 子类问题 | 单一风险人数 | 风险人数比例（％） | 平均分 | 超过平均分人数 | 超过平均分比重（％） |
|---|---|---|---|---|---|
| 适应困难 | 57 | 36.08 | 6.06 | 58 | 36.71 |
| 人际困扰 | 49 | 31.01 | 5.65 | 69 | 43.67 |
| 学业压力 | 117 | 74.05 | 8.16 | 75 | 47.47 |
| 就业压力 | 111 | 70.25 | 8.63 | 79 | 50.00 |
| 恋爱困扰 | 55 | 34.81 | 6.04 | 56 | 35.44 |

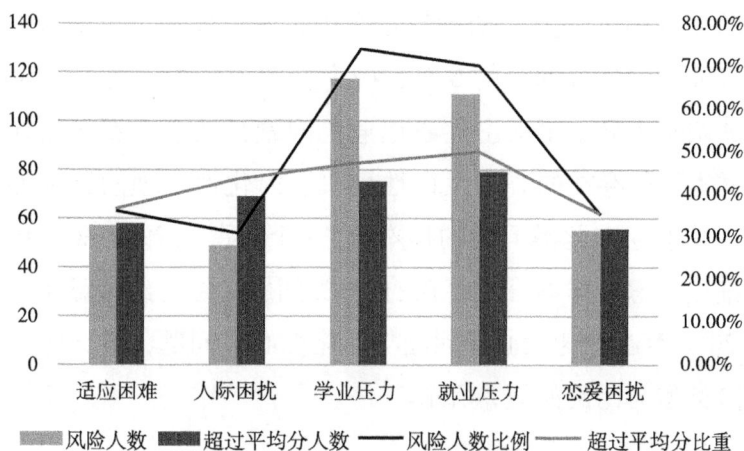

图1　样本博士生压力类型与风险比例

调研结果显示，全部样本中有 26 个样本存在一般压力与适应困扰问题，占比达 16.46%；学业（科研）压力、就业压力是高校博士生最大的压力源头。受知识经济、产业结构变化的影响，虽然博士生就业选择趋于多元化，但学术职业依然是博士生就业的主要方向，加强博士生学术能力训练、缓解博士生学业（科研）压力仍是博士生培养的重中之重。在就业方面，博士生劳动力市场选择面较窄，博士生就业期望值较高、就业成本较大，造成劳动力市场供需不匹配。博士生劳动力市场供需矛盾日益突出对博士生"社会化"提出了更高要求，博士生压力就业普遍增大。博士生的就业问题无疑是国家、社会和高校需要重点关注协调解决的一大难题。

适应困难、人际困扰和恋爱困扰是博士生压力的其他来源。愈发趋严的博士培养标准、高校和科研机构环境特点、社会舆论压力及博士生人生特殊阶段等诸多原因均成为博士生压力困扰源。这些问题都是博士生思想政治教育工作中不容忽视的方面。

（三）高校博士生社会化进程中的现实问题：心理危机

根据国际顶级科学期刊《Nature》发表的一篇在一项由 90% 博士

生构成的 2200 个研究生调查研究论文中，研究生（主要是博士生）的焦虑和抑郁倾向是普通人的 6 倍，中度抑郁或焦虑占总人数 40%。样本博士的调研也显示出博士生心理危机问题：调查问卷在设计中着重考虑了样本可能存在的心理生命性危机、内化性心理问题和外化性心理问题，其中存在此类问题的样本为 46 个，占比 29.11%。同时，调查问卷细化考虑了样本可能存在的 15 类问题。综合结果显示，全部样本中有 20 人存在内化性心理问题与外化性心理问题，占比达 12.66%。每项风险类型与比例如图 2 所示。

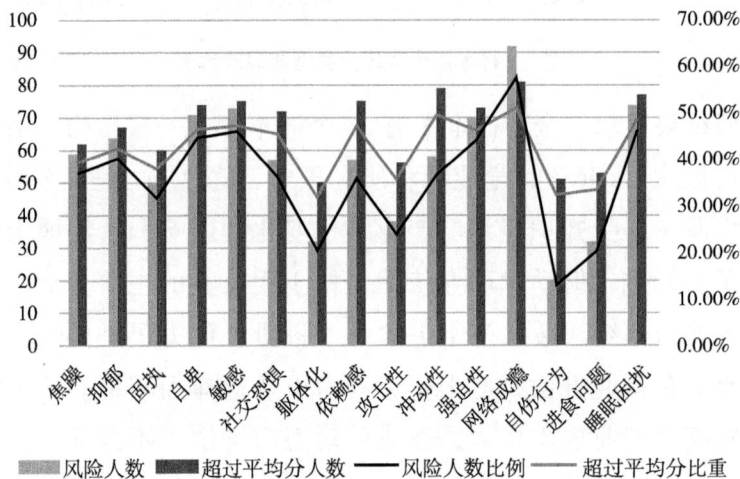

图2　博士生问题类型与风险比例

整体来看，博士生涉及的心理问题类型与风险比例相对较高，各种类型的心理问题也开始频繁出现，博士生心理健康教育也成为一个思想政治教育过程中需要特别重视的层面。经摸排，参与调研的博士生 90% 以上年龄分布属于 90 后。独生子女成长环境、社交恐惧、综合能力欠佳、未做好进入社会准备与社会变化速度过快的矛盾等诸多方面给博士生带来了较大的不安全感，个别学生出现了选择隐藏内心而自卑敏感、逃避现实而上网成瘾等现象。

## 三、"问题反思"——新时期高校博士生思想政治工作的瓶颈和短板

通过对北京市多所高校博士生的抽样调研，聚焦博士生的群体社会化特征图谱分析，从社会化视角勾画出博士生社会化特征和思想政治工作着力点。同时，通过走访调研多名思想政治教育工作者和北京市财经类高校博士生，综合深度访谈等形式，继而反思博士生思想政治工作仍然存在的工作瓶颈和短板。

### 1. 博士生"精准"思政工作生态：仍需完善

当前高校培养环境"宽入窄出"的博士生培养生态下，博士生基数逐年增多，社会转型和发展对高层次人才的社会化要求程度逐年增强，博士生人际能力、抗压能力、心理承受能力、可迁移能力等与学术科研能力发展不平衡，导致博士生与市场的供需冲突和矛盾日渐突出。2017 年 12 月，中共教育部党组发布《高校思想政治工作质量提升工程实施纲要》，提出充分发挥课程、科研、实践、文化、网络、心理、管理、服务、资助、组织等方面工作的育人功能，切实构建"十大"育人体系的基本任务。这也从政策层面为缓解博士生市场供需矛盾提供了一个解决方案。但就目前博士生思想政治教育工作生态来看，各高校"大思政"工作运行体系尚需统筹完善。

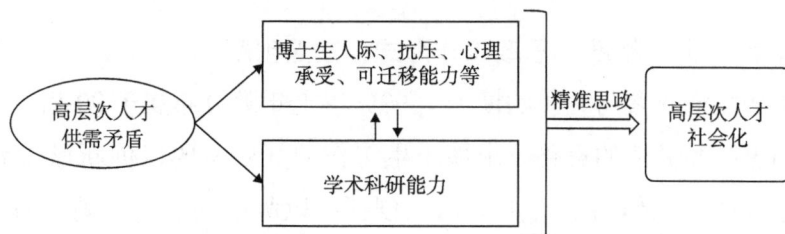

图 3　博士生市场冲突解决方案之——精准思政

我国高校学生思想政治教育工作运行主要按照本研分开，不对硕博研究生进行精准细分，博士生发声渠道窄、难以形成"一贯制"思政效果反馈机制。调研发现，一方面，仅有10.23%的博士生担任过校级层面学生组织、党支部干部，学生工作参与度差；另一方面，大多数高校无专门设置的"博士生辅导员"，工作队伍有待健全细分，"精准"聚焦博士生群体的思想政治教育工作相对缺乏。博士生科研压力大，缺乏活跃度和主动性，对思想政治教育活动、心理辅导等的资源诉求不足，调研中有31.62%的博士生反馈较少参与校级党建类活动，博士生容易"疏离"除科研活动以外其他的教育活动，思政工作开展难以形成体系化机制。

**2. 博士生"精准"思政协同育人格局：有待加强**

近年来，经过教育教学改革，我国博士生教育导师制不断发展创新，逐渐形成具有创新培养作用、贴合博士生需求的双导师制或导师组模式。相较本硕学生，博士生双导师在博士生社会化功能实现的过程中扮演了重要角色，不仅体现在对博士生的学术训练、科研能力培养中，更涵盖对博士生社会化进程中的可迁移能力训练、学术人脉建立以及跨学科能力训练等。在现实学习和工作中，导师往往更注重博士生专业技能的训练而忽略社会化实现层面的引导，与学生工作者协同育人作用发挥不足，在博士生社会化进程中的作用有待增加。这对博士生思想政治教育协同育人格局的实现和构建中的角色发挥提出了新要求。

**3. 博士生"精准"思政工作形式：缺乏创新**

调研发现，参与调研的博士生90%以上年龄分布属于90后。90后活跃的思维和灵活的思路要求博士生工作的开展需要以创新形式展开。博士生群体的工作需要愈加灵活、创新，以吸引博士生兴趣、贴近博士生实际需求、解决博士生实际困难，高校应该据此进行博士生群体工作顶层设计。目前，我国许多高校制度层面相对缺乏，针对博士生的各项工作开展形式相对单一。2014 年，我国开始推行"课程思政"协同育人工作形式，大大改善了博士生思想政治教育现状。调研中，有 84.51% 的博士生了解并熟悉"课程思政"的推行并认为其起到了价值引领等作用。现实情况中，创新型的教育和活动开展更能在思政层面有效形成对博士生的启发和帮助，提高其政治站位、思想高度、实践能力、可迁移能力，进而有效加强其社会化能力。82.71% 的博士生愿意并希望参与党支部活动，有高达 50% 以上的博士生希望参与形式更为灵活的活动中去。

### 4. 博士生"精准"思政实效：有待改观

博士生的思想层面教育的主战场为思想政治教育类课程，思想政治课程的教育实效起到至关重要的作用。博士生群体课业难度较大、科研压力较大，学位授予的要求也逐渐提高，博士生的精力往往被其他硬性考核占用，思政课开始出现出勤率低、抬头率低等现象。思政类课程应更多层面上在课程内容设计、形式设计和培养制度下功夫，充分发挥思政课程实效性。另外，高校对博士生普遍缺乏心理教育类课程和心理科普类讲座，难以为博士生日益增大的压力和近年来愈加突出的心理问题提供理论支撑。调研发现，78.23% 的博士生认为自己缺少体育锻炼，对博士生日益凸显的心理问题有不利影响，16.22% 的博士生不知晓学校心理中心预约机制，也反映出博士生心理健康教育推广机制尚需完善。

## 四、高校开展博士生"精准思政"工作的政策建议

2016 年，习近平总书记在主持召开中央全面深化改革领导小组第二十二次会议时强调，"要对准瓶颈和短板，精准聚焦、协同发力"。根据当代高校博士生群体的特点和思政教育现状，改革供给侧结构，创新德育形式，按照"精准布局、精准创新、精准落地"的总体思路，

积极推进博士生思想政治教育改革，全面推进博士生思想政治教育，使人才培养的供给侧改革顺利开展，供给侧能有效引导和刺激需求侧，供需矛盾有效解决，达到人才供给侧"精准供给"，全面实现博士生社会供需平衡。

（一）精准布局："精准思政"工作的顶层设计

**1. 夯实博士生思想理论根基，"精准"政治站位和信念教育**

高校应精准把握国家对当代青年人才的要求，加强博士生历史主动性教育，进一步夯实博士生思想政治理论根基，"精准"博士生政治站位和信念教育，引导博士生树立崇高理想，以更加坚定的信念扎根立足多元化社会，以解决博士生"目标缺失""躺平"等思想问题。高校应积极引导博士生深刻认识"两个确立"的决定性意义，进一步引导博士生确立"四个正确认识"的价值观和价值取向，着力培养"知行合一"、有家国意识的中国特色社会主义合格的建设者和接班人为目标的高层次人才。

顶层设计层面，高校应系统深化学习党的理论和党史学习教育等，围绕博士生思想特点、认知特点、群体特征等因素，精准创新思政教育理念，抓住博士生"需求导向""问题导向"，开设专门面向博士生群体的专题理论讲座、培训、热点解读等，进一步深化和覆盖党的理论教育，提高博士生思想站位，提高博士生理论水平，提高博士生科研的政治高度。加强博士生对国家重要文件、重要会议和讲话精神的学习，增强博士生主动研判历史大势、主动把握历史规律、主动强化历史思维、主动承担历史使命的能力。

**2. 加强博士生制度建设，"精准"党支部建设和体制建设**

高校应严格落实中共中央印发的《中国共产党普通高等学校基层组织工作条例》，推动和健全党对高校全面领导的组织体系、制度体系和工作机制，开展特色博士生支部建设。以党支部建设为依托，以立德树人为根本任务，精准设立"标杆型"思想政治工作平台，积极培育博士生"样板党支部"。进一步改革博士生党支部制度，加强高校基层党组织的政治功能，加强博士生支部特色党建，以党建促科研，实现党建科研深度融合，打造"新型博士生党支部"。加强博士生挂职工作和西部支教、调研工作，以实践形式加强博士生思想引领，提高博士生国家责任感和建设国家的使命感。

高校应加强制度层面建设工作，通过有效优化，积极构建"学校、家庭、院系、班级、宿舍"五级联动机制，打通学校、家庭、社会的联结，齐抓共管，将资源有效整合，攻坚制度漏洞，发挥思政教育一体化的倍增效用，加强博士生压力源控制以及对其心理层面问题的齐抓共管。在校级层面的制度设计中，要树立"大思政"理念，积极督促和加强校就业、心理等部门对博士生的关注程度，各部门之间加强交流合作，积极合作推动博士生思政工作的整体工作开展；加强思政部门思政教育工作者的思想引领工作，提高队伍对博士生思想政治教育工作的重视程度，加强队伍德育工作，提供队伍更多博士类相关交流、培训，提高思政队伍的实战能力。

### 3. 加强导师协同育人机制，"精准"解决博士生供需矛盾

我国"三全育人"重要战略要求中，"全员育人"战略的提出对保障人才培养实效有重要作用。高校应加强导师协同育人机制，完善现行导师制度，提高导师对博士生沟通指导的有效性。同时按照多元化标准组建"跨学科"导师组，提高导师组指导博士生的可迁移能力，鼓励博士生课题研究跨学科方向发展，有效解决博士生理论基础强但社会实践性差、学科单一跨学科能力弱的问题。聘请校外指导教师作为博士生导师组成员，通过博士生实操性学术研究，提高其对研究实际应用性的认知能力，加强博士生研究成果与社会发展的需求、市场的需求保持一致；重视导师队伍建设，提高导师队伍专业素质和业务水平建设，增强导师队伍师德教育，加强导师"思想引领"功能，建

立导师组"榜样标杆"。导师应积极参与与导师合作项目，加强联合培养，以促进博士教育观念更新、研究视野开阔及人才培养水平提高。高校应经常指导博士生共同研讨实践类课题，通过对博士生学术能力训练以及实践指导，有效加强博士生就业指导，提升博士生社会化程度。

### （二）精准创新："精准思政"工作的不竭动力

基于博士生年龄分布和社会化供需现状，"精准思政"工作开展需要更具创新性和实效性。学校应勤于探究，寻找科学规律，基于博士生生存现状、压力状态等，因材施教，创新思政教育模式、工作路径，搭建立体平台，有效解决博士生实际问题。

**1. 创新思想政治教育模式，"精准"构建育人力量聚合**

思想政治课教师应全面提高思政课程质量和创新性，提供更为丰富和多元化的教学模式，通过生动讲解当前国家时政、添加生动的教学案例、思考现实的问题等启发博士生自主学习，同时对思政教育的全过程合理设置和有效规划，使思想政治教育课程发挥"主战场"作用。专业课教师应将思想政治教育融入专业课教育中，有效开展"课程思政"工作，使思想政治教育"春风化雨"地融入博士生思想政治教育全过程。思想政治教育工作者应把握目前高层次人才社会供求现状，专注创新型思想政治教育模式探索，通过创新教育模式更好解决现实问题，探索思政工作新生态。通过思政课教师、专业课教师、思想政治教育工作者的有效联动，有效构建育人力量聚合。

**2. 创新网络思想政治教育，"精准"拓宽育人路径**

高校应顺应国家"互联网＋"发展趋势，运用数据整合、大数据分析等加强博士生群体调研工作，通过对博士生群体特征图谱的绘制，有效进行创新挖掘，设计出有针对性的博士生思想政治教育路径，使"规范＋创新＋特色"融入博士生思想政治教育设计全过程。在后疫情时代，进一步创新网络思想政治教育，构建和打造网络教育平台。一是打造博士生思想政治教育课程教学延展。高校有针对性地设计面向博士生的线上思政课程和讲座，加强对线上思想政治教育资源的优化整合，以"线下教育主体化、线上教育多元化、互动交流常态化、实际体验亲民化"为落脚点，实现线上线下和谐共生。二是设立博士生思想政治教育微平台。准确把握博士生发展规律，按照"服务、科研、思政教育"一体化思路，设计贴近博士生生活的微平台，在平台硬件设计的基础上注重实操性，贴近博士生真实生活和需求，耦合博士生的科研需求，建设网络思政新阵地。

（三）精准落地："精准思政"工作的有效保障

**1. 优化思想政治教育载体，"精准"提升育人实效**

高校应积极主导博士生研学组织建设和博士生工作室建设。一方面，建立建好以博士生为主体的研学组织，通过组织开展面向博士生的科研和实践活动，如各类读书会、科研交流、就业职业规划讲座、职涯论坛等活动加强博士生自我管理、自我服务能力，提升博士生社会化能力。另一方面，鼓励设立高校博士生工作室，运用一线辅导员专业化、职业化思想政治教育为引领，"十大育人体系"为构架，创新工作思维，明确工作思路和目标。工作室应关注博士生实际需求，设立特色栏目，打破博士生学科界限；通过设立心理讲座等形式，普及博士生群体心理知识；通过开展通识教育方式，拓宽博士生视野，改善博士生研究领域窄的现状。通过多维度多层次的教育联动，提高博士生综合能力，增强博士生适应社会的能力。

**2. 加强博士生心理疏导，"精准"培育健康健全自强人才**

根据期刊《Nature》2019 年面向全球 6320 名博士生的调查结果显示，仅有 36% 的博士愿意在出现焦虑情绪或抑郁时寻求帮助，其中43% 向学校方寻求帮助，只有 26% 的学生认为帮助是有效的。针对博士生对心理问题意识性差、主动寻求心理辅导积极性低的特点，高校应建立心理筛查机制，将心理健康教育融入日常思想政治教育过程中；在心理辅导实效性方面，高校应积极加强心理中心建设和心理类课程建设，使高校的心理机构能真正切实发挥实效。

另外，在博士生培养期间，通过活动设计、激励参与的形式加强博士生爱心教育、感恩教育、励志教育、诚信教育，形成"四位一体"的总体活动布局，致力于帮助学生合理缓解学业、就业和生活压力，树立自信、自立、自强的良好品质，努力培养学生的诚实守信意识、勤俭节约意识、奋发进取意识、自立自强意识。高校应在博士生培养过程设置体育类课程，增强博士生体质，培养健全健康人才；加强开展博士生贫困资助工作，提高博士生感恩奉献意愿。

## 参考文献

[1] 中共中央关于党的百年奋斗重大成就和历史经验的决议 [M]. 北京：人民出版社，2021.

[2] AURIOL L. Careers of doctorate holders：Employment and mobility patterns [A]. OECD Science, Technology and Industry Working Papers, 2010 (4)：1 – 29.

[3] 陈洪捷. 知识生产模式的转变与博士质量的危机 [J]. 高等教育研究，2010，31 (1)：57 – 63.

[4] Evans T M, Bira L Gastelum J B, et al. Evidence for a mental health crisis in graduate education [J]. Nature Biotechnology, 2018, 36 (3)：282 – 284

[5] Golde C M . Beginning Graduate School：Explaining First-Year Doctoral Attrition [J]. New Directions for Higher Education, 1998 (101)：55 – 64.

[6] 韩萌. 英国一流大学博士生培养机制及其启示：基于牛津大学教育学院的经验 [J]. 高等教育研究，2016，37 (8)：96 – 104.

[7] 胡国富，胡宝忠，李凤兰. 导师制的起源和在高等教育中实施的必要性 [J]. 边疆经济与文化，2010 (2)：182 – 183.

[8] 黄雪梅，王占军.美国博士生学术职业社会化影响因素：个体、学科文化与制度三维分析 [J].江苏高教，2017 (9)：100 – 104.

[9] 王雪双.博士生培养的变革与模式创新：以英国和澳大利亚为例 [J].世界教育信息，2016，29 (23)：32 – 38.

[10] 习近平.推动改革举措精准对焦协同发力 形成落实新发展理念的体制机制 [J].紫光阁，2016 (4)：7.

[11] 张宝君."精准供给"视域下高校思想政治理论课教学现实反思与策略 [J].思想理论教育导刊，2017 (8)：99 – 102.

[12] Shift Learning. NATURE PhD SURVEY 2019 [OL]. (2019) [2022] https：//www. shift – learning. co. uk/.

# 新时代高校国家安全教育的创新路径①

杜立伟②

**摘　要：** 我国高校国家安全教育发展经历了不同阶段，对维护国家安全、落实高校立德树人根本任务发挥了重要作用。开展高校国家安全教育有助于高校应对国内外安全形势变化带来的新挑战，有助于防止敌对势力对大学生群体进行思想渗透，有助于筑牢大学生国家安全思想根基，培育时代新人。当前高校国家安全教育的创新路径可从强化顶层设计、加强师资队伍建设、完善课程体系、创新教学方法、拓展实践活动和加强国际交流合作等方面进行探寻和尝试，共同构建中国特色的高校国家安全教育体系。

**关键词：** 高校；总体国家安全观；国家安全教育；创新路径

习近平总书记在党的二十大报告中指出："国家安全是民族复兴的根基，社会稳定是国家强盛的前提。必须坚定不移贯彻总体国家安全观，把维护国家安全贯穿党和国家工作各方面全过程，确保国家安全和社会稳定。"高校是培养国家建设者和接班人的坚强阵地，肩负着"为党育人、为国育才"的光荣使命，高校国家安全教育不仅是开展思想政治教育的延伸，更是落实立德树人任务的重要举措，对深化新时代爱国主义教育，培养和造就担当民族复兴大任的时代新人具有重要战略意义。

---

① 基金项目：本文系对外经济贸易大学 2024 年校级思政专项课题研究成果（项目编号：JYX202405）。

② 杜立伟，对外经济贸易大学国家对外开放研究院辅导员，助理研究员。研究方向：思想政治教育。

# 一、我国高校国家安全教育发展的沿革与成效

高校开展国家安全教育是为了适应国家安全战略布局的需要，帮助学生认清国家安全形势，增强维护国家安全的自觉性和主动性。我国高校国家安全教育政策经历了长期的发展与完善过程。韩启红（2023）认为，我国高校国家安全教育可划分为三个阶段，即"以巩固政权、保家卫国为中心的传统国家安全观教育阶段"（1949—1977年）、"以捍卫和平、发展经济为重心的传统与非传统并行的国家安全观教育阶段"（1978—2013年），以及"以维护总体国家安全、实现现代化为核心的总体国家安全观教育阶段"（2014年至今）。早期，相关政策侧重传统安全领域，如国防教育、保密教育等，将维护国家主权、领土完整及军事安全作为核心要点。20世纪80年代前后，教育部颁布了一系列文件，着重强调高校军训工作，力求增强学生体魄、培育纪律意识，为国防建设积蓄后备力量，军训由此成为国家安全教育的基础载体，让学生初步涉猎军事知识，体悟国家安全责任。步入21世纪，网络安全、信息安全等非传统安全问题日益凸显，教育部要求高校强化校园网络管理，开设网络安全课程，引导学生妥善应对网络风险，防范敌对势力网络渗透，捍卫国家信息主权。从历史发展来看，我国高校国家安全教育将军训和军事理论课作为载体，凭借思政课程内嵌国家安全教育内容，再以国家安全专题讲座为补充，三者共同构筑成我国高校开展国家安全教育的主要模式。

党的十八大以来，以习近平同志为核心的党中央高度重视国家安全工作，提出了一系列重大的新思想新战略新举措。韦文英等（2020）研究指出，党的十八大以来，我国在国家安全教育方面取得了一系列成就，包括国家安全理论的丰富发展和教育法治化的推进。2014年4月15日，习近平总书记在中央国家安全委员会第一次全体会议上创造

性提出总体国家安全观，这为新时代高校开展国家安全教育工作提供了指导思想和根本遵循。根据总体国家安全观相关要求，2015年全面修订的《中华人民共和国国家安全法》将每年的4月15日定为"全民国家安全教育日"，目前已开展9年，我国国家安全教育的法治化和全民化普及水平显著提升。2018年，教育部印发《关于加强大中小学国家安全教育的实施意见》，明确各学段教育重点，要求高校构建完善内容体系，涵盖政治、国土、经济、文化等多领域安全知识，推动国家安全学学科建设，从课程、师资、实践基地等多维度完善教育体系，为高校国家安全教育提供坚实政策支撑，促使教育从零散走向整合，适应新时代国家安全复杂形势需求。2020年10月，教育部发布《大中小学国家安全教育指导纲要》，将国家安全教育纳入课程，明确大学阶段重点围绕理解中华民族命运与国家关系，践行总体国家安全观，学生系统掌握总体国家安全观的内涵和精神实质，理解中国特色国家安全体系，树立国家安全底线思维，将国家安全意识转化为自觉行动，强化责任担当。

近年来，我国高校国家安全教育体系以学习贯彻总体国家安全观为主线，法治化、规范化水平得到显著提升，国家安全教育的顶层设计日趋完善，教育体系日渐成熟，教育效果显著提升。其中，从传统安全观到总体国家安全观的转变，是高校国家安全教育理念的重大飞跃。曹晓飞（2018）指出，大学生总体国家安全观教育不仅是深化新时代爱国主义教育的内在要求，更是实现中国梦的必然选择。传统安全观聚焦军事、政治等领域，相对单一、静态。总体国家安全观更具系统性、综合性，将国家安全内涵拓展至经济、文化、社会、生态、网络等全方位，强调各领域相互关联、相互影响。通过多领域、多形式教学，让学生构建全方位国家安全认知架构，深刻领会"国之大者"，将个人成长与国家安全紧密相连，使总体国家安全观落地生根，转化为学生内在素养与自觉行动。研究认为，新时代的高校国家安全教育需要以总体国家安全观为核心，形成知识、价值与能力三位一体的教育目标，促进学生安全意识的全面提升。

## 二、加强新时代高校国家安全教育的战略意义

面对错综复杂的国内国际局势，加强高校国家安全教育是维护国家安全的迫切需要，高校作为敌对势力思想渗透和意识形态斗争的最前沿阵地，提升高校大学生维护国家安全的意识和能力，不仅事关学生健康成长，也事关高校培养社会主义建设者和接班人的光荣使命，更事关国家长治久安和中华民族伟大复兴的成败。

### （一）维护新时代国家安全的现实需要

当今世界，政治多极化、经济全球化、社会信息化、文化多样化深入发展，在为高校学生带来广阔视野和机遇的同时，也使他们面临诸多安全挑战。纵观全球现实，大国博弈与地缘政治竞争陡然加剧，全球安全形势恶化特征愈发明显。国际政治层面，以美国为首的部分西方国家奉行霸权主义和强权政治，肆意干涉他国内政，频繁利用"台湾""涉疆""涉藏""涉港"等议题攻击和抹黑我国政治制度和发展道路，传播西方所谓的"普世价值""民主自由"等观念，试图动摇大学生对国家政治认同的根基，引发思想混乱。高校学生作为网络原住民，频繁接触海量国际资讯，极易受到西方意识形态渗透影响。国际经济层面，全球贸易保护主义抬头，逆全球化思潮涌动，中美贸易摩擦极有可能迎来"特朗普2.0版"，众多涉外高校学生实习、就业受阻，学生职业发展规划陷入迷茫。科技竞争层面，全球科技革命与产业变革加速推进，关键核心技术成为大国角逐焦点。美国等西方国家对我国高科技企业实施技术封锁、出口管制，华为、中兴等企业在芯片研发、5G技术海外的拓展受阻。高校作为科技创新的前沿阵地，学

生参与科研项目、创新创业面临技术瓶颈与国际竞争压力，学术交流受限，国外先进科研设备、前沿知识获取难度增大，这迫切要求高校强化科技安全教育，激发学生自主创新动力，突破"卡脖子"技术困境，捍卫国家科技安全。

从国内发展来看，伴随国内经济高速发展与社会深刻转型，对高校国家安全教育提出了新要求。社会转型进程中，社会结构调整、利益格局分化加剧，各类矛盾纠纷凸显，城市化进程加快，城乡差距、贫富差距在一定程度仍存，群体性事件偶有发生，影响社会和谐稳定。高校学生来自不同地域、阶层，面对复杂社会现实，易受负面情绪干扰，若缺乏正确引导，极易滋生极端思想。通过国家安全教育，让学生理解社会发展规律，明晰国家政策导向，理性看待社会问题，增强社会责任感，主动参与社会治理创新，有助于社会平稳转型。

## （二）防止敌对势力向大学生群体进行思想渗透

加强高校国家安全教育，提升大学生维护国家安全的主动性和自觉性具有现实的紧迫性。赵庆寺（2019）认为，"作为国家的未来和民族复兴的希望，大学生是敌对势力思想渗透进而策反拉拢的重要对象"。究其原因，主要有以下几个方面：第一，新时代的大学生朝气蓬勃，思想活跃，兴趣广泛、视野开阔，具有较强的求知欲和独立意识，但同时也缺乏社会经验，辨别是非能力有限，极易受到敌对势力的不良诱导。第二，高校是新思想新理念的诞生地和传播地，是敌对势力思想渗透和意识形态斗争的最前沿阵地，思想观、价值观、人生观尚未形成的大学生是西方敌对势力发动"颜色革命"最为看重的争取对象。从已有案例来看，部分大学生表现出国家安全观念陈旧、国家安全意识不强、国家安全危机感和责任感淡化，对发生的危害国家安全的言行熟视无睹、听之任之，一旦受到敌对势力的诱骗、威胁常常不知所措、应对不当。第三，利用新媒体技术对大学生进行思想渗透，网络领域成为意识形态斗争的前沿战场。新媒体技术加快了舆论的传播速度，影响人群和领域出现倍增效益。网络领域中，一些所谓的"意见领域"不断炒作校园热点事件，试图引导高校学生否定我国高校的办学成绩，仇视社会主义制度，并诋毁抹黑党和政府以及高校的社会形象，这对高校抵御敌对势力思想渗透和提高国家安全教育提出了新的挑战和命题。

（三）筑牢大学生国家安全思想根基，培育时代新人

高校开展国家安全教育有助于筑牢大学生国家安全思想的根基，为培育时代新人提供坚实支撑。例如，一方面思政课教师可深入挖掘总体国家安全观的内涵，将国家安全案例巧妙融入课堂教学。在讲解"中国特色社会主义政治发展道路"章节时，引入西方势力通过社交媒体煽动"颜色革命"妄图颠覆他国政权的案例，引导学生对比中西方政治制度差异，剖析西方渗透手段，使学生深刻认识到政治安全是国家安全的根本，坚定对我国政治制度自信，提升维护政治安全敏锐性。同时也可在"马克思主义原理概论"课融入经济安全知识，剖析资本主义经济危机根源与当代国际经济博弈，让学生理解资本主义本质，明晰我国社会主义经济制度优势，坚定共产主义信仰。另一方面，增强思政教育的时代性使其更具针对性。例如，结合华为5G技术海外受阻讲解国家科技安全，让学生认识到科技创新对国家发展、安全双重意义，在思政课堂感受时代科技浪潮冲击，激发为科技强国奋斗动力，提升思政教育对现实问题阐释力，促使学生将个人理想与国家命运紧密相连，成长为时代所需栋梁之材，从而为培育时代新人提供坚实支撑。

## 三、新时代高校国家安全教育存在的问题

高校是国家安全教育的主要阵地之一，在一定程度上影响着我国

国家安全体系和能力现代化发展水平。胡尔贵和吴兮（2020）认为，日益复杂的国家安全形势要求国家安全教育的目标更加多元，力度更为严格，特别是在高校中，国家安全教育的制度化水平、内容体系和专业人才的保障等方面仍需加强。当前，国家安全教育作为高校的新领域，其体系构建还不够完备，师资队伍专业化有待提高，教育内容呈现碎片化和分散化特征，教育方式还难以适应新媒体技术发展的趋势，塑造新时代高校国家安全教育体系仍面临着诸多困难和挑战。

### （一）高校国家安全教育整体效果有待提升

重视程度总体上不够是目前导致高校国家安全教育整体效果差强人意的主要原因，既包括高校对国家安全教育认识和重视不足，仅开设国家安全教育相关课程，没有高度关注国家安全教育的独特价值，也包括学生对接受国家安全教育不感兴趣，教育评价流于形式。此外，课堂作为开展国家安全教育的主阵地，授课教材和案例陈旧、授课内容缺乏原创性、"填鸭式"知识灌输已经无法适应新时代大学生对国家安全教育的需求，而国家安全教育实践活动，如组织征文、知识竞赛、辩论比赛、听讲座报告等方式也太过陈旧，造成大学生参与积极性和热情低下，导致国家安全教育效果不佳。

### （二）高校国家安全教育师资队伍亟须加强

高校中国家安全教育专业教师匮乏问题较为突出，从事国家安全教育的专职教师太少，多数都是兼职教师，专业性欠缺。大多数高校缺乏专职开展国家安全教育的师资队伍，主要依托思政课教师开展相关教育工作，由于专业和知识体系限制，导致国家安全教育仅传授已知的相关内容流于表面，国家安全理论研究和阐释深度严重不足。此外，教育工作者的专业水平和对国家安全的理解深度有限也在一定程度上制约了理论的传播和落实，使得国家安全教育的理论发展滞后于实际需求。师资不足还直接导致教师难以在课堂上兼顾每位学生的学习需求，课堂互动、个性化指导难以有效开展，严重影响教学效果。在专业建设上，因师资力量薄弱，新的国家安全相关选修课程难以开设，学科建设拓展受限，无法满足学生对国家安全多元领域知识的深入探索需求，制约高校国家安全教育向精细化、专业化发展。

（三）高校国家安全教育评价有待多元化

当前，高校国家安全教育评价指标单一，以教师评价为主导，以考试成绩作为主要衡量指标，这种单一的评价方式存在诸多弊端。考试往往侧重对理论知识的考查，如国家安全法律法规条文、传统安全领域基本概念等，学生通过死记硬背便能在考试中取得较高分数，难以真实反映其对国家安全内涵的深度理解与综合运用能力。评价体系的完善对提升国家安全教育的整体效果至关重要，只有通过有效的评估，才能确保教育目标的实现和教育资源的合理配置。在实践中，部分学生虽能在试卷上准确写出网络安全防护要点，但在面对实际网络诈骗场景时，却无法有效识别与应对，这充分暴露出仅依靠考试成绩评价的局限性。对学生在日常学习中展现出的国家安全意识敏感度，如对校园内外潜在安全隐患的察觉、对社会热点事件中安全问题的分析判断，以及参与国家安全实践活动的积极性、团队协作能力等关键素养，现有评价指标几乎未能涵盖，导致无法全面、精准地衡量学生国家安全素养的真实水平，难以有效引导学生将知识转化为切实维护国家安全的行动自觉。此外，社会层面的评价未得到足够重视，国家安全教育旨在为社会输送具有国家安全担当的人才，企业、社会组织作为学生未来职业发展的承接平台，对学生国家安全实践技能、职业操守等方面有着直接感受与需求，但当前高校甚少引入社会力量参与评价，导致教育与社会实际需求脱节，无法依据社会反馈及时优化教育内容与方式，削弱高校国家安全教育对社会发展的支撑效能。

### （四）高校国家安全教育顶层设计尚需完善

当前，高校国家安全教育管理机制存在明显短板，顶层设计尚需完善。首先，在课程资源方面，部分高校未构建统一国家安全教育课程平台，课程分散于不同学院、专业，缺乏整体规划，学生难以构建系统国家安全知识架构。其次，专业教师理论功底深厚但实践经验不足，辅导员贴近学生日常管理却专业知识有限，行政人员组织协调能力强但教学能力有待提升，三者未能有机融合，各自为阵，限制师资潜能发挥。再次，实践基地资源利用亦不理想，高校虽与校外诸多企事业单位、政府部门共建国家安全实践基地，但合作形式单一、深度不够。最后，多校协同育人机制运行不畅，严重制约教育成效提升。一方面，跨校合作困难重重，不同高校在学科优势、师资力量、教学资源等方面各具特色，本应相互协作、优势互补，共同推进国家安全教育向纵深发展。然而，现实中高校间壁垒森严，缺乏常态化沟通协作平台，联合开展课程研发、学术交流、实践活动少之又少。另一方面，校内跨部门协同乏力，国家安全教育涉及教务处、学生处、保卫处、马克思主义学院等多个部门，各部门职责交叉、分工不明，易出现推诿扯皮现象，无法形成育人合力，难以保障教育活动系统性、连贯性开展，进而削弱国家安全教育整体效能。

## 四、高校国家安全教育创新路径的探索

高校作为培养国家安全人才的重要基地，应以坚持贯彻落实总体国家安全观为主线，在国家安全教育上进行路径和创新，充分激发大学生的爱国热情和忧患意识，强化大学生使命担当，为培育时代新人筑牢安全思想根基。

（一）加强党的领导，强化顶层制度设计

高校党委应不断提高政治站位，在国家安全教育中应发挥领导核心作用。卜浩然（2018）认为，高校应筹建国家安全教育工作领导小组，解读最新国家政策并结合本校实际情况，进行统一部署和系统规划，实现组织资源协同。构建校内协同、校际合作、校社联动的全方位协同机制是未来高校国家安全教育建设的重要方面之一。校内层面，成立国家安全教育工作领导小组，涵盖多部门，定期召开联席会议，协同开展"国家安全文化月"系列活动。学工处组织主题班会、知识竞赛，激发学生参与热情；教务处优化课程排课，确保理论与实践教学衔接顺畅；保卫处加强校园安保，排查安全隐患，为教育营造安全的环境。校际层面，多所高校可联合成立国家安全人才培养联盟，共享优质课程、互派师资交流，拓宽学生学习视野。校社层面，应加强高校与国安部门、科研院所、企业的联动与合作，共建实习基地，选派学生参与辅助工作，积累实战经验，让学生在前沿科研中强化国家安全担当，全方位提升教育成效。董新良等（2022）强调，国家安全教育应融入教育系统的各个层面，形成全域联动的教育格局，以增强全民国家安全意识和素养。

（二）加强师资队伍，保障教育质量

高校应积极拓宽渠道，大力引进国家安全相关专业人才，充实专业师资力量。一方面，面向国内外高校、科研机构招聘具有国家安全学、国际关系、网络安全等专业背景的博士，给予优厚待遇，如提供科研启动资金、住房补贴等，吸引其投身高校国家安全教育事业。另一方面，鼓励校内其他学科教师转型，参与国家安全教育。对思政、法学、历史等相关学科教师，提供有针对性培训与实践机会，使其快速具备国家安全教学能力。同时还应高度重视教师专业素养提升，构建全方位培养体系，如定期组织教师参加国安部门举办的业务培训，学习情报分析、危机应对等实操技能；选派教师到地方国安机关挂职锻炼，深入了解一线工作需求与实际案例，返校后将实战经验融入课堂教学，实现理论与实践紧密结合，为学生呈现更具深度与实用性的教学内容，打造一支结构合理、专兼结合的高素质师资队伍。

（三）完善课程体系，丰富教学内容

高校应构建层次分明、理论与实践紧密结合的课程架构体系。例如，打造"基础—拓展—实践"多层次国家安全课程体系。基础层面向全体大一新生开设"国家安全概论"必修课，系统阐释总体国家安全观内涵、各领域安全基本知识架构，奠定学生认知基础；拓展层依据不同学科专业开设如"国际政治与国家安全""数字技术安全及应用"等选修课程，满足学生多元兴趣与专业深化需求，引导学生从专业视角剖析安全问题；实践层设立"国家安全实践与实训"课程，组织学生参与模拟联合国、网络攻防演练、社会调研等活动，将理论落地实操，沉浸式开展国家安全学习。通过递进式课程布局，使学生逐步从知识入门迈向专业精通与实践应用，全面提升国家安全素养。

此外，教学内容还要紧贴时代脉搏、融入多元鲜活素材。教师应及时将国际热点、国内案例融入课堂，增强知识时效性与现实感。例如，在俄乌冲突背景下，国际关系课程深入剖析地缘政治博弈、军事冲突根源及对全球能源、粮食安全冲击，引导学生思考国际秩序重构；沿海高校结合海洋强国战略，深挖海洋权益争端、海上走私、海洋生态破坏等本地案例，融入海洋安全教学实例，让学生直观感受国家安全与区域发展关联；社会民生领域，以突发公共卫生事件为切入点，探讨社会治理、公共卫生体系建设对国家安全保障意义，使学生理解国家安全全方位内涵，激发守护国家、社会与人民安全责任感，让国家安全教育内容常教常新、深入人心。

（四）创新教学方法，提升课堂活力

改变以往知识灌输性授课模式，高校可采用情景模拟教学为高校国家安全教育注入活力，让学生在沉浸式体验中提升国家安全素养。例如，可以在"国际冲突与危机管理"课程中，精心设计模拟外交谈判场景。以热点地区地缘政治争端为蓝本，学生分组扮演不同国家代表，围绕领土划分、资源分配、民族问题等议题展开谈判。谈判前，学生深入研究所代表国家国情、利益诉求、外交政策，准备翔实资料；谈判中，面对对手提出的尖锐问题、利益博弈，学生运用外交话术、谈判技巧，在妥协与坚持间寻求平衡，努力达成共识。教师全程观察，适时引导，谈判结束后组织复盘，剖析各方策略优劣，探讨背后国际政治理论。

此外，危机模拟演练可显著提高学生参与国家安全教育的积极性。例如，模拟校园遭受网络攻击、突发公共卫生事件等场景。在网络攻击演练中，学生扮演学校网络安全管理员、教师、学生等角色，面对黑客入侵、数据泄露危机，迅速启动应急预案，从监测、预警、溯源到修复、恢复，各环节紧密协作。演练结束后，学生对网络安全防护会有切身体会，深刻认识到网络安全关乎校园稳定、师生权益，主动学习网络安全知识热情高涨，国家安全意识与应急处突能力在实践中显著提升。利用现代科技手段提升教育效果是未来的重要方向，教师可通过虚拟现实（VR）、增强现实（AR）等技术，创建沉浸式学习环境，使学生在模拟情境中学习国家安全知识，有助于提高他们的实践能力和应变能力。

（五）拓展实践活动，强化知行合一

高校应积极搭建校内实践平台，让学生在校园内就能深度参与国家安全教育实践。例如，组织国家安全知识竞赛、成立国家安全相关的社团组织、开展国家安全主题讲座依然是行之有效的教育方式。高校还可开展校园安全隐患排查志愿活动，让学生协助保卫处检查实验室、网络机房等重点区域，在实践中增强安全意识，让国家安全教育扎根校园，融入学生日常。高校需大力拓展校外实践基地，强化与社会各界合作，为学生提供广阔实践空间。与国家安全部门合作共建实习基地，是提升学生实战能力的关键举措。与相关企业合作同样不可或缺，如与网络安全企业联合建立实训基地，企业为学生提供真实网络攻防项目，模拟企业网络环境遭受攻击场景，学生分组承担防御任务，运用所学知识技能制定策略、实操应对，企业工程师实时点评指导，帮助学生积累项目经验，无缝对接职场需求，毕业后迅速适应网络安全行业关键岗位，为保障国家网络安全添砖加瓦，实现高校人才培养与国家战略需求精准对接。

（六）加强国家安全教育领域的国际交流合作

通过与国外高校建立合作关系，开展联合研究、学术交流和文化互鉴，提升学生的国际视野和应对复杂国际安全问题的能力。这不仅有助于培养具有全球视野的国家安全人才，也可以为中国的国家安全教育注入新的活力。当前，在推进国家安全教育的过程中，高校应以自信开放的姿态，合理推动我国国家安全教育对外交流合作。一方面，积极引进吸收国际先进教育理念、课程资源，与世界名校联合开设双学位、交换生项目，拓宽学生国际视野，使其洞察全球安全治理前沿动态；另一方面，也可以向世界传播中国国家安全教育经验与智慧，在孔子学院、海外学术交流中心增设相关课程，讲述中国维护国家安全故事，传播总体国家安全观，为全球安全稳定贡献中国智慧，彰显大国担当，提升国际话语权，助力高校在国际教育舞台绽放光彩，为人类命运共同体构建筑牢安全人才根基。

# 参考文献

［1］习近平.高举中国特色伟大旗帜 为全面建设现代化国家而团结奋斗：在中国共产党第二十次全国代表大会上的报告［M］.北京：人民日报出版社，2022.

［2］卜浩然.新时代高校国家安全教育体系建设的思考［J］.北京教育（高教），2018（12）：62－64.

［3］曹晓飞.大学生总体国家安全观教育的战略意义及实现路径［J］.思想理论教育导刊，2018（2）：125－129.

［4］董新良，李丹妮，刘宇.新时代国家安全教育：基本遵循与实现路径［J］.中国教育学刊，2023（3）：1－5.

［5］韩启红.新中国成立以来国家安全观教育的历史变迁及内在逻辑［J］.教育探索，2023（12）：18－24.

［6］胡尔贵，吴兮.国家安全教育的政策趋向、制约因素与保障机制［J］.国家安全论坛，2024，3（4）：63－70＋91－92.

［7］黄宝印.聚焦建设更高水平平安校园构建国家安全教育有效体系［J］.平安校园，2024（10）：44－49.

［8］韦文英，李晓倩，吕春阳.我国国家安全教育现状与应对［J］.国家安全研究，2024（2）：88－112＋152.

［9］张家年，马费成.总体国家安全观视角下新时代国家安全及应对策略［J］.情报志，2019，38（10）：12－20＋152.

［10］赵庆寺.新时代高校国家安全教育的理念、逻辑与路径［J］.思想理论教育，2019（7）：99－105.

［11］中华人民共和国教育部.《关于加强大中小学国家安全教育的实施意见》［EB/OL］.（2018－04－09）.http：//www.moe.gov.cn/srcsite/A12/s7060/201804/t2018 0412_332965.html.

［12］中华人民共和国教育部.《大中小学国家安全教育指导纲要》［EB/OL］.（2020－09－28）.https：//www.gov.cn/zhengce/zhengceku/2020－10/28/content_55 55255.htm.

# 基于知识图谱探索美育在大学生思想政治教育中的运用路径[①]

董俊缨[②]　丁金铭[③]

**摘　要**：为进一步研究并总结美育在大学生思想政治引导工作中的运用路径，本文将中国知网（CNKI）作为数据源进行数据搜集与整理了286篇文献作为样本，利用科学文献分析软件Citespace，采用科学知识图谱方法，对美育在高校思想引领工作中的应用研究进行可视化研究。深入探讨如何在保持美育的独立性和完整性的同时，切实嵌入思想政治教育的要素，旨在为高校思想建设工作的拓展与创新提供理论支撑和实践方案。

**关键词**：美育；思想政治教育；知识图谱；高校

## 一、引言

2018年，习近平总书记在给中央美术学院老教授的回信中指出："做好美育工作，要坚持立德树人，扎根时代生活，遵循美育特点，弘扬中华美育精神，让祖国青年一代身心都健康成长。"习近平总书记数次着重阐述了美育工作的深远意义和关键作用，为美育与思想引领教育的深度融合提供了目标导向与根本准则。国家近年先后出台了一系列政策文件，2015年国务院办公厅印发《关于全面加强和改进学校美

---

① 基金项目：本文系对外经济贸易大学2024年校级思政专项课题研究成果（项目编号：JYX202411）。

② 董俊缨，对外经济贸易大学国家对外开放研究院辅导员。研究方向：思想政治教育。

③ 丁金铭，对外经济贸易大学国家对外开放研究院硕士研究生。专业：全球价值链。

育工作的意见》、2019 年教育部发布《关于切实加强新时代高等学校美育工作的意见》、2020 年中共中央办公厅和国务院办公厅印发《关于全面加强和改进新时代学校美育工作的意见》，从顶层设计上要求将美育纳入新时代人才培养的全过程，为美育与思想政治教育的相互融合提供了有力的政策保障和实践方向。

美育与思想政治教育的融合，不仅是教育改革的必然趋势，也是时代发展的客观要求。美育作为一种特殊的教育形式，其核心在于通过审美活动来提升个体的道德情操和精神境界，这与思政工作的目标不期而同。思政工作旨在培养学生正确的三观和价值取向，而美育则通过艺术和美的体验，润物无声地影响学生的内心状态和精神世界，从而实现思想政治教育的目标。新时代背景下，美育在大学生思想政治引领工作中的作用愈发突出，美育能够有效提升学生美学修养，温润心灵、陶冶情操、激发创造潜能。

本文以 286 篇文献作为样本，采用文献回顾和知识图谱的研究方法，对美育在高校思想政治教育中的应用研究进行可视化分析，重点研究了以下问题：首先，借助知识图谱回溯美育与高校思想政治教育领域研究热点；其次，分析美育与高校思想政治教育领域研究的聚类结果与时间序列；最后，深入探讨如何在保持美育的独立性和完整性的同时，有效地融入思想政治教育的构成要素，为美育化高校的思想引领工作提供理论依据和实践指导。

## 二、文献综述

美育与思想政治工作的融合，旨在实现提升人的审美素养、提高人的道德情操、促进人的全面发展以及追求真善美的和谐统一（崔晋文，2021）。这种融合教育不仅有利于培养学生的综合能力与社会担当，也有利于拓展美育教育的深度和广度。美育的融入，使得思政教育工作更加绘声绘色，更能够触动学生的内心，从而提高教育的实效性（曹宇，2023）。通过"美育＋思政"教育助力解决大学生培育所关注的素养提升、信念坚定、活力激发等问题，用美育解答"培养什么人、怎样培养人、为谁培养人"的时代探询。回顾国内外关于将美育嵌入思政工作的研究，主要经历了以下三个阶段。

早期探索阶段，虽然未明确提出思政教育与美育融合的概念，但是传统教育思想中已包含通过文化艺术熏陶来培养道德修养的理念，为后续的相关研究构建了理论框架。

初步发展阶段，思政教育和美育的基本体系逐渐形成，学者们开始关注两者的共通性，并研究尝试将美育引入思政教育，以增强教育效果。易常（1994）强调将审美教育融入常态化的思想政治工作。付勇和宋明耀（2002）指出，强化思想政治工作的"内容美"与"形式美"的重要性，提出将美育的理念融入思想政治工作者的自我修养中。焦勇勤和马晓彬（2003）则从美育的特征出发，提出将美育的形象性、愉悦性和自由实践性融入思想政治教育的具体策略，增强思想政治教育的活力，使思政教育摆脱单向传授和形式化说教的局限。严芳（2005）指出，思想政治工作需提升个体表现美能力，强调内外美的统一、人际关系的和谐以及将美与实践相结合的重要性。容桂阳和罗晶（2007）强调，思政教育应以追求"美"为核心，将教育过程转变为美的设计、创造与享受，营造美的教育氛围和人际关系。王美荣（2007）通过实践探索美育在思政课堂的应用，提出利用多媒体等手段增强教学效果，并重视美育在社会实践中的作用。刘勋昌和胡凯（2009）认为，加强教育者审美修养是创新思政教育方法的关键，强调审美理论与实践活动的结合。

深入研究阶段，学者们从多角度、多层次进行了探索，理论上侧重探索美育与思想引领教育的内在关联。蹇真和段虹（2020）分析了美育在高校思政工作中的价值。高尚（2023）探索高校美育与思政工作的互动耦合；杨宏志（2022）提出新时期高校美育的使命，拓宽了美育和思政工作融合的理论深度。实践方面的研究多侧重思政工作如何融入美育课程设置，如吴文轲和饶妍（2022）提出"思政＋艺术"交叉课程新角度，刘兴云（2022）补充了公共美育课与思政课程的融合教学实践。

总体来说，前期研究更多集中于美育和思政教育在特定艺术领域、特定课程教学的整合，但对美育在大学生思想政治日常教育中的运用路径探索不够深入，分析方法主要采用定性分析，针对美育教育提出的具有实用性和可操作性的策略和方案有待增加。本文基于知识图谱方法，挖掘高校现有美育教育资源，以美育为突破点，以学生思想需求与情感共鸣为依据，探索美育与思政教育的关联，拓宽和创新美育在大学生日常思政教育中的运用路径，总结能够广泛适用的"美育＋思政"模式，以美育人、以美化人、以美树德、以美疗愈。

## 三、基于知识图谱的研究

在理论层面，美育与思想政治教育的融合有着深厚的理论基础。西方的美育思想、中国的美育思想以及马克思的美育理论，都为美育与思想政治教育的融合提供了理论支撑。在实践层面，美育与思想政治教育的融合已经取得了一定的成效，通过选择具有思政内涵的艺术作品、结合思政教育内容设计教学活动以及建立评价体系等措施，可以实现美育教育与思政教育的有机融合和相互促进。

为进一步研究并总结美育在大学生思想引领工作中的运用路径，本文以中国知网（CNKI）为数据源进行数据搜集与整理，检索条件为"主题＝美育＋思想政治教育，时间＝2010年以后"，检索时间为2024年12月19日，共检索出文献286篇作为样本，利用科学知识图谱方法，对美育在高校思想政治教育中的应用研究进行可视化分析。

（一）美育与思想政治教育研究的发文统计

本文选取 2010 年后发表的 286 篇"美育＋思想政治工作"主题文献，相关研究论文年度发文量分布如图 1 所示。相关研究的发文量在 2010 年至 2018 年期间相对稳定，基本维持在 7 到 12 篇之间。2019 年教育部发布《关于切实加强新时代高等学校美育工作的意见》，强调美育在高等教育中的重要性，提出加强美育工作的具体措施，开启了该领域探索的新阶段，2019 年发文量较 2018 年增长 228.57%。2020 年中共中央办公厅、国务院办公厅印发《关于全面加强和改进新时代学校美育工作的意见》，进一步明确学校美育工作的任务，提出全面加强和改进学校美育工作的措施，促进了美育在思想政治教育中应用的相关研究的进一步发展，2020 年相关研究发文量明显提升。2023 年教育部发布《教育部关于全面实施学校美育浸润行动的通知》，提出全面实施学校美育浸润行动的具体要求，以期各校通过美育提升学生的综合素质，促使相关研究成为热点，2024 年发文量达到历史峰值 44 篇。

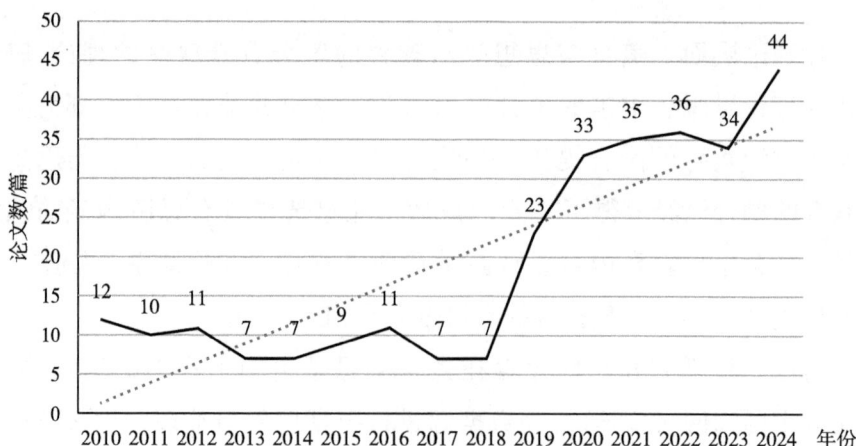

图 1　2010—2024 年"美育＋思想政治工作"相关研究论文发文量分布图

## （二）美育与思想政治教育研究的热点

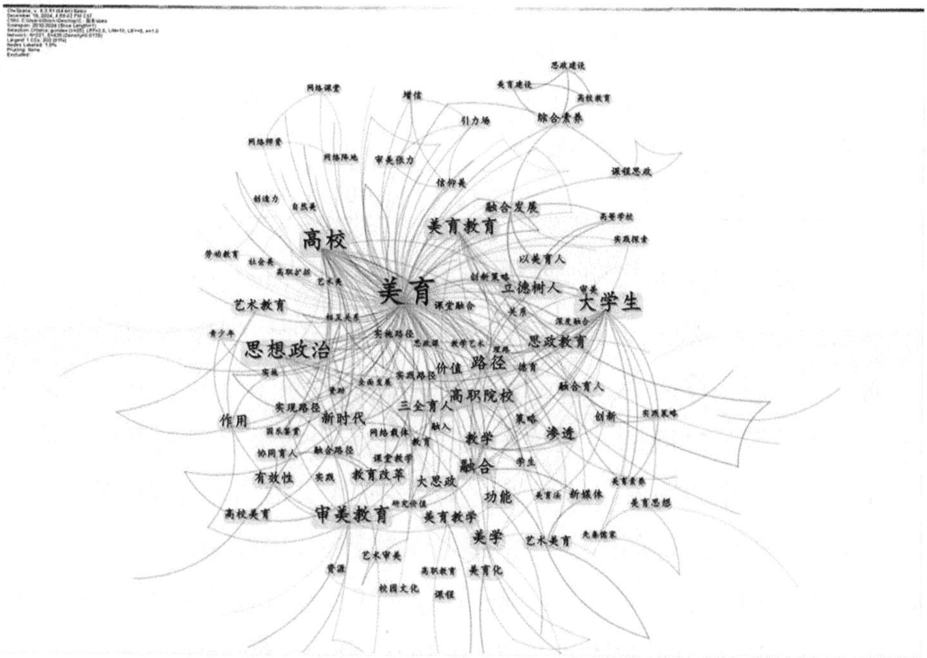

图 2　美育与思想政治教育研究知识图谱

表 1　美育与思想政治教育研究关键词频次及中心性序列表

| 关键词 | 频次 | 中心性 | 关键词 | 频次 | 中心性 | 关键词 | 频次 | 中心性 |
|---|---|---|---|---|---|---|---|---|
| 高校 | 39 | 0.19 | 融合发展 | 6 | 0.01 | 教育改革 | 3 | 0.02 |
| 大学生 | 33 | 0.15 | 思政教育 | 6 | 0.01 | 生态美育 | 3 | 0.02 |
| 融合 | 19 | 0.05 | 融合路径 | 6 | 0 | 美育思想 | 3 | 0.02 |
| 思想政治 | 18 | 0.16 | 艺术美育 | 5 | 0.02 | 协同育人 | 3 | 0.01 |
| 审美教育 | 16 | 0.1 | 艺术教育 | 5 | 0.02 | 实施路径 | 3 | 0 |
| 路径 | 10 | 0.02 | 以美育人 | 5 | 0 | 有效性 | 3 | 0 |
| 高职院校 | 10 | 0.01 | 价值 | 5 | 0 | 德育 | 3 | 0 |
| 美育教育 | 8 | 0.1 | 实践路径 | 5 | 0 | 三全育人 | 3 | 0 |
| 美学 | 7 | 0.08 | 实现路径 | 5 | 0 | 相互渗透 | 3 | 0 |

续表

| 关键词 | 频次 | 中心性 | 关键词 | 频次 | 中心性 | 关键词 | 频次 | 中心性 |
|--------|------|--------|--------|------|--------|--------|------|--------|
| 渗透 | 7 | 0.06 | 创新 | 4 | 0.03 | 综合素养 | 2 | 0.05 |
| 教学 | 7 | 0.03 | 美育教学 | 4 | 0.03 | 课程思政 | 2 | 0.03 |
| 立德树人 | 7 | 0.01 | 作用 | 4 | 0.02 | 审美 | 2 | 0.02 |
| 新时代 | 6 | 0.03 | 高校美育 | 3 | 0.02 | 音乐教育 | 2 | 0.02 |
| 功能 | 6 | 0.03 | 美育化 | 3 | 0.02 | 融合育人 | 2 | 0.01 |

本文通过词频和中心性两个指标来评估关键词的重要性。图2中的节点代表各个关键词，其中关键词的字体大小随出现频率的提升发生正向变化，即字体越大，表示该关键词出现的频率越高。节点之间的连线表示关键词之间的共现关系，具体来说，如果一个关键词的频次较高，或者其中心性值超过0.05，则认为这个关键词是研究中的一个热点。综合图2与表1关键词的频次及中心性数值，统计频次高于15且中心性大于0.1的关键词分别为：高校（39，0.19）、大学生（33，0.15）、融合（19，0.05）、思想政治（18，0.16）、审美教育（16，0.1）。

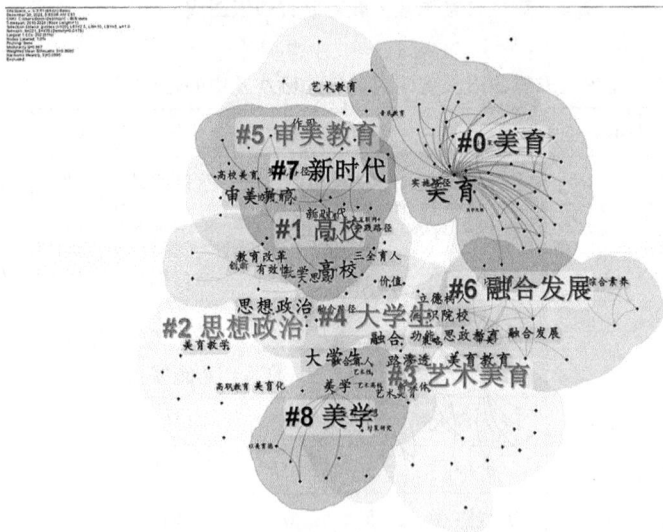

图3　聚类结果

表2　高校思想政治教育聚类编码表

| 分类 | 聚类结果 |
|---|---|
| 美育与思想政治教育主体 | 高校（#1）、大学生（#4）、新时代（#7） |
| 美育与思想政治教育内容与路径 | 思想政治（#2）、艺术美育（#3）、审美教育（#5）、融合发展（#6）、美学（#8） |

关键词的共现聚类特性能够揭示出某一研究领域内的核心关注点。本文通过聚类分析，聚类结果如图3所示，发现多个关键词之间存在较高的相似性，进而将这些关键词组合成表2所示的两个模块化簇群。美育与思想政治教育主体主要是新时代（#7）下的高校（#1）学生（#4），思想政治工作在帮助新时代大学生树立正确的、科学的三观，以及培养其成为社会主义建设人才方面，发挥着至关重要的作用（段虹和骞真，2019）。从美育的角度出发，推进高校思政教育工作的实施是必然趋势，这有助于高校思政教育达成"滋养心灵"以及"立德树人"的最终目标（唐璟，2024）。在工作内容与路径方面，学者们的研究聚焦将艺术美育（#3）、审美教育（#5）以及美学（#8）融入思想政治（#2）教育中，促进美育和思政教育的融合发展（#6）。高校应追求育人理念的高度统一，通过构建思想引领工作与美育的"共同体"，形成育人资源的共生发展格局，促进育人要素的整合共享，从而推动大学生思想引领工作与美育的集成创新（邓欢和王涛，2023）。将美育融入思想引领工作之中，通过运用美育特有的语言和表现形式来阐释科学理论，能够在无形中引领学生确立正确的价值观，塑造良好的人格品质（刘芸秀，2022）。

（三）美育与思想政治教育研究的演进

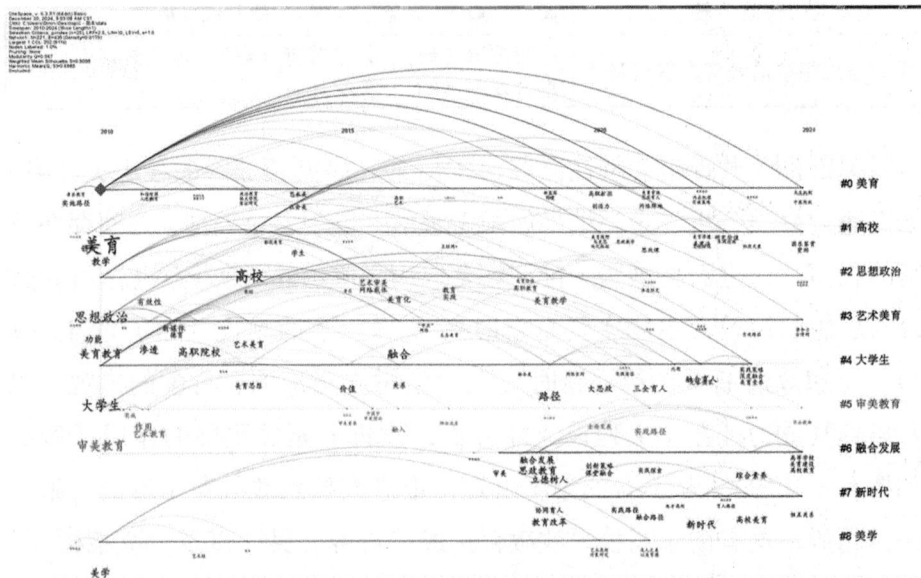

**图 4　美育与思想政治教育研究时间序列图**

**1. 理论提出阶段（2019 年以前）**

该阶段的研究关键词主要有"高校""思想政治""审美教育"。这一阶段提出要在思想政治教育中加强审美教育、提升思政工作者的审美素质的理念（陈燕，2012），强调思想政治工作的内容美、形式美，以及思想政治工作者的形式美在美育与思想政治教育工作中的重要性（李萍萍和李宏伟，2003）。

**2. 新时代融合发展阶段（2019 年至今）**

2019 年在教育部发布《关于切实加强新时代高等学校美育工作的意见》后，美育与思想政治工作的研究进入快速发展阶段。2019 年至今，美育与思想政治工作领域的发文量持续上升，研究关键词为"新时代""融合发展"，这体现出研究新阶段的两个特点：一是研究方向由理论研究转变为具体问题研究，曹辉和朱雨欣（2022）认为，美育的载体具有全员参与和全面覆盖的特点，在任何教育活动、教学手段以及教育工具中，都蕴含着丰富的审美元素；二是新时代背景为相关研究提供了新思路，李宪玲和程思源（2022）提出，高校应深入理解、全面把握新时代的具体内涵，加强时代化引领，如利用网络文化节，向大学生征集能够反映新时代中国特色社会主义成就的作品。

## 四、结论

如何从美育教育中寻找破壁动力，探索美育与大学生思政引领工作深度融合的有效路径，是落实高校"立德树人"根本任务创新发展的重要课题，这不仅关系到教育的质量和效果，也关系到培养什么样的人和怎样培养人的根本问题。通过对以往研究的梳理与可视化分析，本文将美育在大学生思政引领工作中的运用路径总结如下。

### （一）科学谋划顶层设计，洞悉学生学习特征

学校需科学规划美育顶层设计，并落实制度保障措施。学校领导班子应当主动作为，组织学习习近平总书记关于教育的重要论述，统一思想认识，明确工作方向。同时，领导班子应深入了解学生学习特点，洞察学生学习倾向、把握学生学习模式，积极履行学校党委的主体责任。

### （二）强化思政教育内容，发挥美育引导作用

在强化思想政治工作时，应着重确保教育内容的真实善良与教育形式的创新美感。需通过寓教于乐的手段，将教育内容紧密融入生活实际，实现情感与美学的和谐交融。同时，应当积极营造一种催人奋进、追求真理、弘扬正气的政治与生活环境，为学生提供优质的成长土壤。思政教育工作者需不断塑造个人魅力、提升专业能力、增强行

为规范，更好地发挥引领示范作用，促进学生的健康成长。

（三）创新思政艺术融合，引领学生审美方向

高校应主动探索"思政＋艺术"的融合模式，以审美教育为核心，致力于传承并弘扬中华美育精神。通过倡导追求美好、善良、积极的教育理念，高校引导大学生在"和合共生"的理念下尊崇自然、珍视生命、守法尚德，坚守民族文化之根，在"美美与共"的情怀中激发文化自信，向世界展示并传播中国精神。

（四）建设美育品牌课程，丰富学生第二课堂

为了丰富学生的第二课堂经历，高校应着力打造如"大学美育"般的精品课程，并推行美育品牌工程（张丹，2019）。高校通过实施学分制管理，将美育正式纳入教学计划，以保障每位学生都能获得高质量的美育教育。此外，高校还充分利用校园文化品牌活动及社会实践等平台，组织符合学生个性化需求的体验式与沉浸式审美实践活动。

（五）关注学生媒介习惯，变革传统教学模式

为了深入理解并关注学生作为"网络原住民"的个性化媒介使用方式及其成长阶段的特点（张丽伟和华莳君，2022），教育者需引入情境教学、体验式教学等新型教学手段，以激发学生的学习主动性与积极性。同时，利用新媒体平台等数字化工具，构建包含校园网、微信、微博等在内的融合新媒体平台，为美育及思想政治教育提供高效的传播渠道，确保教育内容与学生学习特点的高度匹配。

（六）融合学科美育元素，推进课程创新发展

在推动课程创新发展的过程中，应注重融合学科中的美育元素。通过深化美育与各学科的交叉融合，将美育推向更深层次。以红色音

乐文化融入高校课程思政为例，应积极探索如何将多样化的文艺意识形态教育内容融入课堂教学（张勇和唐忠义，2021）。鼓励教师不断创新教学方法和手段，为学生提供更高质量的教育服务，在提升学生的知识文化素养与审美鉴赏能力的同时，潜移默化地培养学生的爱国情怀与革命精神。

## 参考文献

[1] 曹辉，朱雨欣. 新时代高校美学德育的价值取向与实践维度 [J]. 教育学术月刊，2022（7）：20 – 27.

[2] 陈燕. 美育发展与思想政治教育结合研究 [J]. 山西财经大学学报，2012，34（S4）：87.

[3] 崔晋文. 试析美育对思想政治教育的促进作用 [J]. 学校党建与思想教育，2021（13）：91 – 92.

[4] 邓欢，王涛. 大学生思想政治教育与美育深度融合的理路 [J]. 学校党建与思想教育，2023（6）：71 – 73.

[5] 段虹，謇真. 当代审美教育计划的反思与重建：思想政治教育的理想指归 [J]. 学习与探索，2019（4）：1 – 6 + 173.

[6] 付勇，宋明耀. 浅论思想政治工作中的审美教育 [J]. 南京政治学院学报，2002（6）：103 – 105.

[7] 高尚. 高校思想政治教育与艺术美育的耦合互动：评《美育维度的高校思想政治教育研究》[J]. 科技管理研究，2023，43（12）：274.

[8] 謇真，段虹. 美育在高校思想政治教育中的价值研究 [J]. 思想政治教育研究，2020，36（3）：115 – 119.

[9] 焦勇勤，马晓彬. 论美育与高校思想政治教育的融合互补 [J]. 中国成人教育，2003（5）：10 – 11.

[10] 李萍萍，李宏伟. 浅析审美教育在思想政治工作中的作用 [J]. 求实，2003（S1）：216 – 217.

[11] 李宪玲，程思源. 美育融入思想政治教育的内在机理与实施策略 [J].

学校党建与思想教育，2022（4）：63－65.

[12] 刘兴云．公共美育课课程思政教学实践探析［J］．思想教育研究，2022（1）：121－124.

[13] 刘勋昌，胡凯．论新形势下思想政治教育者的审美修养［J］．思想理论教育导刊，2009（12）：69－73.

[14] 刘芸秀．高等艺术院校美育与思想政治教育融合路径探析［J］．思想教育研究，2022（11）：155－159.

[15] 容桂阳，罗晶．审美对思想政治教育创新的启示［J］．南京政治学院学报，2007（S1）：94－95.

[16] 唐璟．美育视角下对高校思政教育的思考：评《美育维度的高校思想政治教育研究》［J］．科技与出版，2024（9）：127.

[17] 王美荣．把美育引入高校思想政治理论教学的思考［J］．教育与职业，2007（14）：153－154.

[18] 吴文轲，饶妍．高校公共艺术课程：大学生新美育的价值实现［J］．教育学术月刊，2022（9）：54－60.

[19] 严芳．思想政治工作应关注人的美的能力的提升［J］．学校党建与思想教育，2005（4）：44－46.

[20] 杨宏志．关于新时代高校美育实施的几个策略思考［J］．中国高等教育，2022（5）：19－21.

[21] 易常．审美教育：思想政治工作的一个重要课题［J］．探索，1994（3）：74－76.

[22] 张丹．美育视域下高校社会主义核心价值观培育的路径探析［J］．思想政治教育研究，2019，35（4）：48－52.

[23] 张丽伟，华茛君．影视美育融入高校教育的路径研究［J］．传媒，2022（7）：82－84.

[24] 张勇，唐忠义．红色音乐文化融入高校思政教育研究［J］．四川戏剧，2021（12）：145－149.

[25] 曹宇．美育融入高校思想政治教育研究［D］．沈阳：沈阳师范大学，2023.

# 绿色低碳发展理念融入研究生思政教育研究[①]

翟大宇[②]　　梅曹微微[③]

**摘　要**：本文研究了将绿色低碳发展理念融入研究生思政教育的必要性和实践路径。在全球气候变化背景下，将绿色低碳理念融入思政教育，不仅视为响应国家战略需求，促进经济社会可持续发展，还可以推动思政教育创新，提升研究生综合素质，增强研究生就业竞争力。G学院的案例表明，通过多学科融合、科研引领及实践活动，能够有效提升研究生的绿色低碳发展意识和能力，为培养高素质人才提供了新路径。未来，高校需采取多方面措施进一步推动绿色低碳发展融入研究生思政教育，培养高素质人才，服务国家战略。

**关键词**：绿色低碳发展理念；碳达峰碳中和；研究生思政教育；高素质人才培养

在全球气候变化的背景下，绿色低碳和可持续发展已成为世界各国的普遍共识。中国是世界上最大的发展中国家，对全球气候治理负有重要责任。习近平总书记在多个国际场合多次强调绿色低碳发展的重要性。2020年9月22日，习近平总书记在第七十五届联合国大会一

①　基金项目：本文系2024年北京市大中小学思想政治教育一体化研究项目阶段性成果（项目编号：XXSZ2024GZ09）。
②　翟大宇，对外经济贸易大学国际发展合作学院讲师、硕士生导师，兼职辅导员。研究方向：国际政治经济、全球治理。
③　梅曹微微，对外经济贸易大学国际发展合作学院兼职辅导员。研究方向：思想政治教育。

般性辩论上向世界宣布："中国将提高国家自主贡献力度，采取更加有力的政策和措施，二氧化碳排放力争于 2030 年前达到峰值，努力争取 2060 年前实现碳中和。"2022 年 10 月，教育部发布《绿色低碳发展国民教育体系建设实施方案》，要求将绿色低碳发展理念融入国民教育体系各个层次。研究生作为高层次人才培养的重要阶段，其思政教育也应紧跟时代步伐。高校作为培养高层次人才的主要阵地，将绿色低碳发展理念融入研究生思政教育，不仅有助于提升研究生的环保意识和责任感，还能为国家实现碳达峰碳中和目标提供有力的人才支持，具有重要的理论和现实意义。

## 一、绿色低碳发展理念融入研究生思政教育的深远意义

在当今全球气候变化日益严峻、资源环境约束趋紧的背景下，绿色低碳发展理念已成为国际社会公认的解决环境与发展问题的根本途径。研究生作为高校教育的高层次人才，在思政教育中融入绿色低碳发展理念，不仅是对研究生个人综合素质和就业竞争力的全面提升，更是对经济社会可持续发展、实现国家碳达峰碳中和目标的深远贡献。因此，将绿色低碳发展理念深度融入研究生思政教育，具有极为重要的意义。

（一）积极响应国家战略需求，推动经济社会全面绿色转型

实现碳达峰碳中和目标，是中国政府向世界作出的庄严承诺，也是构建新发展格局、推动高质量发展的核心要求。绿色低碳发展理念作为国家战略的重要组成部分，对引领经济社会全面绿色转型具有不可替代的作用。高校是培养高层次人才的主要阵地，肩负着培养未来社会栋梁的重任。将绿色低碳发展理念融入研究生思政教育，是积极响应国家战略需求、培养具备绿色素养高层次人才的关键举措。这不

仅有助于研究生深刻理解国家碳达峰碳中和目标的战略意义，更能激发他们的责任感和使命感，促使他们在未来的工作和研究中积极践行绿色低碳发展理念，为经济社会的绿色转型贡献自身的力量与智慧。

研究生作为高层次人才，是推动经济社会发展的中坚力量。在绿色低碳发展的浪潮中，他们不仅应具备本专业的知识基础与研究能力，更应具备前瞻性的环保意识和强烈的社会责任感。通过思政教育中的绿色低碳理念灌输，可以引导研究生将个人发展与国家绿色发展战略紧密结合，成为推动经济社会全面绿色转型的先锋和引领者。同时，绿色低碳发展还能带动新兴产业的蓬勃发展，培育新的经济增长点，推动产业结构持续优化升级。研究生作为未来的创新者和实践者，将绿色低碳发展理念融入其学习和研究中，将为经济社会的可持续发展提供强有力的人才支撑和智力支持。

（二）创新思政教育内容与方法，助力高校绿色校园建设

传统的思政教育往往侧重政治理论和社会伦理的教育，而绿色低碳发展理念的引入，可以为思政教育注入新的时代内涵和鲜活元素。将绿色低碳发展理念融入研究生思政教育，不仅是对思政教育内容的丰富和创新，更是对思政教育方式的拓展和提升。通过结合绿色低碳发展理念，思政教育可以更加贴近时代主题和社会实际，增强教育的针对性和实效性。同时，采用案例教学、实地调研、社会实践等多样化的教学方式，可以激发研究生的学习兴趣和参与度，提升思政教育的实际效果。

高校作为知识传播和人才培养的重要基地，其绿色校园建设对推动社会绿色低碳发展具有示范引领作用。然而，绿色校园建设并非一蹴而就，需要全校师生的共同努力和持续推动。将绿色低碳发展理念融入研究生思政教育，可以引导研究生积极参与绿色校园建设，成为绿色校园文化的倡导者和实践者。研究生可以通过参与科研项目、提

出创新方案、开展环保宣传等方式，为高校绿色校园建设贡献智慧和力量。同时，研究生群体的示范效应还可以带动本科生和教职员工共同参与绿色校园建设，形成浓厚的绿色文化氛围。这不仅可以提升高校的环境质量和社会形象，还可以为研究生的全面发展和健康成长提供良好的环境。

### （三）全面提升研究生综合素质，增强就业市场竞争力

绿色低碳发展理念强调人与自然和谐共生，倡导简约适度、绿色低碳的生活方式。将绿色低碳发展理念融入研究生思政教育，不仅可以引导研究生深刻认识到环境保护的重要性，提升他们的环保意识和责任感，还可以促使他们养成绿色低碳的生活习惯和思维方式。这对提升研究生的综合素质、增强研究生的就业竞争力具有重要意义。

随着绿色低碳发展理念的深入人心和广泛实践，越来越多的企业和机构开始重视员工的环保意识和专业能力。在就业市场中，具备绿色低碳意识和相关专业能力的研究生更容易受到企业和机构的青睐。研究生不仅能够在绿色低碳领域找到更多的就业机会和发展空间，还能在职业生涯中持续发挥绿色低碳理念的引领作用。通过学习和实践绿色低碳发展理念，研究生可以完善和提升自己的跨学科知识结构与创新能力，适应绿色低碳发展的需求，这将为其职业发展道路奠定坚实的基础，并在绿色低碳领域中发挥更大的作用和价值。

## 二、绿色低碳发展理念融入研究生思政教育的实践：以 G 学院为例

G 学院是以国际发展专业为主干的新兴教学科研机构。学院积极响应国家绿色低碳发展战略，将绿色低碳发展理念融入研究生思政教育，旨在培养具有绿色低碳意识和可持续发展知识、能力的高素质人才。

本部分将以 G 学院为例，探讨研究生绿色低碳发展思政教育的实践路径。

（一）多学科融合，课程思政助力绿色低碳理念深入研究生教育

在研究生教育中，将绿色低碳发展理念融入多门专业课程，是提升研究生绿色低碳意识和知识水平的重要途径。G 学院积极响应国家号召，结合学科特色与学院师资优势，通过多学科融合的方式，加强课程思政教育，将绿色低碳发展理念贯穿研究生教育全过程。首先，G 学院在研究生培养计划中明确将绿色低碳发展作为重要的教育目标，鼓励各专业教师在授课过程中融入绿色低碳元素。例如，在"国际政治经济学""全球治理导论"等多门课程中，教师结合专业特点，讲解绿色低碳发展的相关政策、技术、案例等，使研究生在学习专业知识的同时，深刻理解绿色低碳发展的重要性。其次，G 学院通过开设专门的绿色低碳发展选修课程，如"能源与气候变化"等，进一步拓宽研究生的知识面。这些课程不仅介绍了绿色低碳发展的基本理论，还涵盖国内外绿色低碳发展的最新动态和成功案例，为研究生提供了丰富的学习资源。通过多学科融合的课程思政教育，G 学院有效提升了研究生的绿色低碳意识和知识水平，为培养具有绿色低碳发展理念的高素质人才奠定了坚实基础。

（二）科研引领，研究生在绿色低碳发展研究中提升专业素质

G 学院鼓励研究生积极参与绿色低碳发展相关的科研项目，通过科研实践深化对绿色低碳发展的理解，并撰写相关论文，为绿色低碳发展贡献智慧和力量。G 学院支持研究生参与导师绿色低碳发展开展相关科研项目，这些项目涵盖绿色低碳政策的评估、绿色低碳经济模式、绿色低碳国际合作与环境外交的等多个领域。研究生在导师的指导下，结合个人兴趣和学科背景，选择适合自己的研究方向，开展深入研究。

在科研过程中，学院注重培养研究生的科研能力和创新精神。通过定期举办科研方法培训、学术论文写作指导等活动，提升研究生的科研素养和论文写作水平。在学院和导师的引导下，G学院的研究生积极参与绿色低碳发展研究，目前已有多篇学生署名的相关论文公开发表。

（三）实践导向，研究生在交流实践活动中深化绿色低碳发展认知

G学院积极为学生创造绿色低碳发展相关的实践机会，鼓励研究生将绿色低碳发展理念和知识融入国际交流与社会实践活动中。G学院充分利用自身的国际化优势，通过组织研究生参与国际论坛和学术会议，学习绿色低碳发展知识，参与绿色低碳发展国际合作。G学院积极与多所海外高校和科研机构建立合作关系，共同举办绿色低碳发展相关的国际论坛和学术会议。这些活动不仅为研究生创造了与本领域内专家学者交流的机会，还让他们能够及时了解绿色低碳发展的最新动态和前沿技术。在参与国际论坛和学术会议的过程中，研究生认真聆听专家学者的报告和演讲，积极参与讨论和交流。他们不仅学习到了绿色低碳发展的理论知识和实践经验，还结识了来自不同国家和地区的同行，拓宽了国际视野和学术资源。此外，G学院还鼓励研究生积极参与绿色低碳发展的国际合作项目。通过与国外高校和研究机构的合作，研究生能够深入了解不同国家在绿色低碳发展方面的政策和措施，学习借鉴国际先进经验和技术。同时，他们还能够在项目中发挥自己的专业优势和创新能力，为绿色低碳发展贡献自己的力量。

G学院积极开展绿色低碳发展的调研参访活动，如组织前往国家植物园参观调研、组织绿色产业主题假期实践团等。在参访调研过程中，由学院教师就气候变化、森林碳汇、生物多样性等问题进行讲解，研究生对绿色低碳发展有了更直观的认识和更深刻的理解。

　　G 学院的多方面举措不仅提升了研究生的绿色低碳意识和知识水平，还培养了他们的科研能力和实践能力，为培养具有绿色低碳发展理念的高素质人才奠定了坚实基础。在 2023 级硕士研究生中，有多名学生将环境和可持续发展议题作为硕士论文的研究方向；对 2024 级硕士研究生的调查显示在 15 名学生中有 7 名学生计划将绿色低碳发展相关议题作为研究方向，占总人数的 47%（参见表 1）。上述情况表明 G 学院对研究生的绿色低碳发展思政教育已经取得了显著成效，这对其他社科类研究生的培养具有一定的参考价值。

表 1　G 学院 2024 级国际发展专业硕士研究生计划研究方向统计

| 序号 | 研究兴趣 | 是否与绿色低碳发展相关 |
|---|---|---|
| 1 | 中俄关系、能源战略 | |
| 2 | 国际制度、发展合作、政党政治 | |
| 3 | 话语体系、AI 叙事、社会正义与社会福祉 | |
| 4 | 国际援助、全球治理 | |
| 5 | 对外援助、绿色发展 | 是 |
| 6 | 欧洲政治、可持续发展、国际援助 | 是 |
| 7 | 行为经济学、国际经济合作、国际制度 | |
| 8 | 可持续发展、对外援助 | 是 |
| 9 | 一带一路、对外援助 | |
| 10 | 对外援助、国际经济合作 | |
| 11 | 国际合作、环境政治 | 是 |
| 12 | 对外援助、可持续发展 | 是 |
| 13 | 可持续发展、对外援助 | 是 |
| 14 | 可持续发展、全球治理、国家身份建构 | 是 |
| 15 | 气候融资、全球南方 | 是 |

资料来源：G 学院调研结果。

## 三、加强绿色低碳发展理念融入研究生思政教育的多维路径

在新时代背景下，绿色低碳发展理念已深深植根于全球发展的脉络之中，成为推动社会进步的重要力量。作为高层次人才培养的主要环节，高等教育特别是研究生教育阶段，必须积极承担重任，致力于培养具备绿色低碳发展相关知识、能力的高素质人才。研究生思政教育，作为塑造研究生价值观、世界观和人生观的关键环节，理应进一步融合绿色低碳发展理念，为思政教育注入新的活力。

### （一）构建绿色低碳发展理念与研究生思政教育深度融合的体系

研究生思政教育是引领研究生思想航向的灯塔，将绿色低碳发展理念深度融入其思政课程体系，是强化研究生绿色低碳意识的核心举措。具体而言，我们应将习近平总书记关于碳达峰碳中和的重要论述作为思政课程的重要内容，使研究生能够全面、系统地掌握绿色低碳发展的基本理论、政策导向及实践案例。在课程设计上，应兼顾内容的科学性与时代性，确保思政教育与国家绿色低碳发展战略同频共振。此外，通过引入国内外绿色低碳发展的成功案例与前沿动态，可以拓宽研究生的国际视野，深化他们对绿色低碳发展重要性的认识。除传统课堂教学外，还应探索多元化的思政教育模式，如组织绿色低碳主题的案例分析、专题讲座、学术研讨等，以激发研究生的学习热情与参与积极性。借助互联网与新媒体平台，如开设绿色低碳思政公众号、制作短视频等，能够更广泛地传播绿色低碳知识，形成线上线下相结合的思政教育新格局。

## （二）促进研究生绿色低碳发展思政教育与专业教育的有机融合

绿色低碳发展不仅需要广泛的社会共识，更离不开专业的知识与技能支撑。因此，在研究生教育阶段，高校应积极推动绿色低碳发展思政教育与专业教育的深度融合，全面提升研究生的绿色低碳素养。高校应增设绿色低碳发展导论等通识课程，为全校研究生提供绿色低碳发展的基础知识与理论框架。这些课程应注重内容的通识性与实践性，帮助研究生深刻理解绿色低碳发展的背景、意义、目标及实现路径。同时，高校结合不同专业的特点，巧妙融入绿色低碳知识与技能模块，使研究生在深化专业知识的同时，也能提升绿色低碳素养。对新能源、节能环保、绿色经济、绿色金融等有条件的专业，应进一步加强相关学科与专业的建设，培养既精通本专业又具备绿色低碳知识、技能的"绿色低碳 +"复合型人才。在研究生培养过程中，高校应进一步强化绿色低碳发展相关专业的建设，设置专门的课程与实践环节，培养具有扎实理论基础和实践能力的专门人才。此外，通过探索跨学科的研究生培养机制，鼓励不同学科背景的研究生共同参与绿色低碳发展研究，促进学科间的交叉融合与创新发展。同时高校还应深化与政府部门、企业及科研机构的合作，共建绿色低碳发展实践基地，为研究生提供更多的实践机会与平台。

## （三）鼓励研究生积极投身绿色低碳发展实践

实践是检验真理的唯一标准，也是提升研究生绿色低碳能力的有效途径。因此，高校应鼓励研究生走出象牙塔，积极参与绿色低碳发展的社会实践活动。高校可以组织研究生参与生态保护志愿服务、低碳生活体验、绿色出行推广等实践活动，让他们亲身体验绿色低碳发展的实际需求与挑战，从而增强他们的责任感和使命感。同时，高校通过实践活动，还能培养研究生的创新能力和合作精神，全面提升他们的综合素质。此外，高校应鼓励研究生围绕绿色低碳发展领域开展科研项目研究，探索新的理论、技术和方法。高校可以设立绿色低碳发展专项科研基金，为研究生提供科研支持与经费保障。同时，高校可以邀请绿色低碳领域的专家学者为研究生提供科研指导与帮助，促进科研成果的转化与应用。通过科研项目研究，研究生可以深入了解绿色低碳发展的前沿动态与热点问题，提升其科研能力与创新能力。

研究生作为高层次人才，应成为绿色低碳生活方式的积极倡导者与践行者。高校可以通过开展节能节水、垃圾分类、绿色出行等主题校园活动，引导研究生养成良好的绿色低碳生活习惯。同时，高校利用社交媒体等渠道，广泛传播绿色低碳生活的理念与经验，激发更多人的参与热情与共鸣。通过推广绿色低碳生活方式，研究生可以发挥示范引领作用，带动更多人关注并参与绿色低碳发展事业，共同为建设美丽中国贡献力量。

## 四、结语

在全球气候变化日益严峻、环境挑战日益复杂的今天，绿色低碳发展已成为国际社会不可逆转的时代潮流。中国作为全球最大的发展中国家，积极承担全球气候治理责任，明确提出碳达峰碳中和目标，展现了作为负责任大国的担当与作为。将绿色低碳发展理念融入研究生思政教育，不仅是响应国家战略需求、推动经济社会可持续发展的必然选择，也是创新研究生教育模式、提升研究生综合素质的重要途径。通过 G 学院的实践探索，我们深刻认识到，通过多学科融合、科研引领、实践导向等多维度举措，可以有效提升研究生的绿色低碳意识和知识水平，为培养具有绿色低碳发展理念的高素质人才奠定坚实基础。展望未来，将绿色低碳发展理念融入研究生思政教育仍是一项长期而艰巨的任务。高校应持续深化教育改革与创新实践，不断优化思政课程体系与教学内容，完善实践教学与科研训练体系，为培养更多具备绿色低碳意识和专业能力的高素质人才贡献力量。同时，我们还应加强与国际社会的交流与合作，共同应对全球气候变化挑战，为推动全球绿色低碳发展贡献中国智慧与中国方案。

## 参考文献

[1] 习近平. 在第七十五届联合国大会一般性辩论上的讲话 [N]. 人民日报，2020 - 09 - 23（001）.

[2] 翟大宇. 大学生绿色低碳发展教育亟待加强 [N]，光明日报，2023 - 1 - 31（015）.

[3] 李晴晴，杨亚柳，王慧. 绿色低碳理念融入经管类课程思政教育提质增效路径研究 [J]. 长春工程学院学报（社会科学版），2024，25（1）：108 - 112.

[4] 殷宁充子. 习近平绿色生活方式融入"思想道德修养与法律基础"课教学内容的探索 [J]. 黑龙江教育（理论与实践），2020（2）：32 - 34.

[5] 中华人民共和国教育部. 绿色低碳发展国民教育体系建设实施方案 [EB/OL]（2022 - 10 - 26）. http：//www. gov. cn/zhengce/zhengceku/2022 - 11/09/content_5725566. htm.

# 以红色资源提升大学生爱国主义
# 教育质效的实践探索

吴姝琪①　卢晶芳②　边梁③

**摘　要：** 本文阐述了红色资源内涵，包括历史文化印记、革命遗址、英雄事迹等，这些资源承载着中华民族的革命历史和奋斗精神。本文强调红色资源对大学生爱国主义教育在资源拓展、价值观树立、报国实践引导方面的独特价值。通过分析红色资源融入爱国主义教育的现状，我们发现当前大学生的爱国主义教育虽然取得了一定成效，但仍存在挖掘不充分、教育形式单一等问题。为此，本文进而提出夯实实践内容基础、拓展实践渠道、优化实践环境、提升实践效果等现实路径，旨在进一步发挥红色资源在大学生爱国主义教育中的重要作用，提升教育质效，培养更多具有爱国情怀和民族精神的优秀人才。

**关键词：** 红色资源；爱国主义教育；高校大学生

## 一、红色资源对大学生爱国主义教育质效的影响

### （一）红色资源的内涵

红色资源是在马克思主义的正确指引中，在中国革命和建设中积淀下来的顺应时代发展、富含历史价值、文化内涵的资源。一般来说，

---

① 吴姝琪，对外经济贸易大学法学院研究生专职辅导员，助教。研究方向：思想政治教育。
② 卢晶芳，对外经济贸易大学党委统战部干部，研究实习员。研究方向：行政管理。
③ 边梁，对外经济贸易大学国际经济贸易学院科研秘书，初级经济师。研究方向：公共政策。

理解红色资源可以从两个角度来进行。广义而言，红色资源是指在中国革命到建设，再到改革的各个时期中国共产党领导人民群众历经革命斗争所造就的历史文化印记。狭义而言，红色资源包括且涵盖了我们在革命历程中所形成的优秀向上的文化资产与精神内涵，包括革命遗址、革命文物、革命精神等。

红色资源具有形态生动鲜活、内容丰富多彩、意识形态鲜明的突出特点。其涵盖中国共产党成立以来所孕育的先进文化元素，具有鲜明的地域性和教育性，是一种契合思想政治教育内核、蕴含深沉爱国情怀以及科学理论精髓的文化瑰宝。

### （二）大学生爱国主义教育的内涵

大学生爱国主义教育是依托高校在教育教学活动中坚定不移地以习近平新时代中国特色社会主义思想为引领，针对大学生的思想特征和行为模式，在培养流程的各个环节中巧妙融入爱国主义教育元素，旨在构建并完善一种常态化的爱国主义教育机制，真正赋予大学生高等教育以科学内涵，激发出大学生永久长效的爱国感情。

大学生爱国主义教育构成大学生思想政治工作中不可或缺的一环，并随着时代的演进，其具体内容亦在持续更新与丰富，其包括涵盖但不限于民族精神和当代时代精神的培育、中华民族悠久历史与丰富文化的传承教育等多个方面。在新时代背景下，大学生爱国主义教育正不断与时代精神相结合，通过引导当代学生学习中华优秀传统文化，传承革命文化，发展社会主义先进文化，通过多方面的引导，创新教育方式方法，培育出具有坚定爱国情怀、热爱社会、振奋精神的大学生。

### （三）红色资源对大学生爱国主义教育的时代价值

#### 1. 有利于丰富拓展爱国主义教育的资源空间

红色资源与当代大学生爱国主义教育互为支撑，两者内容紧密相连，深入发掘红色资源能够极大地丰富教育素材。大学生爱国主义教育选取何种形式、内容、途径，既要广泛从优秀传统文化中汲取养分，也要与大学生这一群体的行为特点、性格特征紧密结合。当前大部分高校的爱国主义教育将思政课堂教学作为主要抓手，以主题社会实践、校园文化宣传做辅助。我国红色资源丰富，各省市地方的红色景区、红色博物馆、红色文物、红色影视等资源种类丰富且各具特色，能够很好地应用于大学生课堂理论学习、课外实践活动中去。充分挖掘此类红色资源意义重大，能够助力高校创新思政教育的形式和方式，走进红色文化展馆、聆听红色文化故事，塑造良好的文化氛围。同时，通过构建线上线下相结合的教育模式，进一步拓宽教育的空间与维度，让爱国主义教育在更广阔的平台上绽放光彩。

**2. 有利于大学生树立新时代正确价值观念**

大学阶段对人的一生有重要意义，是人生观和价值观逐步成熟的重要时间，青年学生也正是实现中华民族伟大复兴的重要一环。同时经济的进一步发展也给我们带来了多元价值文化的现状，部分大学生心智尚未成熟，极易被多元价值观影响和动摇，不利于健康的校园文化发展。红色资源中深藏着革命先辈们保卫祖国、无私奉献的崇高品质，这些资源以饱经风霜、绵延世纪的具体物质形态或精神内核展现。将丰富多彩的红色资源巧妙融入教育能够以直观、具体的方式对大学产生持久而深刻的影响，在潜移默化的教育中培育学生新时代的正确价值观念。

**3. 有利于引导大学生真正投身于报国实践**

充分借助红色资源有利于引导大学生以实际行动投身于报国实践之中，爱国主义教育的最终目的是引导学生将爱国感情转化为坚定的强国之志，最终投身于报国的具体实践中。新时代的大学生与时代共同发展和进步，他们的爱国热情普遍高涨，如何引导他们将一腔热情转化为报国实践值得教育者进一步探索。中国革命、建设发展的各个时期汇聚了献身报国、勇于奋斗、敢于吃苦的众多感人事迹，这些事迹通过红色故事、红色展览等红色资源得到了鲜活而持久的传承与弘扬。红色资源本身具有强大的教育性质，能够在实践中激发学生历史使命与责任担当。对大学生群体而言，通过系统学习和深入探索祖国大地上丰富的红色资源，能够更加透彻地理解这些品质的本质内涵，并认识应不断提高自身的专业素养，主动扎根于人民中，真正做到以实际行动践行爱国情。

## 二、红色资源融入大学生爱国主义教育的现状及问题分析

党的二十大报告指出："用好红色资源……着力培养担当民族复兴大任的时代新人。"红色资源是中国共产党人追求理想和艰苦奋斗的红色记忆，其涵盖范围广、教育作用强、具有时代意义。充分发挥红色资源的育人作用，能够提升大学生的思想意识，明晰奋斗认知，锤炼奋斗品格，砥砺奋斗实践，为中华民族伟大复兴作出贡献。近年来，随着全国高校对爱国主义教育工作的重视和不断深入，全国高校在爱国主义教育方面作出了诸多努力，取得了显著成效。

### （一）目前已经取得的成效

#### 1. 营造浓厚的校园文化氛围

随着红色文化教育的深入，各高校积极发掘红色教育资源，通过举办红色文化主题活动、课堂教学、校园媒体宣传等多种形式，有效地塑造并烘托了浓厚的红色文化氛围。红色文化不再是书本上的文字，而是融入学生日常生活中。营造的这种氛围，可以在不知不觉中培养学生的爱国情怀和民族自豪感。

#### 2. 扩大爱国主义教育的影响力

通过各种实地学习和志愿服务活动，大学生能够到实地亲身体验

红色文化的魅力，自觉接受红色文化的熏陶。这种教育方式不仅扩大了爱国主义精神的影响力，还增强了学生对爱国主义教育的理解，使得更多的学生开始关注红色文化，积极参与红色文化活动，成为红色文化的传播者和践行者。

### 3. 深化爱国主义理论研究

各高校除了重视文化氛围营造与校外实践，还十分重视理论研究。通过与其他部门联合建立红色文化教育基地、组织申报红色文化和爱国主义教育课题等方式，不仅可以加深学生对红色文化内涵和价值的了解，还可以推动爱国主义理论的发展。这些研究成果不仅为红色文化教育提供了理论支撑，也为其他高校开展红色文化教育提供了有益参考。

### 4. 促进大学生全面发展

将红色文化融入日常爱国主义教育中，不仅可以提高大学生的爱国主义意识，还可以促进他们的全面发展。在红色文化的熏陶下，大学生的综合素质、辨别是非的能力都得到了提升。大学生更加珍惜今天的幸福生活，更加懂得感恩和奉献，成为有理想、有道德、有文化、有纪律的社会主义建设者和接班人。

（二）存在的问题与原因剖析

### 1. 红色文化资源挖掘不够充分

部分高校在红色文化资源的挖掘和利用上不够充分，导致红色文化教育的深度和广度受到限制。一方面，一些高校缺乏深入挖掘红色文化资源的意识和能力，仅仅停留在表面的宣传和纪念上；另一方面，一些高校在红色文化资源的保护和利用上存在不足，导致一些珍贵的红色文化资源得不到有效的保护和传承。

原因剖析：这主要是由于部分高校对深入挖掘和利用红色文化资源的意识不到位。同时，部分高校机制建设不足和缺乏行之有效的保护措施，导致红色文化资源的流失和破坏。

## 2. 校园红色文化氛围不够浓厚

虽然各高校在红色校园方面作出了一定的努力，但目前校园红色文化氛围仍然不够浓厚。一方面，是红色文化活动形式单一、内容枯燥，缺乏创新性和吸引力；另一方面，是红色文化宣传渠道有限，宣传效果不佳，难以形成浓厚的校园红色文化氛围。

原因剖析：这主要是在红色文化教育方面缺乏创新性和针对性，没有根据学生的特点和需求，因地制宜制定有效的教育方案。同时在红色文化宣传方面缺乏行之有效的渠道和方式，宣传效果不佳。此外，部分学生主动参与红色文化活动的积极性不强。

## 3. 红色文化育人方法不够新颖

目前在红色文化教育方面的教学方法仍然比较传统和单一，缺乏创新性和针对性。仍然以灌输式的教学方式为主，缺乏与学生的互动和交流。同时，在红色文化教育方面缺乏深入的理论研究和实践经验，无法达到预期教学效果。

原因剖析：首先，现阶段高校的教学理念和方法比较落后，需要灵活创新。其次，缺乏在红色文化教育方面同时具备专业知识和实践经验的教师，难以适应新时代大学生的需求和特点。最后，在红色文化教育方面缺乏有效的教学评估和反馈机制，难以及时发现和解决教学中存在的问题。

综上所述，将红色文化融入大学生爱国主义教育的实施举措较为成熟并且已取得显著成效。但在实践过程中仍存在一些问题。这些问题主要是对红色文化教育挖掘不够充分、校园文化氛围不够浓厚以及育人方法不够新颖等原因造成的。下一步，高校仍需提高相关工作的关注度和重视程度。

## 三、促进以红色资源提升大学生爱国主义教育质效的现实路径

（一）夯实实践内容基础

**1. 深入挖掘红色资源内涵**

充分利用丰富的红色资源，深入研究其背后的历史故事、文化价值和精神内涵。通过编写专门的红色文化教材、举办红色文化讲座等方式，将这些内涵融入大学生爱国主义教育中，使学生能够深入理解红色资源所承载的爱国主义精神。

**2. 结合专业特色开展教育活动**

根据不同专业学生的特点，将红色资源与专业知识相结合。例如，对法学专业的学生，可以组织研究红色政权时期的法律制度，探讨中国共产党在革命过程中如何运用法律手段维护人民利益、推动社会进步。通过对比不同历史时期的法律体系，增强学生对依法治国的信心和热情，增强报国动力，使他们积极投身于法治国家的建设之中。

**3. 丰富红色文化活动形式**

开展多样化的红色文化活动，如红色主题演讲比赛、革命红歌比赛等。在红色主题演讲比赛中，鼓励学生讲述自己所了解的红色故事，分享对爱国主义的理解和感悟；参加红色歌曲演唱比赛可以让学生在激昂的旋律中感受革命先辈的爱国情怀；红色文化创意设计大赛则引导学生发挥创意，将红色元素融入艺术作品、文创产品中，加深对红色文化的理解和传播。

（二）拓展实践渠道

**1. 加强校际合作与交流**

各高校之间应加强合作与交流，共享红色资源教育经验和成果。

例如，举办联合红色文化调研活动，旨在共同探索红色资源在大学生爱国主义教育中的有效运用方式。可以开展校际红色文化节，集中展示各高校在红色文化教育方面的特色活动和优秀成果，促进学生之间的交流，并进一步达到拓宽学生眼界的目的，丰富爱国主义教育的形式和内容。

### 2. 推进校企合作实践项目

与企业合作开展红色资源相关的实践项目，为当代学生提供更多接触社会、深入认知国家现状的契机。例如，与文化企业合作开发红色文化旅游线路，让学生参与线路设计、宣传推广等工作，在实践中深入了解红色文化的经济价值和社会影响力。同时，企业可以为学生提供实习岗位，使学生在工作中体会红色文化如何在现代社会中传承和发展。

### 3. 利用新媒体拓展教育渠道

利用新媒体的优势，构建红色资源转化的在线教育平台。创建红色文化专题网站，发布红色故事、红色历史资料、红色文化研究成果等内容，方便学生随时随地学习。借助社交媒体平台，发起线上红色文化主题讨论与知识竞赛等活动，以吸引当代学生的积极参与，增强红色资源教育的互动趣味性和吸引力。例如，在微博上发起"家乡的红色记忆"话题讨论，鼓励学生分享自己参观家乡红色景点的感受和体会，增强大家自身对红色文化的认同感和传播意识。

### （三）优化实践环境

### 1. 加强校园红色文化建设

在校园内营造浓郁的红色文化氛围，精心打造红色文化景观。在校园内设置红色文化宣传栏，展示宣传红色文化经典作品等；建设红色文化长廊，以图文并茂的形式呈现中国共产党的奋斗历程；命名红色文化主题教学楼、图书馆区域等，让学生在校园生活中处处感受到红色文化的熏陶。同时，开展红色文化主题校园活动。例如，通过举办红色文化主题的晚会、展览等活动，让红色文化成为校园文化不可或缺的一部分。

**2. 建立红色资源教育基地**

整合红色资源，建立一批稳定的校外红色资源教育基地，如李大钊故居、北京大学红楼等。与这些教育基地建立稳固的长期合作关系，安排学生定期前往进行参观与学习。教育基地可以为学生提供专业的讲解服务，开展现场教学活动。同时，高校可以与教育基地共同开发特色教育课程，将实地参观与课堂教学相结合，提高爱国主义教育的实效性。

**3. 优化家庭教育环境**

加强与学生家长的沟通与合作，引导家长重视红色文化教育。通过家长会、家长学校等渠道，向家长宣传红色文化的重要性，鼓励家长在家庭中开展红色文化教育活动。例如，家长可以与孩子一起观看红色电影、讲述家族中的红色故事等，共同营造良好的家庭红色文化氛围，使红色文化教育从学校延伸到家庭，形成家校共育的良好局面。

（四）提升实践效果

**1. 建立科学的评价体系**

建立全面且科学的评估体系，以衡量红色资源在大学生爱国主义教育中的融入效果。从知识掌握、情感认同、行为表现等多个维度进行评价。例如，通过考试、作业等方式考查学生对红色文化知识的掌握程度；运用问卷调查、访谈等方式了解学生对红色文化的情感认同情况；观察学生在日常学习生活中的各种行为表现，如参与志愿服务活动、传承红色文化等方面的积极性和主动性。根据评价结果及时调整教育教学策略，提高爱国主义教育的质量。

**2. 培养专业的师资队伍**

加强红色文化教育师资队伍建设，提高教师的专业素养。组织教师参加红色文化培训、学术研讨会等活动，鼓励教师开展红色文化研究，深入挖掘红色资源的教育价值。教师应当持续更新教学理念和教学手段，不断提升自身的教学水平。能够将红色文化有机融入教学过程中。例如，教师可以运用案例教学法、情境教学法等，让学生在生动的教学情境中感受红色文化的魅力

### 3. 强化学生的主体作用

充分尊重学生的主体地位，鼓励学生积极参与红色资源教育活动的策划与实施。成立红色文化社团，由学生自主组织开展红色文化活动，如红色文化调研、红色文化宣传等。在活动过程中，学生能够更加深入地了解红色文化，提高自身沟通表达等综合能力，同时也能够增强对爱国主义的深刻理解和践行能力，实现从被动接受到主动参与的转变，提升红色资源对大学生爱国主义教育的质效。

综上，通过夯实实践内容基础、拓展实践渠道、优化实践环境、提升实践效果四个方面的努力，可以有效挖掘红色资源的育人价值，促进红色资源对大学生爱国主义理想信念教育质量和效果的提升。这不仅有助于培养具有坚定爱国主义信念的新时代大学生，同时也可以为红色文化的传承与发展注入新的活力。

## 参考文献

[1] 卞成林. 红色文化创造性地融入高校思想政治教育的实践路径 [J]. 社会科学家，2020 (5)：9 - 13.

[2] 范文洁. "红色剧本杀"融入大学生思想政治教育实践研究 [J]. 文化创新比较研究，2024，8 (7)：101 - 104.

[3] 郭培荣，徐永超. 红色文化融入高校思想政治教育的价值与路径 [J]. 学校党建与思想教育，2020 (8)：75 - 76.

[4] 韦红霞. 红色文化有机融入高校思想政治教育的路径思考 [J]. 学校党建与思想教育，2018 (11)：89 - 91.

［5］许萍．红色文化融入大中小学思想政治教育一体化探论［J］．中学政治教学参考，2024（27）：9－12.

［6］姜炎．红色资源融入大学生奋斗精神培育研究［D］．西安：西安理工大学，2024.

［7］李炫欣．红色文化融入大学生爱国主义教育路径研究［D］．哈尔滨：中共黑龙江省委党校，2023.

［8］薛旭红．红色文化资源融入高校爱国主义教育研究［D］．沈阳：辽宁大学，2023.

# 研究生立德树人理论与实践

杨风寿①　　高睿②

**摘　要：** 在国家大力推动高等教育迈向高质量发展的时代背景下，研究生教育愈发凸显其关键价值，已然成为培育高层次人才的核心途径与主要方式。本文从研究生教育的内在旨趣出发，深入探讨研究生教育中立德树人的要义及各要素之间的本质联系等理论内涵，在此基础上结合目前高校个别研究生在立德树人方面所面临的主要问题及症结，提出提升研究生教育中立德树人可行性的举措及建议，助力研究生教育高质量发展。

**关键词：** 立德树人；研究生；教育；实践

## 一、研究生教育的理论内涵

康德在《论教育学》中开宗明义指出："人是唯一需要教育的一种存在。"教育的使命是"使人成其为人"。教育的内在指向是"人的完成"，即中国传统文化中的"成人、成己"。所谓"树人"，是指将自然人雕琢为具备社会品格的个体，借由教育的力量，赋予人文化与文明层面的深刻意义。教育绝非仅让人拥有基础道德操守，尤其对研究生群体而言，更应着力将他们塑造为具有更高追求、更高精神内涵之人，即牢固拥有社会主义核心价值观等理想信念的高尚品行之人。

---

① 杨风寿，对外经济贸易大学保险学院副教授。研究方向：社会保障。
② 高睿，对外经济贸易大学信息学院本科生。专业：数据科学与大数据技术。

## （一）研究生教育阶段的特点

作为孕育高层次人才的关键环节、重要方式，研究生教育与高中或本科教育有显著区别。这种差异体现在受教育者的学术素养和研究能力、教育内容的深度与广度、教学方法的创新性与灵活性，以及教育目标的远大与崇高等方面远远不同。研究生教育旨在培养独立思考和创新能力的学者，培养引领学术界和社会发展的领军人物。

**1. 教育的对象——研究生之特点**

研究生阶段是个体成长和职业发展的关键时期，不仅是个体从学术研习迈向专业实践的关键过渡阶段，更是其身心趋于成熟、独立性稳步发展的重要时期。在这一时期，研究生通过系统的学术训练和实践锻炼，知识水平实现质的飞跃，科研能力得到深度挖掘，实践能力也显著增强，形成独立思考和解决实际问题的能力。

**2. 研究生教育之知识体系特点**

除研究生群体自身特质与其他教育阶段的主体存在显著差异外，作为高层次人才培养关键环节的研究生教育，从理念、模式到目标，各方面均展现出独特之处，即研究生教育的知识体系与其他阶段的知识教授不同。一是研究生教育的知识体系应是专业知识的积累性与专业知识的开放性的统一，不同于本科阶段的以掌握基础性知识为主；二是研究生教育的知识体系应该是包含本专业知识以及其他领域综合知识的统一；三是研究生教育的知识应与时代紧密相连，对审美品格、前沿科学应用技术，如人工智能等有一定程度的了解和熟悉。总之，研究生阶段的教育体现出对研究生个体立德树人的全面发展之目标。

**3. 研究生教育方式之特点**

研究生立德树人的教育目标和宗旨的实现离不开相适应的教育方式和途径。研究生教育方式主要概括为：一是以思、辨为主，体现为提问、讨论、案例等多元化方式；二是以研究生自觉、主动接受知识为主；三是注重"因材施教"，尊重研究生个体的兴趣、知识水平、能力基础等，避免千篇一律的培养模式。

（二）研究生教育中的立德树人主要内容

人的广义教育是"人的完成"或"树人"，"成己"或"人的全面发展过程"。研究生教育阶段的特殊性使"人的完成"即立德树人的内容更为具体，涉及更高专业知识的传授和吸收、德性的培养和能力的提升和审美品格的培养等方面。

研究生教育中，知识的传授与吸纳是基础且核心的部分，这一过程并非单向输出或被动摄入，而是教与学相互交融、深度互动、有机统一的动态进程。研究生教育的知识内容包括本专业领域专业知识、学科的前沿知识内容以及行业的动态知识等理论，是一个知识不断积累和学习的过程；同时这些理论知识应该内化为研究生的解决实际问题、科研问题等理性能力的素养。

研究生的成长与德性培养紧密相连，德性能力涵盖道德认知与道德实践，是个体社会化过程中的核心要素。道德规范不仅是社会稳定与延续的基石，也是构建社会秩序不可或缺的维度。个体要成为社会的一员，必须内化这些基本的道德规范，而教育在这一过程中扮演着至关重要的角色。德性的形成是一个规范内化的过程，它既非天生，也非空洞。在特定的时代和社会背景下，社会道德规范在个体内心中的内化构成了德性。这一内化过程复杂且多维，教育是其中的关键环节。德性的培养不仅是为了使个体适应社会生活，成为社会的一员，更是个体精神成长和自我提升的重要途径。缺乏内在德性的个体难以在社会中健全地存在。因此，以德性培养为目标的教育，不仅是个体适应社会的手段，更是个体实现自我完善和精神提升的必由之路。通过教育，个体能够将普遍的道德规范内化为自身的德性，从而在社会中实现更高层次的自我实现和精神追求。

在教育的范畴中，教育活动与能力培养紧密相连，不可分割。从综合视角来看，人的能力可归结为认识世界、认识自我，以及变革世界、变革自我的现实力量。这种能力，既区别于脱离实际的抽象逻辑，也不同于单纯的意识活动或心理机能。它以具体且实在的方式，潜移默化却又深刻地作用于人的认知与实践过程，是人的内在力量与本质力量的集中体现。这种力量既包含观念形态的知识或理论，也与人的内在精神品格密不可分，同时还体现于人身体力行的活动过程中自觉的动机和现实力量。

（三）立德树人各构成部分的关系

研究生立德树人是全面综合的发展过程。能力作为人的内在与本质力量，体现在精神－理论和实践中。理论能力关联广义"知识"，涵盖感知、理性能力。理性能力是将专业知识、道德规范、思政知识等内化为行动驱使力，同时也涉及想象、直觉等非理性方面。生活中，教育引导观察，经训练形成的观察能力，与原始机能在内涵和质量上差异显著，教育不可或缺。从实质上讲，理性包括认知与评价，认知求"真"，评价关"善"。理性能力并非天赋，对真的理解、善的把握，都需经教育、实践过程逐步培养发展。

## 二、研究生立德树人主要存在的不足

教育的终极目标，在于塑造完整意义上的人，引领个体走向自我实现与人格完善。这一宏大愿景的达成，深度关联着多维度理论与实践的有机融合及相互促进，唯有实现二者的高度统一，才能助力人达成全方位的圆满发展。由于立德树人过程的复杂性，实践中，研究生教育在立德树人方面表现出一定的不足。

（一）研究生自主性与能动性不足

研究生阶段的学习应强调自主性和能动性，但部分研究生在这方面表现不足。他们往往沿袭了大学甚至高中的学习模式，过度依赖教师的讲授。这种依赖性表现在课堂上很少主动提问，以及在完成作业时缺乏对理论知识的自主掌握和自发兴趣。此外，一些研究生忽视了深入研究的实践性，过分关注具体应用技术课程，而对基础性知识缺乏系统性和深入性的理解。他们很少主动收集相关文献资料，实地调研和实习等实践活动也多是被动参与。这种现象往往受到现实主义的影响，导致研究生缺乏创新和团队合作的机会，无法充分激发他们的创新精神。

（二）立德与树人相互脱节

部分研究生在教育培养过程中过于专注专业知识理论学习、具体应用技术以及科研发表等特定方面，而忽视了科学价值观、思想政治等最本质的人文素养的培养。这种偏颇的教育导向会导致立德与知识能力的分离。例如，个别学生虽然才华横溢，但在道德品行上却表现不佳，自私和精致利己主义者数量有所增加。人的思想和价值观，即德性能力的形成，并非一蹴而就，也不是单纯通过理性接受就能形成的，它应该是在日常生活的点滴中逐渐形成的。研究生的德性能力既是各个不同时期学生德性实践的延续，也是研究生自我主动参与实践的结果。每个研究生都应该自觉地学习中国革命史、科学社会主义、思想政治等主要内容，以形成正确的科学方法论、价值观和世界观。立德树人不仅是每位研究生应该经历的成长过程，也是其行动的内在驱动力。研究生教育应注重德性与知识能力的协调发展，以培养出既有专业能力又有高尚德行的全面人才。

### （三）整体综合能力的不足

人的能力包含理论能力、德性能力以及审美品行等综合能力，其中主要是各种知识，包括专业知识、道德、思政知识的接受、获取，并内化为自身的现实力量。这是一个复杂、长期的实践过程，个别研究生由于缺乏主动性或兴趣不浓，知识的形成仅仅流于表面的记忆或了解。既不形成自己的理性能力和德性能力，如仅仅学习成绩高但科研综合能力较弱，也较少有助人为乐、见义勇为等行为。

## 三、立德树人的实现方式

研究生教育的立德树人过程是一场深刻的多维度知识与能力的融合之旅，这一过程不仅要求专业知识的深度与广度的统一，还强调个人德性的培养与社会责任感的强化。

第一，专业知识的深化与拓展。研究生阶段是探索学术的高峰，要求知识体系的专业性达到极致。教师应不断更新课程内容，将最新的研究成果和行业动态融入教材和教学中，以激发研究生的求知欲和探索精神。然而，研究生的自我培养同样不可或缺。他们应在课后自觉利用时间进行深入学习和实践，以实现知识的内化和能力的提升。这种自我驱动的学习过程，不仅是个人成长的关键，也是研究生教育中立德树人理念的生动体现。

第二，从知识到能力的转化。科研兴趣和实践活动是研究生教育的双翼，它们共同推动学生创新能力的飞跃。研究生应主动投身科研项目，通过实践锻炼科研能力，培养创新精神。导师的职责在于引导学生参与科研，提供训练和机会，助力学生将所学理论知识，切实转化为解决现实问题的有效能力。同时，研究生也应主动寻求科研机会，积极参与学术讨论和实验设计，以提升自身的科研素养和独立思考能力。

第三，道德知识内化为德性能力。研究生导师肩负着示范引领的重任，需以自身行动诠释高尚学术道德与科研诚信，为学生树立可以效仿的标杆。在教育实践中，导师除了要着重强化学生的学术规范与知识产权意识，还要注重引导学生树立正确的学术价值观、秉持科学精神、坚守高尚品行，助力这些理念内化为学生的内在德性。同时研究生自身也应将这些价值观融入日常生活，通过自我反思，审视自身行为与思想；凭借行为自律，规范日常言行，从而在不断省察与自律中，逐步提升个人德性修养。

第四，全面育人的深远意义。在就业环境日益紧张的当下，教师的关注点不应仅限于学术指导，还应涵盖学生的心理健康和职业规划。教师应及时帮助学生解决心理问题和职业困境，促进研究生的全面发展。此外，研究生也应主动寻求心理支持和职业指导，以更好地应对其在未来面临的挑战。

第五，责任意识与社会服务素养的培养是研究生教育的另一重要维度。社会实践和社会服务不仅是培养社会责任感和公益意识的关键途径，也是研究生教育不可或缺的组成部分。导师应积极拓展社会资源，提供公共服务机会，鼓励学生参与志愿服务、暑期实践、社会调查和公益宣传活动。同时研究生也应主动参与这些活动，从点滴小事做起，逐步实现立德树人的目标。通过不断的自我挑战和实践，研究生能够在学术探索和社会服务中找到平衡，成长为既具备深厚专业知识，又拥有高尚德性和强烈社会责任感的全面发展人才。

## 四、结语

作为整个教育体系的关键构成部分，研究生教育核心在于教学与学习的有机统一。在研究生培养进程中，教师具有深厚的学术造诣和丰富的科研经验，对培育学生的学术素养与创新能力起着极为关键的引领与示范作用。研究生导师独特的教学方法和风格，不仅直接左右学生的学习成效，也会在学生长远的学术发展道路上留下深远的印记。此外，导师强烈的社会服务意识以及出色的实践指导能力，也能够积极推动学生社会责任感的增强与综合素质的全面提升。

与此同时，作为教育的直接受众，研究生在立德树人的历程中，必须始终秉持主动积极且自觉自为的态度。常言有道："师傅领进门，修行在个人。"研究生应坚定树立爱国精神，厚植乐于奉献的高尚情怀，勇挑社会责任的重担，全力以赴，为实现中华民族伟大复兴的宏伟目标贡献自己的智慧与力量。

## 参考文献

[1] 修晓辉，王新影.研究生导师立德树人职责研究 [J].文化学刊，2019 (5)：166 - 168.

[2] 杨国荣.道德系统中的德性 [J].中国社会科学，2000 (3)：85 - 97 + 205.

[3] 杨国荣.存在与意义 [J].文史哲，2024 (6)：5 - 12 + 162.

[4] 张瑞，徐泽.立德树人视域下研究生导师育人能力提升的定位、定向与定法 [J].齐齐哈尔大学学报（哲学社会科学版），2024 (6)：169 - 172.

[5] 周静.立德树人视阈下研究生导师育人能力提升研究 [J].北京教育（高教），2023 (12)：64 - 66.

# 集体背离之后的治愈

李航敏[①]

## 一、案例简介

某天，有一个宿舍的四名同学集体来找辅导员要求换宿舍，并列举同宿舍的另外一名同学小美的诸多不妥行为，包括且不限于以下几个方面：

（1）因为小事持续责备、批评、训斥室友；

（2）丢了东西，会在朋友圈公开吐槽并怀疑室友；

（3）趁室友外出洗澡时故意将宿舍锁门，将室友锁在门外。

这四名同学认为她们完全无法与小美沟通，因此提出希望能在小美不知道的情况下集体搬离宿舍。

## 二、案例分析

小美同学是西藏地区少数民族学生，性格较为孤僻，在学校无其他关系密切的朋友和老师。

鉴于现在学校宿舍紧张，如果按照这四名同学要求要换宿舍的话，很难实现；只能一个同学一个同学往外调，但是一下子调出四个人，将会涉及至少与其他不同学院4个宿舍中16人的沟通，工作量非常大，操作上也不好实现。从过程来看，比较可行的是让小美同学换出去，

---

① 李航敏，对外经济贸易大学国际关系学院党委副书记。

但是我们没有合适的理由强制她搬离宿舍，如果要让小美自己主动提出则需要做进一步的沟通。想要与小美顺利沟通，前提条件之一是对其有一定的了解，避免踩到"雷区"、沟通失败。比较便捷和直接的办法是与其父母取得联系，了解其成长背景，但是室友说她在日常生活中曾多次明确表示，高中阶段有过老师找其父母的情况，她对此极为反感，并且认为老师找父母除了增加父母的负担，对解决问题毫无帮助。我找到了小美的学生登记表，发现登记表上填写的父母电话号码也是空号。

## 三、思路举措

解决问题的基本思路是采取三个方面的举措：背景调查，提前了解；多重互动，赢得信任；深度访谈，提出方案。

（一）查找档案

如前分析，无法通过亲人、同学和朋友等路径对该同学做更多的了解，所以要全面了解其成长路径等其他信息的最好办法是去查阅档案，通过个人档案中的内容来代替背景调查，以做到对该同学的充分了解。因此本人申请了调查档案，通过阅读档案了解到以下几个重要信息：

一是该同学父母离异，她与母亲生活在一起，推测这是导致其性格敏感易怒的一个诱因。

二是该同学热爱文学，中学阶段有过多次文学作品获奖的经历。

（二）加强互动

针对该同学热爱文学的特征，我们在啦啦操大赛等重大校级活动中邀请其加入文案组，她为演出视频文案撰写了一些古典诗词，赢得了师生的高度认可。她有了收获感，在工作互动沟通中她对老师的信任感也是日益增加。

### （三）面对面访谈

在取得该同学的基础信任之后，本人与她进行了深度访谈，就室友关系、友谊与信任等话题进行了探讨。但是她在了解到室友要求集体换宿舍时忍不住情绪失控，觉得自己把她们当作朋友，未曾想遭遇这么严重的"背叛"，特别失望。她哭到不能自已，情绪不能平复而无法继续聊下去。

### （四）第三方访谈

为了尽快完成访谈，较好地解决争端，我决定邀请第三方与小美进行访谈，原因有二：一是为了保持住她与我之间刚刚建立起来的信任感，避免在访谈中谈崩，如果她对我失去信任以后就无从谈起；二是尽可能地让她感受到客观和中立的态度，因为其室友当中有几人是学生干部，平时与我沟通较多，如果要由我来提议让她搬离宿舍，容易使其产生偏袒感。经过考虑之后我向另外一位负责少数民族同学事务的资深辅导员 A 老师寻求帮助，邀请她与其沟通。

次日，我征求该同学意见，问能否与其他老师再做一次沟通，她表示同意，并在一个相对陌生的环境中表达了自己的委屈，主要观点包括：

一是同学之间如果发生问题，应该当面说出来并积极解决，很多误会是由于没有及时沟通，自我解读而引起更深的误解。

二是作为朝夕相处的同学，不应该背后告状，更不应该冷暴力、悄悄搬离。

三是鉴于对同屋室友之间这段友谊的失望，她愿意主动搬离宿舍。

## 四、经验启示

一是信息的来源要多元化。更充分的信息有利于辅导员做出更精准的判断。作为处理学生问题的"裁判员"，在听到学生陈述观点时一定要保持足够的冷静与客观，不能被某一方的情绪所感染而产生先入为主的预判，需要至少听取对立双方以及第三方的观点，在对事情的全貌有一个基本的了解之后再做判断。

二是信任是解决问题的基础。要想在与学生交流的过程中让其放开戒备坦诚以对，前提条件是学生对你足够信任，而信任的获得是需要通过事件来积累的，所以可以创造一些相处的机会来增加彼此的信任，为解决问题奠定一个良好的基础。

三是专业人员帮助是解决问题的最强助推。该事件的解决是由本人访谈和 A 老师访谈共同完成的，两个人扮演了不同的角色，一个主打温暖贴心，一个主打中立冷静，最终将争端妥善解决。

## 后记

在事情妥善处理之后一年的教师节，本人及 A 老师都收到了小美同学悄悄放在办公室的一大束鲜花，对上次"宿舍事件"老师给予自己的贴心救助表达了感谢。老师为学生做的其实不多，但是学生却在心里一直惦记。教育就是以心换心，全力助推学生闯过困境，一路成长。

# 第三篇
## 2024年寒假研究生实践报告

# 新时代"枫桥经验"基层社会治理的生动实践与当代价值

## ——基于枫桥镇基层调研与思考

吴谦忠① 黄瀛舟② 周雪宾③ 尚雅杰④ 张璐璐⑤ 王艳琦⑥

**摘 要:**"枫桥经验"源自 20 世纪 60 年代初的浙江省诸暨市枫桥镇,是一种以群众自治为基础,通过调解、协商、教育等多种手段,有效化解社会矛盾、维护社会稳定的基层社会治理模式。本文旨在通过对外经济贸易大学"乘'枫'领向"基层治理调研队在枫桥镇进行的实地调研,深入探讨新时代"枫桥经验"基层社会治理模式的历史沿革、发展现状、面临困难、解决路径及当代价值与启示,以期为新时代基层社会治理提供有益的参考和借鉴。

**关键词:**新时代;枫桥经验;基层社会治理;实地调研;当代价值

源自 20 世纪 60 年代浙江诸暨枫桥镇的"枫桥经验",是枫桥镇干部群众创造形成的具有鲜明时代特色的社会治理经验。"枫桥经验"其核心内涵就是尊重人民主体地位,发动和依靠群众,实现"矛盾不上

① 吴谦忠,对外经济贸易大学马克思主义学院硕士研究生。专业:中国近现代史基本问题研究。
② 黄瀛舟,对外经济贸易大学马克思主义学院硕士研究生。专业:中国近现代史基本问题研究。
③ 周雪宾,对外经济贸易大学马克思主义学院硕士研究生。专业:马克思主义基本原理。
④ 尚雅杰,对外经济贸易大学马克思主义学院硕士研究生。专业:中国近现代史基本问题研究。
⑤ 张璐璐,对外经济贸易大学马克思主义学院硕士研究生。专业:马克思主义基本原理。
⑥ 王艳琦,对外经济贸易大学马克思主义学院硕士研究生。专业:马克思主义中国化研究。

交"，将问题解决在基层，这一经验确保人民安居乐业，使群众的问题能在基层得到及时处理，减少不安定因素，进而保障社会安定有序。在新征程中坚持和发扬"枫桥经验"，对推动基层社会治理体系和治理能力现代化意义重大。

# 一、"枫桥经验"历史沿革与发展历程回顾

"越地起长歌，枫桥旗正红。""枫桥经验"形成于社会主义建设时期，发扬于改革开放新时期，创新于中国特色社会主义新时代，经过60余年的发展，"枫桥经验"与时俱进，历久弥新。从社会管制到社会管理，再到社会治理，在"枫桥经验"这项发端于基层的治理经验的指引下，通过坚持党的领导，以人民为主体，以基层为支撑，形成了一整套行之有效的社会治理方案，真正做到了"小事不出村，大事不出镇，矛盾不上交"。通过本次深入基层调研活动，我们逐步认识到走群众路线的重要性，认识到要以勇当中国式现代化先行者的姿态，充分利用好"枫桥经验"发动群众、依靠群众，在矛盾纠纷排查化解等多方面形成特色机制，因此具有十分重要的现实价值。

（一）基层治理萌芽期：社会主义建设时期的"枫桥经验"（1956—1978 年）

在热火朝天的社会主义建设过程中，枫桥地区的干部群众在实践中总结出对"四类分子"实行监督改造和评审摘帽的经验，其工作重点是依靠和发动群众，将地主、富农、反革命和坏分子"四类分子"放在群众中监督改造，进行思想改造和劳动改造，使之成为社会主义新人，达到"捕人少，治安好"的良好效果，得到了广大人民群众的支持和肯定。1963 年 11 月 20 日，毛主席批示要"各地仿效，经过试点，推广去做"，强调要将枫桥地区形成的优秀基层治理经验广泛推广，

全国各地试点学习,继承与传扬各地区人民群众创造的积极经验成果。

(二)基层治理发展期:改革开放时期的"枫桥经验"(1978—2012 年)

改革开放以后,枫桥的干部群众将"枫桥经验"的着力点放在维护社会治安上,这是适应时代发展需求的明智之举。枫桥镇坚持预防化解矛盾,营造出"矛盾少、治安好、发展快、社会文明进步"的良好局面。进入 21 世纪后,枫桥镇又开始了新的探索与实践,充分发挥基层群众自治组织的作用,加强基层民主法治建设,整合各类资源,维护基层社会稳定,形成"社会治安好、经济发展快、生活质量高"等时代特点。

(三)基层治理成熟与创新期:新时代的"枫桥经验"(2012 年至今)

党的十八大以来,"枫桥经验"进入了成熟与创新期。习近平总书记作出的一系列重要指示为"枫桥经验"注入了新的生命力。坚持党的群众路线是新时代"枫桥经验"的核心之一。在基层治理中,人民群众的力量不可忽视,通过紧紧依靠人民群众,许多问题能够被及时发现并解决在基层、化解于萌芽状态。这不仅有效地处理了人民内部矛盾,更体现了以人民为中心的治理理念。同时,运用法治思维和法治方式解决涉及群众切身利益的矛盾和问题成为重要内涵。在当今社会,法治是社会稳定有序的基石。善于运用法治,能够使基层治理更加规范、公正、透明,让群众在每一个纠纷解决过程中感受到公平正义。在新时代,发扬优良作风,适应时代要求,创新群众工作方法,成为提升基层治理水平的关键。例如,利用现代信息技术拓展群众沟通渠道,及时获取民意、反馈处理结果等创新举措不断涌现。新时代的"枫桥经验"为全国基层治理提供了可借鉴的成功范例,引领基层治理不断走向成熟和创新。

## 二、新时代"枫桥经验"基层社会治理新模式的内在机制

为进一步巩固与深入学习贯彻习近平新时代中国特色社会主义思想主题教育成果，学习贯彻习近平总书记考察浙江重要讲话精神，调研团队亲身实践，实地调研浙江省诸暨市枫桥镇，学习体悟新时代"枫桥经验"的治理成效与经验。

### （一）"一站式"社会治理平台

在"枫桥经验"陈列馆，调研团队与上海外国语大学东方语学院实践团一起沿着展览路线聆听现场讲解，通过参观照片、文件、实物等丰富的历史文献和鲜活实践案例，详细了解60年来"枫桥经验"在实践中不断发展的脉络和历程。实践团队通过参观不同历史阶段"枫桥经验"的表现形式，了解了"枫桥经验"多年来一脉相承的发展历程和与时俱进的时代价值。在枫桥镇社会治理中心，调研团队一探乡村治理的新路径和新平台，枫桥镇社会治理中心是枫桥镇社会治理的重要平台，通过政府、居民、社会组织等多方参与，以镇级社会治理中心为抓手，通过组织变革、制度重塑和数字赋能打造"一站式"社会治理中心，全面推进基层矛盾纠纷多元化解，构建起共建、共治、共享的治理模式，是乡村治理的新典范。

此次调研团队不仅在前期做好了充足的理论准备工作，并亲身到达现场进行调研体悟，在一次次的走访、参观和访谈中深入探究新时代"枫桥经验"基层社会治理模式的内在机制，首要亮点即"一站式"社会治理平台的创新打造。通过此次调研，实践团队发现枫桥镇社会治理中心是一个多元主体共治、全过程人民民主的生动实践。此时，

政府不再是单一的治理主体,而是与居民、社会组织等形成了紧密的合作伙伴关系,共同致力于提升社会治理效能。

其一是通过组织变革,"一站式"社会治理平台打破了传统的条块分割,实现跨部门、跨领域的协同合作,多部门在中心内设立联合办公区,信息共享、资源互通,形成高效运转的工作机制,新平台的打造增强了政府服务的及时性和更具针对性,同时也极大提高了枫桥基层社会治理的工作效率。

其二,制度重塑为枫桥镇社会治理中心注入了新活力。新平台推动制定了一系列符合实际、操作性强的社会治理规章制度,明确了各方职责和权益,为社会治理提供了坚实的制度保障。同时,基层治理中心还积极探索创新社会治理方式,如引入社会工作专业人才、开展社区协商民主等多种创新方式,不断提升新时代"枫桥经验"指导下社会治理的科学性和专业性。

其三,数字赋能是枫桥镇社会治理平台打造的新亮点。"一站式"社会治理中心充分利用大数据、云计算等现代信息技术手段,建立社会治理信息化平台,实现了对各类社会问题的实时监测、预警和处置。数字化手段的运用不仅提高了治理的精准度和时效性,也为居民提供了更加便捷高效的服务体验,人民满意度得到极大提升。

因此,"一站式"社会治理新平台的打造是新时代"枫桥经验"的重要实践形式。在枫桥镇社会治理中心的推动下,基层矛盾纠纷得到多元化解,其设立的人民调解委员会、法律援助站等机构,为居民提供法律咨询、纠纷调解等服务。同时,中心还积极培育和发展社区社会组织,引导居民通过自治、法治、德治相结合的方式解决身边的问题,极大提升了人民群众的参与感、幸福感与获得感。

（二）"矛盾就地化解"的特色基层治理模式

调研团队为了深入学习新时代"枫桥经验"以及探求其在基层治

理中的实践与演进，先后来到"枫桥经验"陈列馆、"枫桥经验"发源地——枫源村、枫一社区、楼家社区以及农业生产基地。在枫源村党群服务中心，通过讲解员的分享，团队成员们体验了法律自助服务机等多项便民措施，了解到信息化时代下"最多跑一趟"的理念。同时团队成员还细致学习了"枫桥经验"的内涵以及当地社区基层矛盾处理的具体流程。其中独具特色的机构便是"共享法庭"，调解员依据事实进行调解，真正做到"小事不出村，大事不出镇，矛盾不上交，就地化解"。共享法庭、镇综合调解指挥室、枫桥讲堂，在这里我们可以看到基层治理的全新面貌，感受到基层治理的魅力。另外，调研团队还走访了枫一社区和楼家社区的文化礼堂、爱心食堂、文史馆等文化场所，了解到村内的文化礼堂成为村民活动的中心，认识到当地注重传统文化的传承、文化设施的建设、人文关怀的开展，正是新时代"枫桥经验"在文化实践中的生动写照，实现乡村振兴的独特路径。

在新时代"枫桥经验"引领下形成的"小事不出村，大事不出镇，矛盾不上交，就地化解"特色基层治理模式是坚持以人民为中心、注重预防和化解矛盾的基层治理新方案，此种治理模式的搭建不仅有效维护了社区的和谐稳定，还极大地提升了居民的幸福感和归属感，是新时代"枫桥经验"基层社会治理内在机制的有益探索。其中，"共享法庭"这一创新机构让团队成员们尤为印象深刻。在"共享法庭"中，调解员以事实为依据，公正、公平地进行调解，让矛盾双方在平等对话中达成共识，实现了矛盾的及时就地化解，提高了矛盾处理的效率，更在无形中提升了社区居民的法治意识和自治能力。

通过走访枫一社区和楼家社区，本团队发现文化建设也是乡村振兴独特魅力的有效彰显。调研团队在参观文化礼堂、爱心食堂、文史馆等文化场所的过程中深刻体悟到"枫桥经验"在新时代的丰富与发展不仅停留在社会治理模式的创新之中，更是不断拓展其精神内涵，为丰富村民的文化生活、传承和弘扬中华优秀传统文化等领域发挥重要作用。通过实地调研社区治理过程中文化实践活动的开展,发掘新时代"枫桥经验"在增强村民的文化自信以及在乡村振兴中的独特作用。

因此,"矛盾就地化解"的特色基层治理模式是新时代"枫桥经验"传承与创新的交汇点。新时代的基层治理,需要与时俱进,更要注重预防和化解社会矛盾、推动法治和德治相结合、提升基层自治能力,传承与发扬新时代"枫桥经验"是基层社会治理模式的创新,更是不断拓展边界,开创多领域影响力的有益尝试。

(三)联合社区开展"党的二十大精神暨'枫桥经验'提出60周年"宣讲和研讨活动

结合"枫桥经验"提出60周年和党的二十大精神,团队成员在社区开展了两次理论宣讲活动,与当地村民以及社区工作人员进行了深入的交流讨论,一起参与新时代"枫桥经验"和党的二十大精神的学习。宣讲会上,一名群众首先用自己的亲身经历分享了"枫桥经验"的基层实践案例,生动地展示了坚持党的群众路线,化解矛盾在基层的巨大基层治理优势。同时,宣讲团队也坚持将党的理论和政策与党的二十大精神相契合,深入基层群众,结合当地实际情况开展具体生动的实践活动。在宣讲过程中,团队成员首先和当地群众一起回顾了"枫桥经验"六十年的发展历程,深入剖析了其在不同时期为基层社会治理提供的宝贵经验和创新做法,并结合当地实际,用生动的案例和朴实的语言,阐述了"枫桥经验"在矛盾化解、法治建设、德治引领等方面发挥的重要作用。而后,团队成员重点介绍了党的二十大精神,特别是关于基层治理的新要求、新部署,并着重指出,新时代基层治理需要更加注重党的领导、人民当家作主与依法治国的有机统一,推动基层治理体系和治理能力现代化。在这一过程中,"枫桥经验"提供的宝贵经验和创新做法具有重要的指导意义,让"枫桥经验"在新时代发光发热是党的领导下坚定前行的必然之路。

在宣讲结束后，团队成员与当地村民和社区工作人员开展交流研讨活动，成员们认真倾听当地村民的心声和需求，详细解答他们的问题和困惑，共同围绕如何在新时代背景下进一步发展和创新"枫桥经验"、将党的二十大精神落到实处等话题进行了热烈讨论。这些深入的交流讨论不仅增强了团队成员对基层治理现状的认识和理解，也为下一步工作提供了有益的思路和方向，使之深切感受到基层治理的重要性和紧迫性，更为加强宣传与推广新时代"枫桥经验"在基层社会治理模式探索中的有益经验提供重要参考。

## 三、新时代"枫桥经验"基层社会治理成效、面临困境和实践路径

经过团队成员的深入调研和实践，我们发现新时代"枫桥经验"基层社会治理模式取得了显著的成效。在浙江省诸暨市枫桥镇，我们面向基层人民群众随机发放了 50 份调查问卷，并通过实地调研考察相关情况。经过整理分析得出了以下关于新时代"枫桥经验"基层社会治理成效、面临困境和实践路径。

### （一）新时代"枫桥经验"基层社会治理模式的成效

第一，该模式有效地维护了社区的和谐稳定。在新时代"枫桥经验"的引领下，基层社会治理取得了显著的成效。通过实施"矛盾就地化解"的特色基层治理模式，社区矛盾得到了及时有效的解决，矛盾纠纷的数量大幅下降，社区和谐稳定得到了有力维护。同时，这一治理模式也提高了基层自治能力，激发了社区居民的参与热情和创造力，形成共建共治共享的社会治理新格局。

第二，该模式提升了居民的幸福感和归属感。在基层民主自治方面，新时代"枫桥经验"强调党的领导、人民当家作主和依法治国的

有机统一,推动了基层治理体系和治理能力现代化。社区的各项事务都在公开、透明的环境中进行,居民的参与度和满意度得到了显著提升。居民在参与基层治理的过程中,不仅感受到了自己的主体地位和价值,还通过实际行动为社区的发展贡献了自己的力量。此外,新时代"枫桥经验"还注重预防和化解社会矛盾,通过加强法治宣传教育,增强了社区居民的法治意识和自治能力。同时,结合当地实际情况,开展了一系列具有针对性的文化活动,丰富了社区居民的文化生活,传承和弘扬了中华优秀传统文化,为乡村振兴注入了新的活力。

第三,该模式推动了基层治理体系和治理能力现代化。当地在基层治理过程中通过引入信息化、智能化等现代科技手段,大幅提升了治理的效率和水平,为构建更加美好的社区环境提供了有力保障。同时,近年来"共享法庭"等创新机构的设立为矛盾纠纷的化解带来了新的思路与模式,在避免矛盾升级和扩大化方面发挥着日益重要的作用。

**表1 新时代"枫桥经验"了解程度统计表**

| 对新时代"枫桥经验"了解程度 | 占比 |
| --- | --- |
| 非常了解 | 50% |
| 只是听说过 | 41.67% |
| 不太了解 | 8.33% |

**表2 当地相关部门对反映问题处理能力的满意程度**

| 对新时代"枫桥经验"了解程度 | 占比 |
| --- | --- |
| 非常满意 | 76% |
| 一般满意 | 19% |
| 未接触过相关事情 | 5% |
| 一般不满意 | 0% |
| 非常不满意 | 0% |

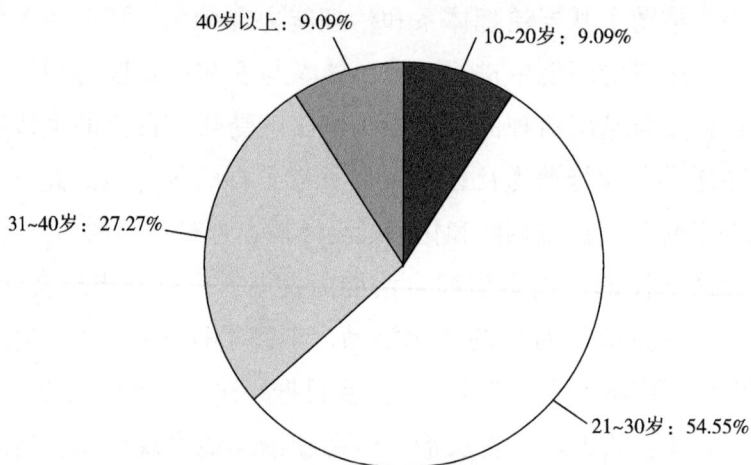

**图1 参与调查的人员年龄结构**

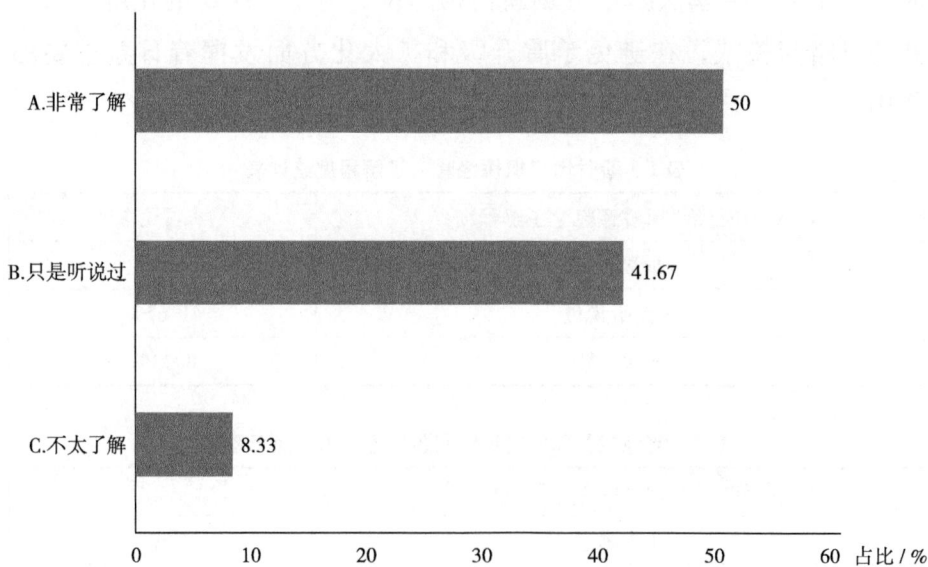

**图2 参与调查人员对"枫桥经验"的了解情况**

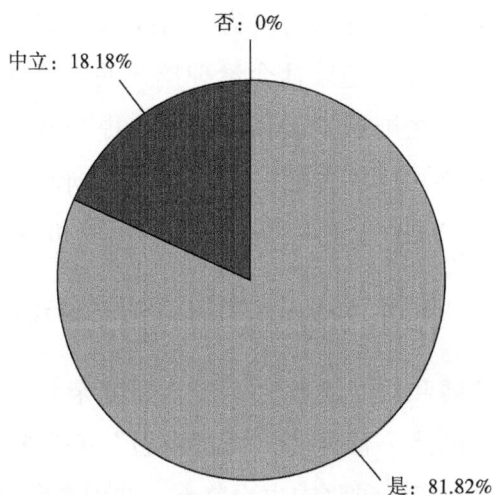

否：0%

中立：18.18%

是：81.82%

图3　近几年"枫桥经验"切实服务了大众吗？

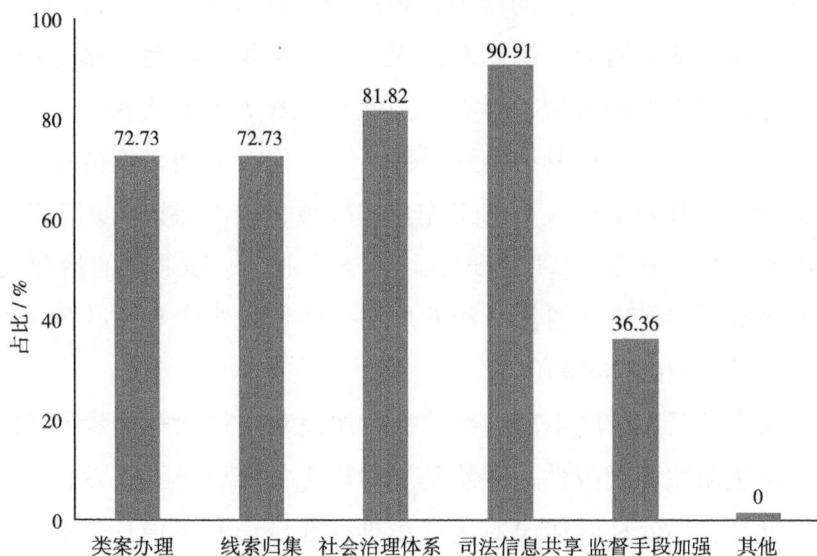

图4　"枫桥经验"的价值体现

此外，在文化传承方面，新时代"枫桥经验"注重优秀传统文化的传承和创新，通过建设文化礼堂、文史馆等文化场所，丰富了村民的文化生活，提升了他们的文化素养。这种注重人文关怀的做法，不仅有助于增强村民的文化自信，也为乡村振兴提供了独特的路径。通过对新时代"枫桥经验"基层社会治理模式的调研和实践，我们深刻认识到这一治理模式在维护社区和谐稳定、提升基层自治能力、传承和弘扬中华优秀传统文化等方面的重要作用。同时，我们也看到了新时代"枫桥经验"基层社会治理模式面临的困境和挑战。

### （二）新时代"枫桥经验"基层社会治理模式所面临的困境

随着社会的发展和进步，社区矛盾日益复杂多样，对基层治理提出了更高的要求。虽然，新时代"枫桥经验"基层社会治理模式取得了显著的成效，但在实践过程中也面临着一些困境和挑战。

首先，基层治理资源有限、人才短缺。在人力、物力、财力等方面，基层治理面临着较大的压力，难以满足日益增长的治理需求。目前，一方面，基层治理资源相对匮乏，人手不足、经费紧张等问题制约了基层治理工作的开展，存在少数基层工作人员素质参差不齐，部分工作人员缺乏专业知识和实践经验，难以应对复杂多变的基层治理工作。同时，基层工作人员的工作负担较重，难以保证治理工作的质量和效率。另一方面，基层治理领域缺乏专业化、职业化的治理人才，进一步制约了基层治理的创新和发展，一些传统观念和文化因素也可能影响基层治理的推进和创新。

其次，社区参与度不高。部分社区居民对基层治理的参与意识不强，缺乏主动性和积极性，导致基层治理工作难以得到有效的支持和配合。此外，部分社区居民对基层治理存在疑虑和不信任，需要加强宣传和教育，提高居民对基层治理的认识和理解。

最后，基层治理机制仍需完善。虽然"枫桥经验"已经形成了较为完整的基层治理体系，但在具体实践中仍需不断完善和创新，以适应新时代基层治理带来的新需求和新挑战。现有的基层治理机制在应对复杂多变的社会问题时，往往显得捉襟见肘，缺乏灵活性和创新性。

同时，基层治理中的权力分配和责任落实也存在一定的问题，导致工作效率不高，治理效果不尽如人意。

（三）新时代"枫桥经验"基层社会治理模式的推广实施路径

为了应对这些困境和挑战，需要不断探索新时代"枫桥经验"基层社会治理模式的实践路径。

一是加强调解员队伍建设。通过定期培训、交流学习等方式，提高调解员的专业素质和能力，使他们能够更好地应对复杂多样的矛盾纠纷。

二是创新基层治理方式。结合实际情况，探索更加高效、便捷的治理方式，如利用信息技术手段提高治理效能、引入社会组织参与基层治理等。

三是加强基层治理资源整合。通过政府引导、社会参与等方式，整合各方资源，形成合力，提高基层治理的整体效能。

四是推动基层民主自治。通过完善村民自治制度、加强民主监督等方式，激发居民的参与热情，提高基层民主自治的水平。

五是注重文化传承与创新。在传承优秀传统文化的基础上，结合时代特点进行创新，丰富村民的文化生活，提升他们的文化素养。

在此基础上，我们还需要积极探索基层治理的创新路径。可以通过引入现代信息技术、加强社区自治、推广志愿服务等方式，为基层治理注入新的活力和动力。同时，还需要加强基层治理与上级政府部门的沟通和协作，形成合力，共同推进基层治理工作的深入开展。

## 四、新时代"枫桥经验"基层社会治理模式的时代价值

新时代基层治理面临诸多困难与挑战，基层情况日益复杂，如民

众需求多样、资源分配不均衡等。"枫桥经验"为破解新时代基层治理难题提供了实践思路，其可以提升治理效能，增强民众满意度，对构建和谐基层社会有着不可替代的重要意义。

（一）"枫桥经验"的历久弥新，关键在于始终坚持党的领导

党的领导是"枫桥经验"得以持续发展和传承的根本保障。在新的时代条件下，更要认识到党的领导在基层社会治理中的重要性，要把对这个问题的思考和实践不断引向深入。"枫桥经验"之所以能够与时俱进，最大的优势就在于始终坚持党的领导。

我们在参观"枫桥经验"陈列馆时了解到，在基层工作中，枫桥镇把党的领导与群众自治有机统一起来，推动各级党员干部主动靠前一步，深入群众、了解民情，及时解决群众诉求和矛盾纠纷，在基层治理中展现出党建工作的引领作用。此外，枫桥镇以党建统领网格智治，形成了"村社—网格—微网格"治理架构。在此架构下，全覆盖建立网格党组织，构建出民情在网格掌握、服务在网格开展、问题在网格解决的工作机制。这种基层治理模式，在强化基层社会治理党组织主导权的同时，也提升了基层治理的科学性、准确性。通过网格化管理，党员干部可以更加及时地了解基层群众的需求和诉求，有效地协调解决各类矛盾和问题，为群众提供更加精准的服务和支持。

在枫桥镇的实践中，党的领导不仅是一种制度安排，更是一种思想引领和行动指南。党员干部在基层工作中始终牢记党的宗旨，坚持以人民为中心的工作理念，不断增强为民务实服务意识。党的领导使得基层工作更加有力、更加高效，基层干部更加贴近群众、更加关注民生，推动各项工作落到实处。在枫桥镇，党的领导没有停留在口号上，而是体现在行动中，贯穿在基层治理的方方面面。正是在党的坚强领导下，枫桥镇在解决实际问题上取得了明显成效，促进了经济社会发展，保持了社会的和谐稳定。

只有在党的坚强领导下，基层工作才能够更好地开展，人民内部矛盾才能得到及时化解，社会才能稳步持续发展。因此，在新时代，我们要继续发扬"枫桥经验"，坚持党的全面领导不动摇，不断完善基层治理体系，推动基层治理工作朝着更加科学、民主、法治的方向发展。

（二）"枫桥经验"的历久弥新，重点在于牢牢把握党的群众路线，紧紧依靠人民群众

"枫桥经验"历久弥新，彰显出党的群众路线的重要性。在枫桥镇的调研中，我们深刻体会到党始终将人民群众放在最重要的位置上，将群众的需求和意见作为工作的出发点和落脚点。"枫桥经验"正是在党的领导下发动和依靠人民群众所形成的方法，历经不同时期，适应各种矛盾变化，表现出了强大的生命力。

走进浙江省诸暨市枫桥镇枫一社区，"枫桥经验三上三下"，枫一社区重大事项民主决策流程图引起我们的关注。"一上一下"是收集议题，社区两委干部从党员、村民代表和群众意见中收集议题并充分征求他们的意见；"二上二下"是酝酿方案，社区两委会研究提出建议方案后，通过召开党员议事会、村民代表民主恳谈会来完善方案；"三上三下"是审议决策，在社区两委会讨论、党员会议审议后经村民代表会议表决通过后组织实施。这种"三上三下"的决策模式，不仅使决策更加民主、科学、透明，而且充分尊重群众的知情权、参与权和监督权，有效增强了决策的合法性和公信力。通过这一模式，村民的意见得以充分表达，各方面的利益得到平衡，矛盾得以及时化解，社区的凝聚力和稳定性得到增强。

"枫桥经验"的实践表明，只有深入群众、倾听群众声音，才能找到解决问题的有效途径。通过将治理重心放在群众身上，让群众参与到社会治理的各个环节中来，增强了社会治理的民主性和透明度。这

种依靠人民群众的治理理念，为我们提供了一种重要的思路，即在治理过程中要充分尊重和倾听群众意见，让群众成为治理的主体。通过与群众面对面的交流和沟通，我们看到在"枫桥经验"基层社会治理模式下，群众对党的政策和主张有了更深刻的理解和认同。群众不再是被动接受决策的对象，而是积极参与到决策制定和执行中。群众在这一过程中逐渐树立起对党的信任和对制度的认可，形成了一种良性互动的局面。他们自觉将党的政策和主张转化为自己的行动，从而推动社会治理工作向更加科学、民主和法治的方向发展。

（三）"枫桥经验"的历久弥新，要求我们正确处理好人民内部矛盾，把问题化解在萌芽状态

"枫桥经验"自形成以来不断发展升华，其核心在于正确处理人民内部矛盾。它秉持以人民为中心、以和为贵、说服教育为主的理念，这确保在处理矛盾时能促和谐、求稳定、谋发展。基层作为社会的细胞，是矛盾的源头与疏导的荏口。党的二十大将"枫桥经验"工作场域定在基层，解决基层矛盾成为重要机制。矛盾有其演化逻辑，从非对抗、相对平衡、对抗到激化四个阶段。"化解在萌芽状态"依据此逻辑，主动分析风险，提前介入，防止矛盾恶化，将其化解在早期阶段。这一经验体现出对基层矛盾处理的前瞻性和有效性，为构建和谐稳定的基层社会提供了宝贵范例，值得深入研究与广泛推广。

基层社会中存在着各种不同利益诉求和观念冲突，如果不及时妥善处理，这些矛盾可能就会逐渐激化，甚至演变为对抗，影响社会稳定和发展。因此，我们需要在矛盾刚刚显现时就加以重视，通过有效沟通、协商和教育，引导各方走向共识，避免矛盾升级。"枫桥经验"强调的以和为贵的思想，提醒我们要以包容、理解和谅解的态度对待群众内部矛盾。只有在处理矛盾过程中保持冷静、理性，尊重各方意见，才能有效地化解矛盾，避免矛盾进一步恶化。通过及时介入矛盾

产生的萌芽阶段,我们能够更好地控制矛盾的发展,确保社会的稳定和谐。

在实践中,我们需要深入了解群众的真实诉求,做到心中有数,听民声,及时发现和化解矛盾。通过建立有效的沟通渠道和协商机制,让各方能够平等参与矛盾解决的过程,增进彼此的理解和信任。同时,注重加强宣传教育工作,提高群众的法治意识和解决矛盾的能力,使其理性对待矛盾,避免情绪化和激化矛盾。此外,基层组织和干部在处理群众内部矛盾时也要注重自身建设和能力提升。要强化服务意识,深入了解基层群众的生活状况和需求,主动为他们排忧解难,为基层群众办实事、解难事。要坚持党的领导,始终将正确处理群众内部矛盾作为基层工作的重要任务,确保各项工作都围绕服务群众、解决问题的宗旨展开。

总之,新时代"枫桥经验"基层社会治理模式是一项具有深远意义的探索和实践。通过加强调解员队伍建设、创新基层治理方式、整合基层治理资源、推动基层民主自治和注重文化传承与创新等途径,我们要不断完善和发展这一模式,为实现基层社会治理现代化、推动乡村振兴贡献智慧和力量。展望未来,我们将继续深化对新时代"枫桥经验"基层社会治理模式的研究和实践,不断探索和创新基层治理的新路径和新方法。我们将坚持以人民为中心的发展思想,加强党的领导,注重预防和化解社会矛盾,推动基层治理体系和治理能力现代化建设。我们相信,在党的领导下和广大社区居民的共同努力下,新时代"枫桥经验"基层社会治理模式一定能够不断取得新的成效和突破,为构建更加和谐、稳定和繁荣的社会作出更大的贡献。

## 参考文献

[1] 毛泽东. 毛泽东选集:第三卷 [M]. 北京:人民出版社,1991.

[2] 汪世荣,褚宸舸. "枫桥经验":基层社会治理体系和能力现代化实证

研究［M］. 北京：法律出版社，2018.

［3］习近平. 高举中国特色社会主义伟大旗帜 为全面建设社会主义现代化国家而团结奋斗：在中国共产党第二十次全国代表大会上的报告［M］. 北京：人民出版社，2022.

［4］中共中央文献研究室. 毛泽东年谱（1949—1976）［M］. 北京：中央文献出版社，2013.

［5］朱志华，周长康. "枫桥经验"的时代之音［M］. 杭州：浙江工商大学出版社，2019.

［6］何柏生. 作为先进典型的"枫桥经验"及其当代价值［J］. 法律科学（西北政法大学学报），2018，36（6）：36－46.

［7］雷树虎. "枫桥经验"发展演进的四重逻辑：从毛泽东到习近平［J］. 科学社会主义，2020（3）：110－115.

［8］刘树枝. 打造"枫桥经验"升级版：新时代"枫桥经验"内涵的思考［J］. 人民论坛，2018（28）：60－61.

［9］宋世明，黄振威. 在社会基层坚持和发展新时代"枫桥经验"［J］. 管理世界，2023，39（1）：28－41.

［10］王杰，曹兹纲. 乡村善治可持续的路径探索与理论启示：来自"枫桥经验"的思考［J］. 农业经济问题，2021（1）：121－131.

［11］张爱民. 新时代"枫桥经验"的理论逻辑及其示范性价值［J］. 新视野，2021（4）：81－86.

# 数字经济背景下"庄园+"模式对乡村振兴建设的影响研究

纪洋①　孙雨②　周隆③　苏家坤④

**摘　要**：本文以云南省保山市新寨村为案例，采用实地与问卷调查、文献分析，以及耦合协调度与熵权－TOPSIS模型，评估该模式在促进农业与第二及第三产业融合、优化产业结构和提升农民收入方面的作用。结果表明，"庄园+"模式通过整合数字技术与传统农业，不仅推动了产业协同与创新，增强了乡村旅游及文化产业，还为农业现代化提供了新的实践路径和理论视角。然而，产业融合不均与资源配置低效等问题仍限制其推广，亟须深化融合策略并完善政策支持。

**关键词**："庄园+"发展模式；产业融合；乡村振兴；耦合协调度模型；熵权－TOPSIS模型

## 一、引言

近年来，数字经济的迅猛发展显著加速了中国农村一二三产业的融合，通过延伸产业链与价值链，不仅提升了农业附加值，还推动了

---

① 纪洋，对外经济贸易大学国际经济研究院博士研究生。专业：世界经济。
② 孙雨，对外经济贸易大学国际经济研究院博士研究生。专业：世界经济。
③ 周隆，对外经济贸易大学国际经济研究院硕士研究生。专业：世界经济。
④ 苏家坤，对外经济贸易大学国际经济研究院硕士研究生。专业：世界经济。

"互联网＋"模式下的产业创新。2023年中央一号文件明确提出培育乡村新产业新业态，实施乡村休闲旅游精品工程，并推动乡村民宿的提质升级，同时强调要深入实施"数商兴农"和"互联网＋"农产品出村进城工程，这为农村经济数字化转型注入了新动能。自2017年党的十九大报告提出"乡村振兴战略"以来，国家将产业融合视为乡村振兴的关键路径；2020年，农业农村部印发《全国乡村产业发展规划（2020—2025年）》进一步指出，农村产业融合发展是农业与现代产业要素的交叉重组，引领农业和乡村转型升级，其核心在于"农业＋"模式下整合现代工业与服务业资源，实现深度协同、多元经营和绿色转型。

在此背景下，云南省作为乡村振兴的重要前沿，正面临提升农村产业质量与效率的挑战。以云南咖啡产业为例，其快速发展为新农村建设探索了新路径。本文聚焦数字经济时代，探讨数字信息技术如何为农村产业融合注入新动能，并以保山市新寨村"庄园＋"模式为案例，分析其运作机制及对乡村振兴的促进效应。研究显示，云南咖啡的数字化转型不仅完善了产业链，更借助农村电商打破了传统市场局限，显著提升了市场竞争力；同时，相关政策（如"咖六条"）和咖啡文化的推广推动了"咖啡＋研学、旅游、文化"的多元融合，促进了产业园区化和全链条集群发展。

现有研究多集中于农村产业融合的评价与测度，而对具体模式（如"庄园＋"模式）的探讨较为不足。本文结合数字经济前沿理论和农村产业融合理论，对新寨村"庄园＋"模式进行深入分析，探讨数字经济如何推动该模式发展，并将实践经验抽象为理论补充。实证结果表明，数字经济显著助推了云南咖啡豆产业链的完善与转型升级，其在产业链升级和供应链金融中的作用不容忽视。借鉴日本、韩国"六次产业化"经验，并结合云南省实际，本文进一步分析了咖啡产业融合在推动乡村振兴中的作用。

综上所述，本文考察了"庄园+"模式在云南偏远咖啡种植区的应用潜力，通过系统分析其内在机制，探讨了将成功经验推广至周边地区的可行性。同时，重点剖析了乡村数字经济对产业融合的推动作用，旨在提升融合发展质量与效率，为数字时代下的农村产业发展和乡村振兴提供新的理论视角和实践策略。

## 二、理论基础

### （一）数字经济理论

数字经济挑战传统经济理论，主要体现在三个方面。第一，其通过优化资源配置与降低交易成本，促进规模及范围经济的提升，提升全要素生产率；同时，通过连接需求侧，有效缓解信息不对称与结构性错配，推动现实与虚拟经济融合，实现价值创新。第二，数字产品可无限复制、边际成本趋零，加上网络外部性，使传统边际报酬递减规律不再适用。第三，投资重心由物质资本转向数字技术与无形资产，其边际效应递增。

### （二）农村产业融合理论

产业融合理论起源于全球化和信息通信技术迅速发展的背景，主张整合各行业的技术、知识与资源，构建新型产业及产业链以提升竞争力。该理论强调多产业协同、技术融合及跨界合作，认为技术创新是推动产业结构升级的内在动力。农村产业融合作为农业现代化的高级阶段，通过延长产业链、拓展农业功能，实现资源、资金和技术的跨界流动，有效打破一二三产业的传统界限，为乡村振兴注入新动力。

## 三、"庄园＋"机理效应分析

### （一）正向外部效应

"庄园＋"模式通过全产业链协同创新与技术升级，显著提升了规模经济与范围经济。在资源有限的情况下，优化合作机制提高了生产效率，降低了边际成本，进而扩展了农产品与服务的供给能力。成本下降不仅降低了消费者成本，还扩大了市场规模。依托大数据、物联网和智慧物流等数字技术，该模式不仅提升了产品数字化水平和品牌影响力，还拓宽了销售渠道。

### （二）产业结构升级效应

"庄园＋"模式在上游、加工和下游等环节均发挥了积极作用。上游环节，推动了从传统小农经济向大规模种植的转型，确保农户获得稳定销售渠道，促进了农业与第二、第三产业的深度融合。中游环节，通过定制化加工和组织模式创新，缩短了产业链、降低了成本。下游环节，借助电商和大数据平台，创新销售模式，拓宽消费市场。多产业协同效应显著优化了农村产业结构，提升了全链条效益，为区域经济可持续发展提供了坚实支撑。

### （三）组织性结构优化效应

在"庄园＋"模式推动下，龙头企业、合作社和专业大户等经济组织不断调整内部管理和外部布局，以适应市场需求变化。内部结构趋向扁平化和灵活化，有助于提高资源配置效率；外部则通过调整资本结构和跨行业合作，强化了金融、农业、工业、旅游等领域间的联动。

## 四、现状分析与模式分析

### （一）保山小粒咖啡产业发展现状

保山市位于云南省西部，是云南三大咖啡主产区之一，坐落于高黎贡山南坡，得天独厚的地形和气候为咖啡种植提供了显著优势。本文研究的潞江镇新寨村是保山小粒咖啡的重要示范区，也是"咖啡种植＋"新型经济模式的发源地。该村位于保山市西南部，高黎贡山东坡与怒山西坡之间，海拔介于640～3510米，形成多样化小气候，利于不同咖啡品种的生长。

保山小粒咖啡的种植可追溯至20世纪50年代，是云南咖啡种植的先驱之一。在国家推动农业多样化和提高农村生活水平的背景下，保山咖啡逐步崛起，并凭借独特风味与卓越品质在国际市场占据重要地位。当地主要品种包括卡蒂姆、蒂皮卡、波旁和卡图拉，其中卡蒂姆约占70%种植面积。

### （二）"庄园＋"经济模式

#### 1. 模式阐述

"庄园＋"模式起源于云南省保山市，作为一种超越传统农业的创新经营方式，整合了咖啡种植、加工、销售与旅游、文化体验及科技创新，构建了一个多层次的产业融合框架。以咖啡庄园为核心，该模式深度整合咖啡产业链各环节，实现了农业、工业和服务业的协同发展，推动产业链延伸与价值链升级，提供了农业经营的创新路径。

在此模式下，咖啡庄园由单一种植功能转变为集观光、休闲和教育于一体的多功能旅游目的地。游客不仅可以亲身体验咖啡从种植到加工的全过程，还可以通过咖啡品鉴、烘焙体验等活动深入了解咖啡文化。

### 2. 运作参与方

"庄园＋"模式的实施涉及多方主体协同合作。

（1）村委会：作为基层治理机构，负责统筹规划、资源协调和矛盾调解，确保庄园运营与村庄发展目标一致。

（2）企业：引进先进技术与设备，主导咖啡加工、销售及品牌推广，通过市场营销拓展销售渠道，提升产品竞争力。

（3）合作社：整合农户资源，统一管理咖啡种植和收购，提供技术培训和管理支持，从而提高生产效率和产品质量。

（4）农户：作为基础生产者，负责咖啡种植及初级加工，并参与旅游服务，多元化收入来源的同时，丰富了游客体验。

（5）政府：通过政策支持、资金投入和基础设施建设，为模式营造良好外部环境，保障长远规划和可持续发展。

### 3. 乡村振兴

（1）农民受益。新寨村的"庄园＋"模式显著提升了农民收入、技能与生活质量。农民通过参与咖啡种植、加工与销售获得稳定收入，并借助旅游服务（如餐饮、住宿、导览）实现收入多元化。同时，合作社与企业提供系统化技术培训，增强农民市场竞争力。庄园还积极履行社会责任，改善社区公共服务与基础设施，助力贫困户脱贫，整体提升农村生活条件。

（2）乡村振兴。"庄园＋"模式已成为新寨村乡村振兴的重要动力。通过咖啡产业与旅游、文化等业态的深度融合，形成以咖啡为核心的复合产业链，拓宽了收入来源，吸引了外部投资与游客，带动地方经济与文化产业发展。产业联动效应不仅提升了农业附加值，也推动农村经济结构向多元化、现代化转型。此外，技能培训与文化活动强化了人才支撑，庄园开发与旅游发展同步改善了村庄环境与基础设施，整体提升乡村形象与居民幸福感。

### 4. 风险与挑战

尽管"庄园＋"模式已取得初步成效，但其可持续发展仍面临三大风险。第一，市场风险显著。全球咖啡价格波动及激烈的国际竞争直接影响农户收入和庄园效益，稳定销售网络和凸显保山咖啡独特性等问题亟待解决。第二，生产风险不可忽视。咖啡种植高度依赖气候，极端天气及病虫害对咖啡产量和品质构成威胁，咖啡种植规模扩大后更需防范土地退化和生态破坏。第三，资源约束限制了模式进一步发展。资金、先进技术及专业人才的不足要求有效整合现有资源并吸引外部投资。

### 5. 未来规划

基于当前成果与面临风险，新寨村"庄园＋"模式未来规划聚焦于以下方面。

（1）技术升级与标准化：引进先进加工设备，并依托农业科研机构提升产品加工的专业化和标准化水平。

（2）销售渠道多元化：强化电商和直播平台运营，同时拓展线下销售，如咖啡专卖店和连锁超市合作，实现线上线下联动。

（3）旅游业态丰富化：整合咖啡庄园的自然和文化资源，开发咖啡文化体验、研学旅行及主题度假项目，带动相关产业发展。

（4）品牌建设加强：通过参与各类展览、比赛及与知名品牌合作，提升保山咖啡的知名度和国际竞争力。

（三）乡村数字经济对"庄园＋"模式的影响

在新寨村，"庄园＋"模式得益于数字技术和基础设施的引入，显著推动了咖啡产业升级与乡村振兴。首先，智慧农业技术（如窄带物联网）实现了对咖啡生长环境的实时监测，通过精准灌溉和病虫害防控，保障了咖啡品质并提升了生产效率与可持续性。其次，在加工环节，新寨村构建了数字化管理系统，实现生产流程实时监控与数据分析，优化工艺并增强产品竞争力。

此外，电商平台和直播销售的应用拓宽了咖啡产品的销售渠道，打破地域限制，开辟了新的市场增长点。在旅游服务方面，数字化平台提供便捷的信息查询、预订和导航，丰富了游客体验并推动了当地旅游业的发展。与此同时，宽带网络和移动基站等基础设施的建设，实现了全村信息化覆盖，提升了村民的信息素养，为村庄发展创造了有利条件。

## 五、产业融合水平评价分析

### （一）保山市咖啡业、旅游业发展趋势分析

图1与图2显示，2006—2021年，保山市咖啡种植主要集中在隆阳区，该区种植面积到2021年已占全市总面积的90.25%。受国内咖啡需求持续增长驱动，保山市咖啡种植面积自2006年稳步扩大，并于2017年达到191130亩，较2006年增长189.71%，同期产量增长275.51%。张捷华（2020）指出，2017年中国咖啡市场规模达434亿元，年增长率达30%，为保山市咖啡业快速发展提供了市场支撑。

2017年，《云南省人民政府办公厅关于咖啡产业发展的指导意见》提出扩大精品咖啡种植并推动"生产＋文化＋旅游"综合发展模式。保山市随即调整种植结构，2018年咖啡产量回落、2019年咖啡种植面积趋稳，反映出由量向质的政策导向与结构转型。

图3与图4显示，2019年国内游客贡献了98.5%的旅游收入，且总收入由2006年的1505.03万元增至2019年的33850万元。尽管2020年受新冠疫情冲击，收入降至2019年的60.37%，但2021年国内游客

量回升至 3040.8 万人次，较 2020 年增长 16.5%，表明"庄园+"模式通过咖啡全链条体验有效带动了旅游业复苏。

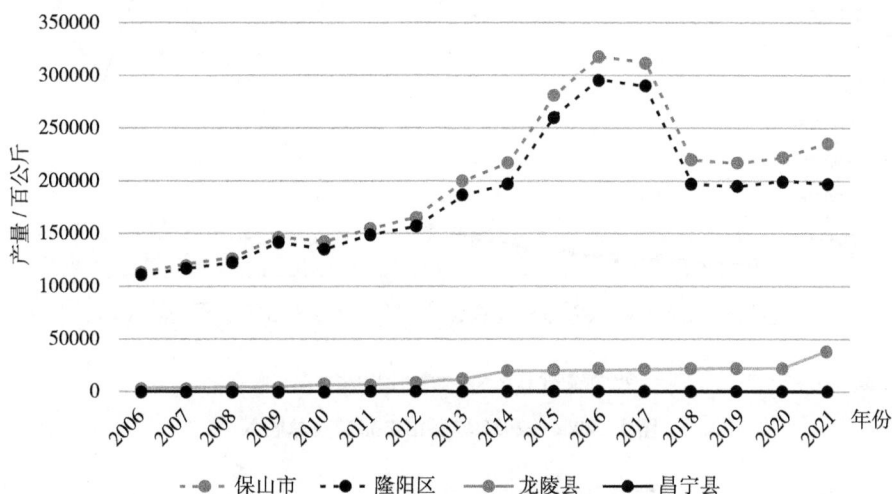

**图1　2006—2021 年咖啡产量**

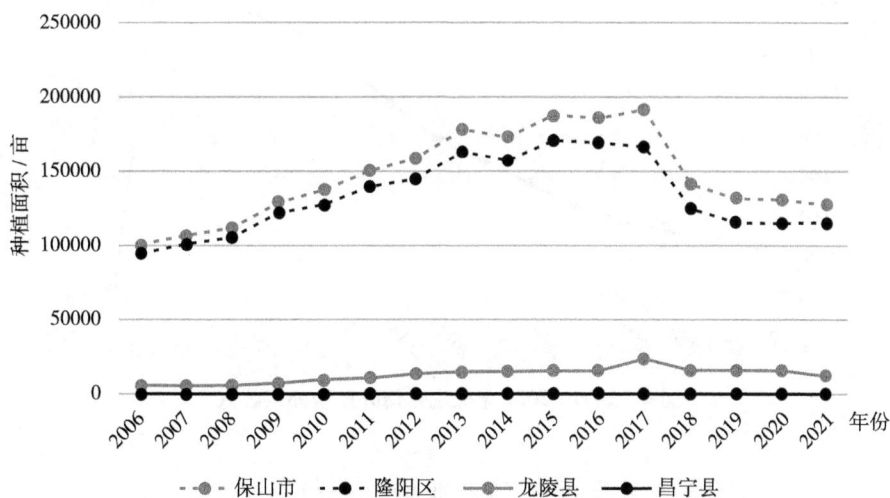

**图2　2006—2021 年咖啡种植面积**

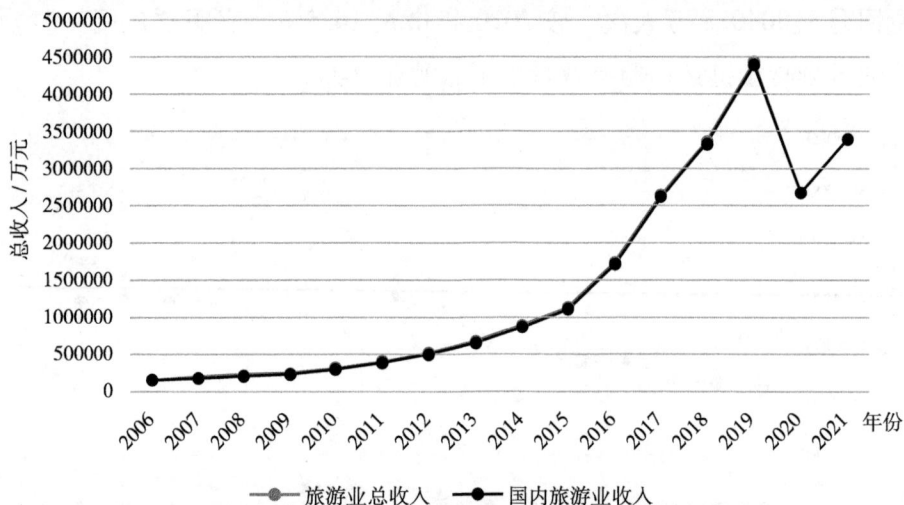

**图3　2006—2021年保山市旅游业总收入**

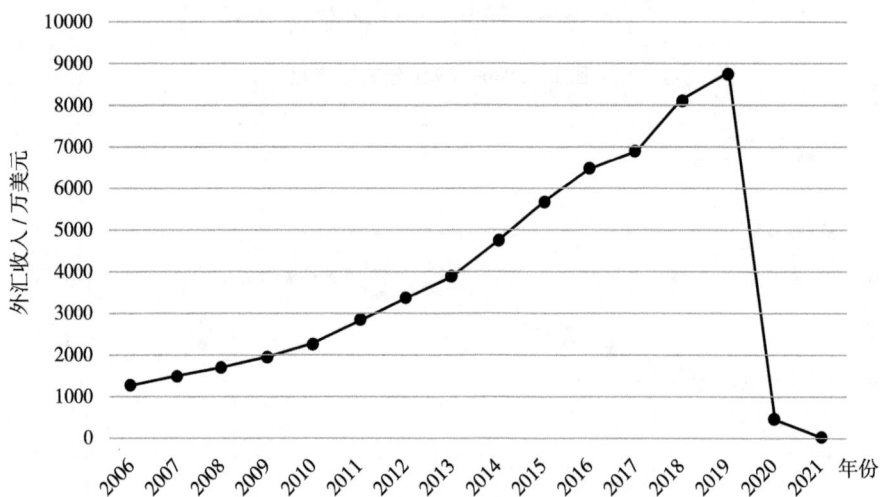

**图4　2006—2021年保山市海外旅游外汇收入**

## （二）基于耦合协调模型的产业融合分析

为探讨"庄园＋"模式下保山市数字经济、咖啡种植与旅游业的协同发展，本研究采用耦合协调模型，参照舒小林等（2024）的研究，对三者间的相互作用进行量化分析。该模型通过计算耦合度和协调度，分别衡量系统间的相互依赖程度和协同发展水平，高协调度反映出良好的系统协同效应。

受限于县区级数据的可得性，本文利用2006—2021年《保山市统计年鉴》的市级数据构建了数字经济、咖啡产业和旅游业三个系统，并采用耦合协调模型评估"庄园 +"模式在保山市的发展状况。具体指标详见表1。

**表1　耦合协调度模型系统构建指标**

| 数字经济系统 | 咖啡产业系统 | 旅游业系统 |
|---|---|---|
| 邮电业务总量（万元） | 农业总产值（万元）<br>农村常住居民人均可支配收入（元）<br>咖啡年末实有面积（亩）<br>咖啡产量（百公斤） | 旅游业总收入（亿元）<br>海外旅游者合计（万人次）<br>国内旅游者合计（万人次） |

耦合协调阶段划分如表2所示。

**表2　耦合协调度阶段划分**

| 耦合协调度 $D$ | 子类划分 |
|---|---|
| $0 \leqslant D < 0.4$ | 失调阶段 |
| $0.4 \leqslant D < 0.6$ | 过渡阶段 |
| $0.6 \leqslant D \leqslant 1.0$ | 协调阶段 |

### 1. 咖啡产业、旅游业双系统耦合协调度分析

"庄园 +"模式的核心在于将以农业产出为基础的咖啡种植业与旅游业创新性融合，既拓宽了咖啡产业的发展路径，又为旅游业注入新动能。本文构建了咖啡产业系统和旅游业系统，并采用耦合协调分析模型探讨二者间的相互促进与协调发展，以揭示"庄园 +"模式下两产业如何协同推动保山市乡村振兴和经济多元化。

图5显示，自2007年起，咖啡产业与旅游业的耦合度连续多年超过0.8，表明二者间联系紧密。然而，在2006—2009年，尽管耦合度较高，但耦合协调度并未达到理想水平，显示当时协调发展尚不理想，反映"庄园 +"模式处于初步探索阶段。自2014年起，耦合协调度显

著提升，2014 年达到 0.63 并持续上升，标志着模式不断完善并进入协调发展阶段。

值得注意的是，2019—2020 年，新冠疫情对旅游业造成冲击，导致耦合协调度下降；但自 2021 年起，指标回升表明该模式展现出较强韧性和恢复能力。

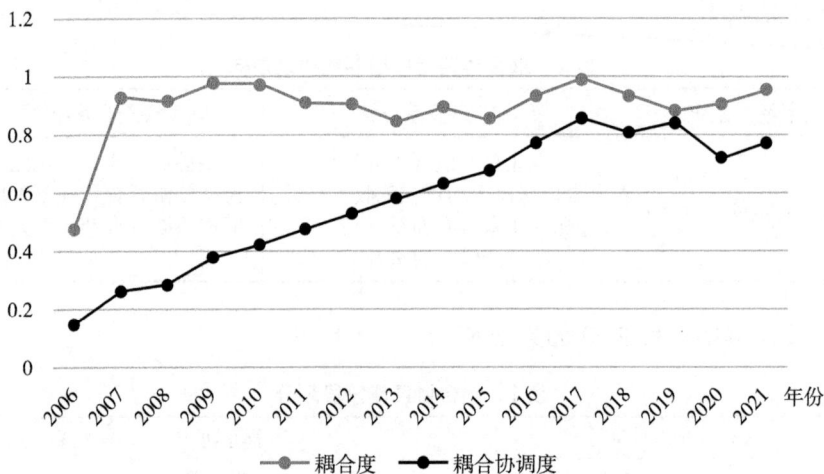

图 5-5　咖啡产业系统、旅游业系统耦合协调分析

## 2. 数字经济、"庄园 +" 双系统耦合协调度分析

前文已证明咖啡产业系统与旅游业系统之间具有较高的耦合度。在此基础上，本部分将二者整合为统一的 "庄园 +" 系统，并与数字经济系统构建双系统框架，以探讨数字经济对 "庄园 +" 模式的融合与推动作用，从而促进保山市经济多元化与乡村振兴。

图 6 显示，自 2017 年起，数字经济与 "庄园 +" 系统的耦合协调度达到 0.45，标志着两系统进入过渡阶段，并于 2018 年稳定上升至协调阶段。2017—2018 年，协调度显著增长（提升约 44.84%），这不仅反映了咖啡种植面积下降的背景效应，更显示出在《云南省人民政府办公厅关于咖啡产业发展的指导意见》推动下，保山市咖啡产业正从传统原料供应转型为数字化 "庄园 +" 模式及精品咖啡发展。调研结

果显示，此期间咖啡庄园借助新媒体宣传与电商活动，显著提升了品牌知名度与销售额，验证了数字经济在推进"庄园+"模式数字化转型中的成效，为地区经济多元化提供了有力支撑。

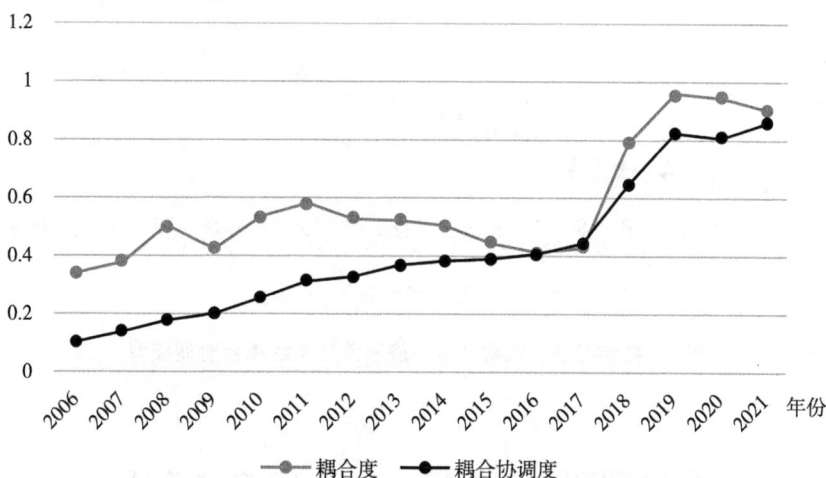

图6　数字经济系统—"庄园+"系统双系统耦合协调模型

### 3. 数字经济、咖啡产业、旅游业三系统耦合协调度分析

继续深入分析，本部分扩展了对数字经济、咖啡产业及旅游业三者间相互作用的探讨，采用耦合协调度模型综合评估其协调发展情况（见图7）。

引入数字经济后，整体耦合度较原先双系统有所下降，主要反映出新系统整合后的自然效应，以及我国数字经济起步阶段（本研究以邮电业务总量构建数字经济指标）与咖啡和旅游业联系较弱的问题。结果显示，直至2018年前，三系统耦合协调度仍处于失调状态，表明"庄园+"模式在数字化建设和融合方面起步相对滞后。尽管如此，三系统的耦合协调度呈上升趋势，表明保山市在推进"庄园+"模式的数字化融合上取得了实质性进展，并正逐步迈向协调发展阶段。

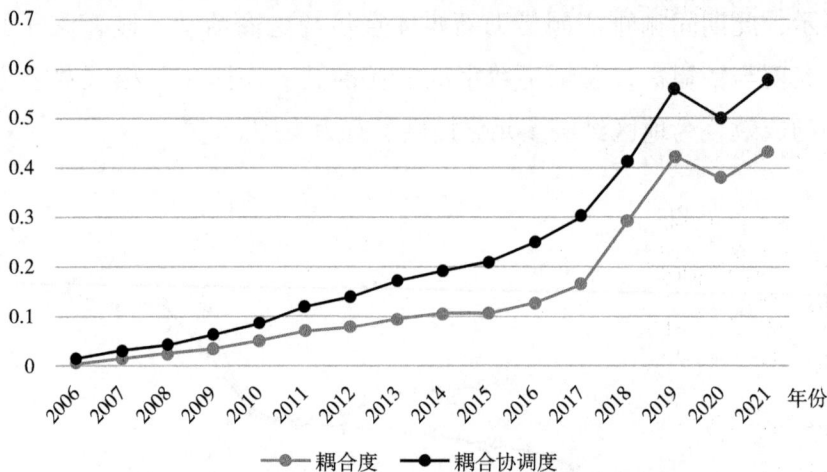

图7 数字经济、咖啡产业、旅游业三系统耦合协调模型

## 六、综合发展评价：熵权 – TOPSIS 方法应用

为探究数字化转型与"庄园＋"模式对经济效益的影响，本文借鉴蒋越等（2024）、王玉珍和宋国清（2024）的研究方法，构建了基于熵权 - TOPSIS 的评价框架，以客观衡量保山市各区县的发展水平。该框架通过构建保山市区县综合发展指数，为评估经济转型与"庄园＋"模式推进成效提供了量化工具。

本研究以保山市下辖的隆阳区、施甸县、腾冲市、龙陵县和昌宁县为样本，从收入、消费、教育资源及地方财政四个维度出发，综合评价其发展状况。数据来源于《保山市统计年鉴》，其中教育资源指标按每万名学龄人口的中小学数量标准化。考虑到2020年后数据缺失，本文分析时段限定于2006—2019年。详细的指标权重与计算过程见表3。

表3 地区综合发展指数指标及对应权重

| 一级指标 | 二级指标 | 指标权重 |
|---|---|---|
| 收入水平 | 人均生产总值 | 0.103857 |
| | 单位从业人员平均劳动报酬 | 0.120924 |
| | 从业人员人口占比 | 0.066604 |
| | 农村住户每人平均全年总收入 | 0.108899 |
| 消费水平 | 社会消费品零售额（万元） | 0.192630 |
| 教育资源 | 平均学龄人口小学数 | 0.075854 |
| | 平均学龄人口中学数 | 0.077612 |
| 地区财政 | 财政支出 | 0.122683 |
| | 财政收入 | 0.130938 |

熵权法分析结果显示，社会消费品零售额以19.26%的权重位居首位，表明其在反映区域发展水平中具有核心地位；同时，从业人员平均收入和地区财政支出也获得较高权重，凸显了居民收入、消费能力及财政政策在区域经济活力中的关键作用。

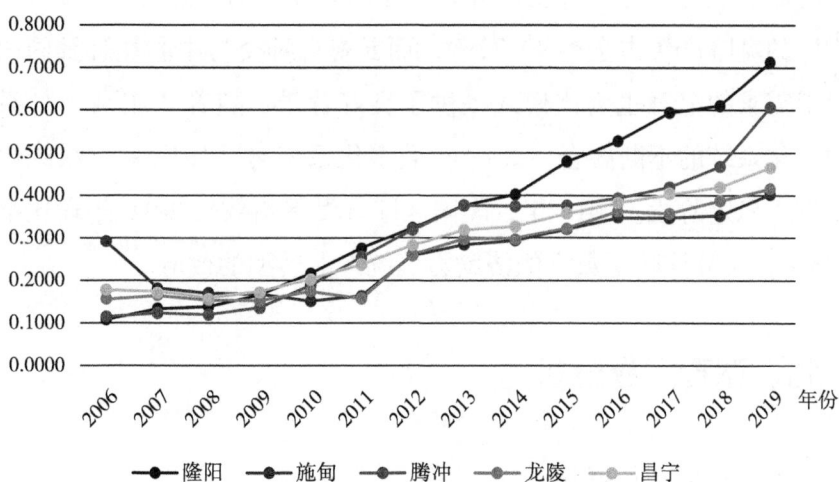

图8 保山市各地区综合发展指数

图8显示，2006—2019年，保山市各区县的综合发展指数总体呈上升趋势，但区域间存在明显差异。2006—2010年，各区县指数增长平稳，施甸县自2007年起呈下降趋势，这可能与2007—2008年美国次贷危机引发的全球经济衰退有关。自2011年起，得益于积极财政政策，除施甸县和龙陵县外，多数地区指数转正，并在2012—2019年持续上升。2006年，除施甸县（0.291）外，其他区县指数均低于0.2；而到2019年，即使是增长较缓的施甸县，其指数也达到0.402，隆阳区以0.713遥遥领先，增长率分别为658.79%（隆阳区）和138.04%（施甸县）。

自2010年起，腾冲市和隆阳区的指数领先其他区县；自2013年起，隆阳区稳居首位。区域发展重心由2006年的施甸县逐步转向腾冲市和隆阳区，后期隆阳区成为主导区域。2017年，隆阳区与第二名腾冲市的差距达0.174。自2014年起，隆阳区的增长优势逐步扩大，这部分归因于"庄园＋"模式的探索。该模式自2014年起通过整合咖啡产业与旅游业进入协调阶段，带动了隆阳区经济的快速发展：2014年，隆阳区的咖啡产量占全市90.72%，而云南咖啡交易中心挂牌及国内咖啡消费需求的上升也为该模式提供了良好背景。随着"庄园＋"系统与数字化系统的不断融合，2018年数字化系统与"庄园＋"系统协调发展进入稳定阶段。2019年，隆阳区综合发展指数较2018年环比增加16.88%，充分反映了数字经济助力传统产业转型的效应。

## 七、调查问卷分析

### （一）问卷设计概述

本研究分别针对咖农和消费者设计了两份问卷。咖农问卷从以下四个维度采集信息：

（1）基础信息。包括年龄、性别、种植作物类型、务农经历及咖啡销售渠道，以分析不同群体特征。

（2）种植意愿。种植动机、对商业保险的态度及机械设备使用情况。

（3）生活质量提升。评估咖啡庄园在提供兼职机会、吸引游客带动周边经济及种植技术支持等方面的作用。

（4）子女职业预期。探讨子女未来从事咖啡行业的意愿及原因。

消费者问卷主要关注：

（1）基本信息。年龄、居住地、出行方式及每周咖啡消费频率。

（2）对云南咖啡印象。

（3）产品偏好。对咖啡庄园及其衍生产品的选择偏好及其原因。

（4）发展期望。对云南咖啡现状的不足与未来发展的期待。

## （二）调查方法

为确保数据准确有效，本研究采用线下问卷调查法，并注重样本的代表性。咖农调查选取新寨村90名村民，消费者调查选取保山市各咖啡庄园访客96名，共计发放186份问卷，全部回收，经严格筛选后，所有问卷均符合要求，有效率为100%。

## （三）咖农调查结果分析

### 1. 咖农基本信息分析

调查结果显示，咖农中男性占72%，女性28%（见图9）；超过一半的咖农年龄介于35～50岁，这反映出青壮年多数因咖啡收益低而选择外出务工。咖啡并非村民唯一收入来源；鉴于咖啡一年仅收获一次且收益有限，78%的村民同时种植蔬菜，50%种植水果，而仅5.6%的村民种植烤烟（见图10）。

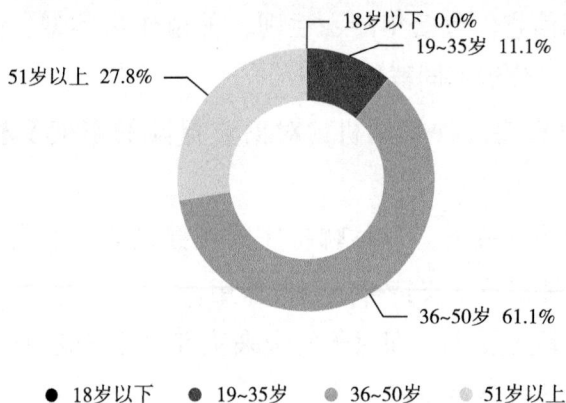

图9 咖农年龄分布图

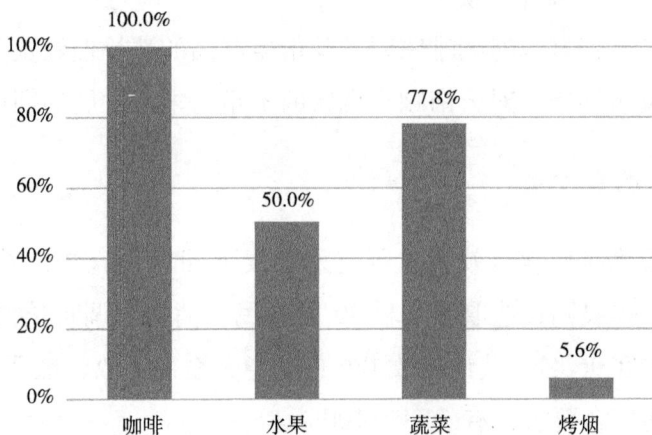

图10 咖农种植农作物种类分布

种植模式上，94.4%的咖农在自有土地上种植咖啡，另有22.2%的咖农通过承包他人土地扩大种植规模（见图11）。访谈显示，咖啡树的培育需多年耐心，多数源自祖辈经验，且品种选择由农户自主决定。约66.7%的咖农曾接受政府及村委会提供的技术帮扶，但许多农户在获得一次指导后便停止进一步接受，因其已积累丰富种植经验。此外，咖农的主要销售渠道为外来厂家和咖啡庄园统一收购（见图12）。

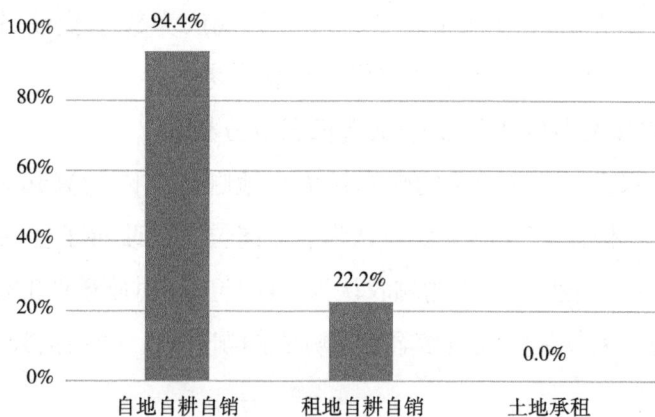

**图11 咖农种植模式分布**

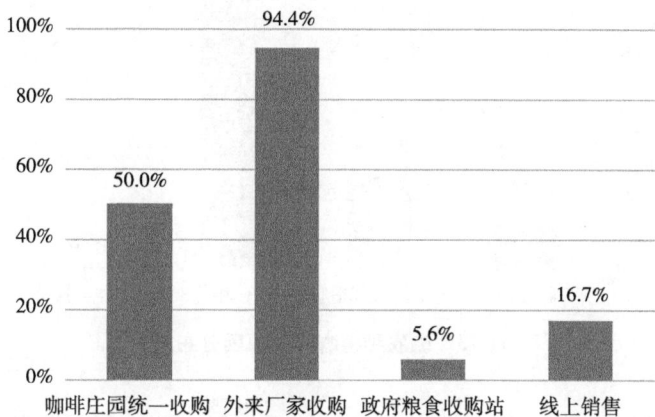

**图12 咖农销售渠道分布**

### 2. 咖农种植过程中的主观意愿选择

调查结果显示,多重因素共同影响咖农的种植决策,其中77.8%的受访者认为父辈传承是主要动因,这表明在有限的信息条件下,家族传统对决策起到主导作用。图13显示,仅17.6%的咖农为咖啡树购买商业保险,多数咖农对土地保险缺乏了解,反映出知识普及和政府宣传不足。与此同时,农户普遍倾向于人工采摘,认为人工更能甄别咖啡豆质量,表明现有技术尚未实现全程机械化。值得注意的是,所有受访者均表示,其种植的咖啡豆为绿色无公害产品,无需使用农业喷洒设备；但在咖啡豆加工环节，农户普遍认为数字化设备能显著提升处理效果，为改进生产工艺提供了宝贵参考。

**3. 咖啡庄园及咖农子女未来选择调查分析**

调查结果显示，66.7% 的咖农认为当地咖啡庄园的兴起对生活产生了积极影响，但仅 25% 的受访者认为兼职岗位直接改善了生活（如图 14 所示）。相反，高达 91.7% 的咖农认为，咖啡庄园对旅游业的促进是改善生活的关键，因其吸引大量游客走进咖农的咖啡田，间接提升了收入。

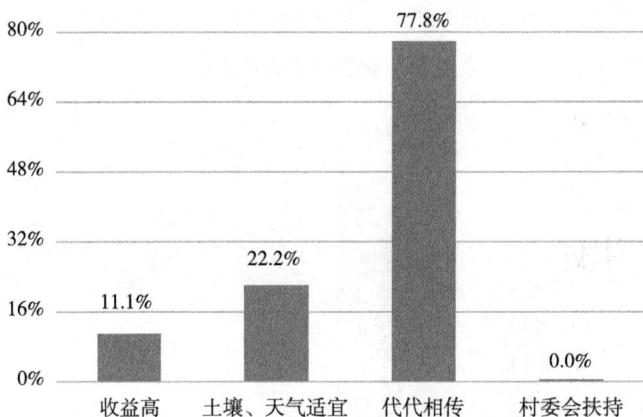

**图 13　咖农种植咖啡的原因分布图**

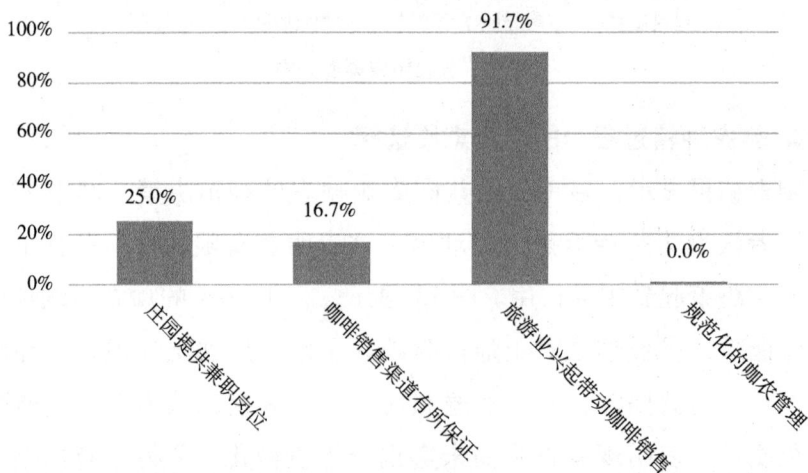

**图 14　庄园改善咖农生活原因分布**

此外，调查结果显示，新寨村咖农子女多数未继承家族产业。年幼者主要接受学校教育，而较大者则选择外出务工或继续深造（如图 15 所示）。这一现象主要归因于年轻一代对大城市高薪的向往及咖啡种植收入相对较低。只有少部分因家庭责任而留守者继续从事咖啡种植，以维持生计。

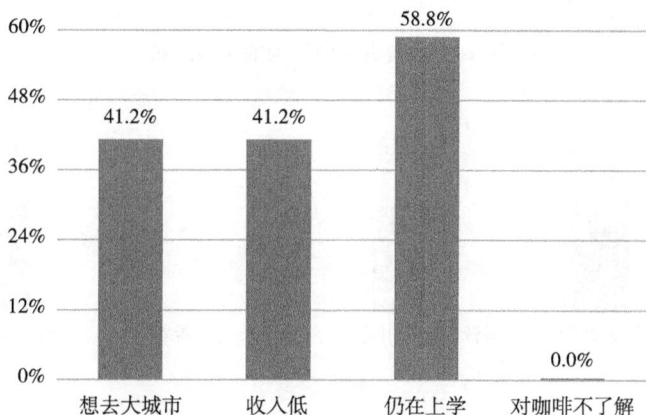

图 15　咖农子女不从事咖啡事业的原因分布

## （四）消费者调查问卷分析

### 1. 消费者基本情况分析

调查结果显示，受访者中男性占 37.5%，女性占 62.5%（如图 16 所示），其中 18~50 岁女性占比达 70%。《2023 年咖啡赛道专题研究报告》指出，18~40 岁的女性是咖啡消费的核心群体，她们更倾向于通过抖音平台购买咖啡厅团购券，而男性则偏好线下消费，表明男性在抖音平台的潜力尚未充分发掘。此外，75% 的女性受访者表示通过抖音、小红书等社交平台了解到云南咖啡庄园，而男性仅为 25%（如图 17 所示），突显出社交平台在品牌推广中对女性消费者的重要作用。

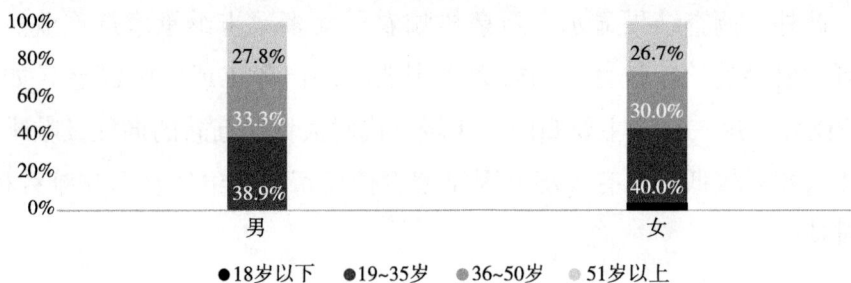

图 16　消费者不同性别的年龄分布

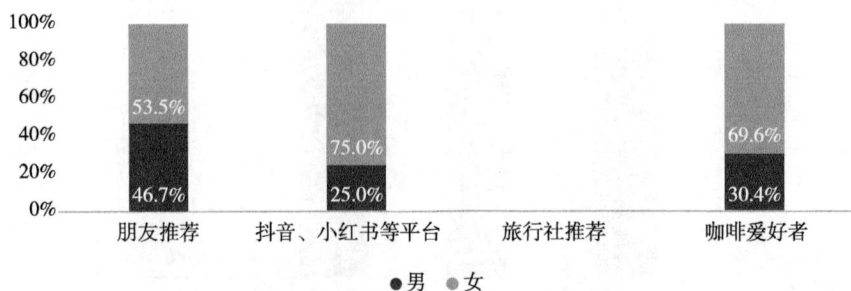

图 17　不同性别消费者了解咖啡庄园的途径分布

　　进一步分析表明，云南本地消费者占比 79.2%，外地消费者仅 20.8%。在出行方式上，本地消费者主要自驾，而外地消费者多选择飞机（如图 18 所示），表明保山市咖啡产业在吸引外地游客方面存在不足。

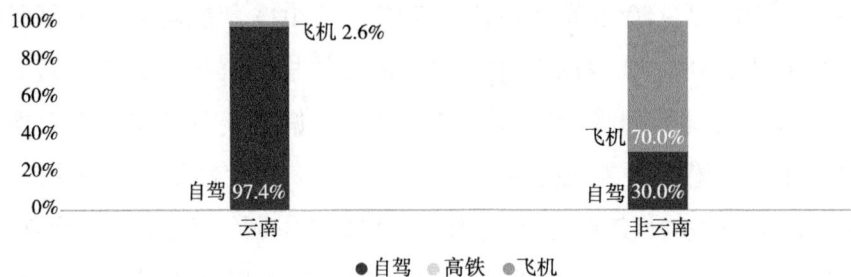

图 18　不同地区消费者的出行方式选择

### 2. 消费者对云南咖啡的偏好分析

为探讨消费者对云南咖啡的看法与偏好，问卷设计了四个关键问题：

（1）云南小粒咖啡的核心优势（如图19）；

（2）云南咖啡与其他咖啡的主要差异（如图20）；

（3）选购咖啡时最为看重的因素（如图21）；

（4）再次购买云南小粒咖啡的原因（如图22）。

调查结果显示，无论在选择、比较还是回购过程中，口感与味道始终占据决定性地位：选择时口感重要性达77.1%，对比与回购时均为100%，回购时味道重要性为89.1%。此外，价格因素也起到重要作用，云南小粒咖啡凭借出色性价比赢得消费者青睐。消费者还关注咖啡品种（37.5%），但对品牌建设则存在明显不足。目前，云南小粒咖啡主要以贴牌生产为主，缺乏独立品牌，精品化策略仅被13%的消费者认可。因此，云南小粒咖啡未来需加强品牌建设，以提升市场竞争力。

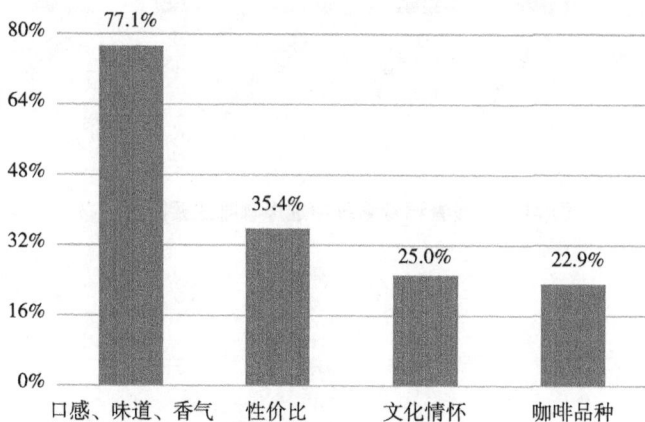

**图19　消费者调查结果中云南小粒咖啡优势分布**

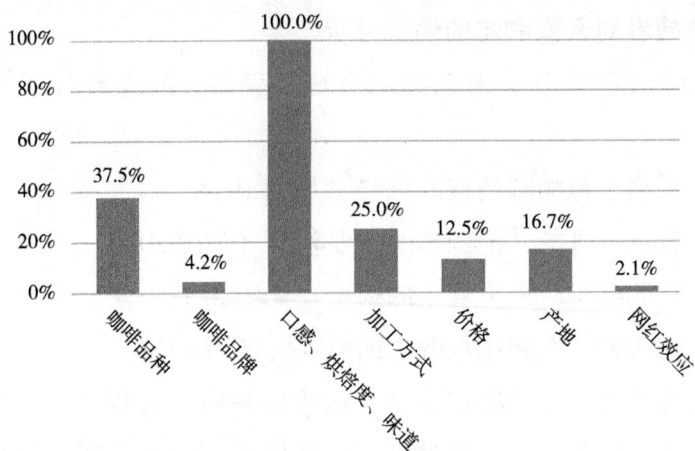

**图 20　消费者调查结果中云南咖啡与众不同的原因分布**

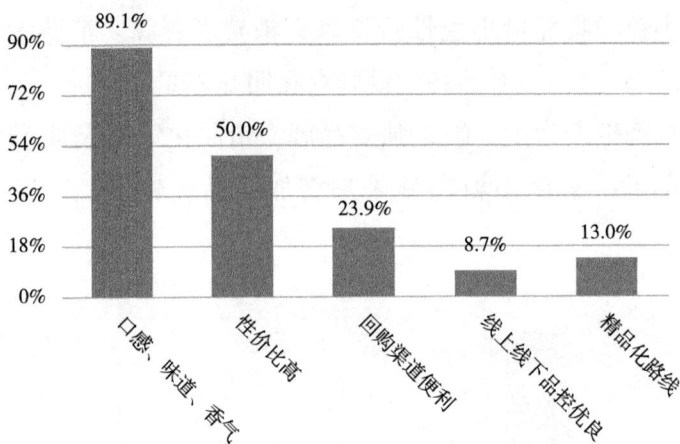

**图 21　消费者调查结果中选择咖啡主要因素分布**

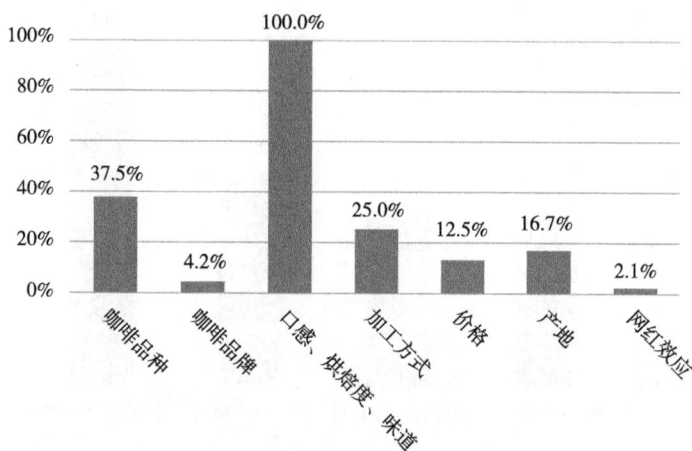

**图22 消费者调查结果中回购云南咖啡原因分布**

### 3. 消费者对咖啡庄园及其衍生产业调查分析

调查结果显示，消费者选择咖啡庄园时最看重咖啡质量、交通便利性与庄园知名度（如图23、24所示），97.8%的受访者表示愿意重访。进一步数据表明，68.1%的消费者认为庄园适合休闲游，42.3%因其便捷的咖啡购买渠道而选择访问；但部分游客因旅游产品单一而不愿重游，表明未来需加强产品创新和多样化。

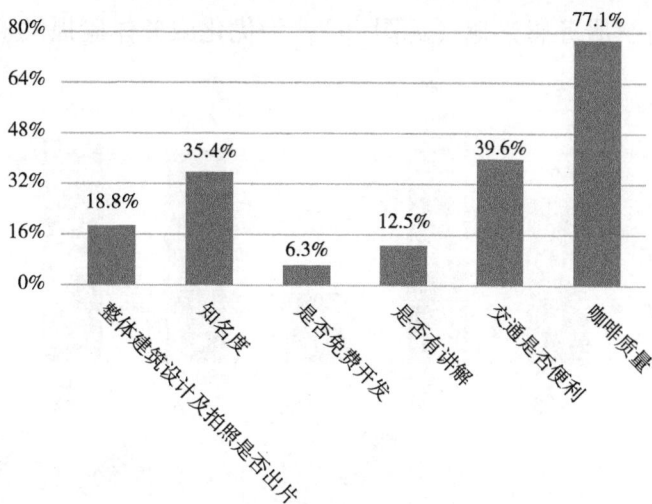

**图23 消费者选择咖啡庄园标准分布**

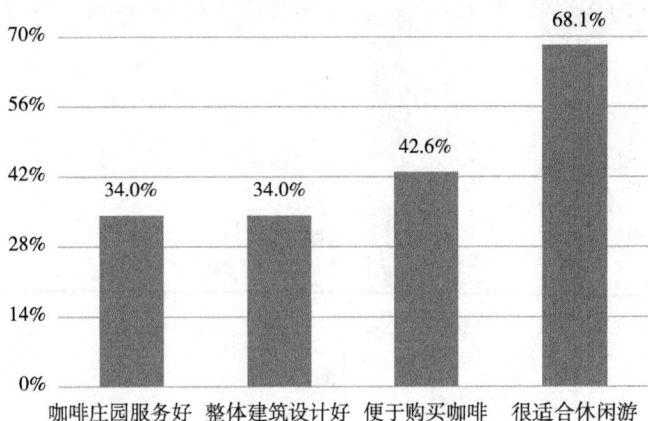

**图24 消费者回顾咖啡庄园的原因分布**

在衍生产业方面，89.6%的消费者愿意在庄园内餐厅就餐，因为庄园提供的特色菜品使其更深入体验咖啡文化（见图25），而10.4%的消费者则认为性价比不足或有其他更佳选择（见图26）。此外，70.8%的消费者倾向于在庄园内住宿，认为此举能全面体验庄园多样服务、享受高度便利和优越性价比（见图27）；但部分消费者因行程安排或旅游项目单一而选择外宿（见图28）。最后，79.2%的消费者对优质咖啡品鉴需求强烈，超过半数青睐咖啡采摘与烘焙体验，41.7%对咖啡知识讲解服务感兴趣（见图29），为优化服务体验提供了依据。

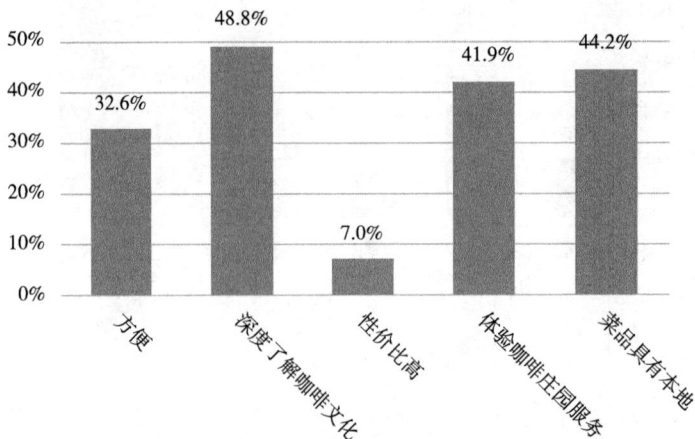

**图25 消费者调查结果中在咖啡庄园就餐原因分布**

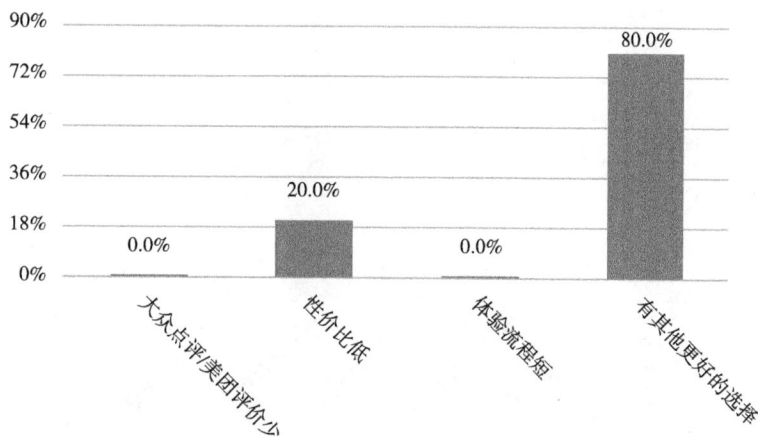

**图26 消费者调查结果中拒绝在咖啡庄园就餐原因分布**

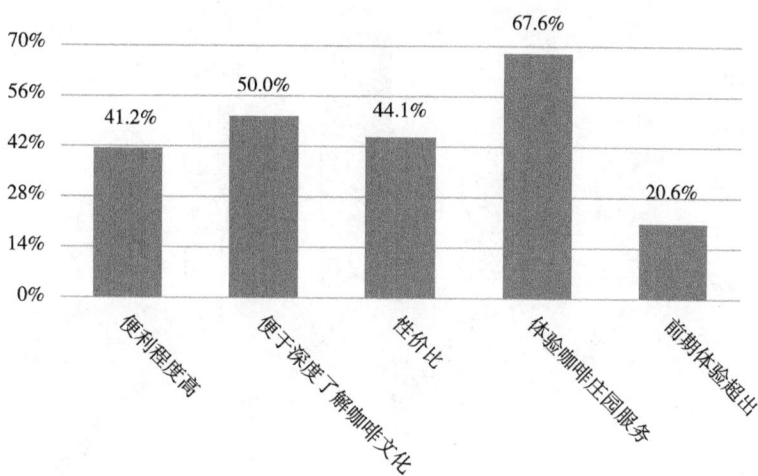

**图27 消费者调查结果中在咖啡庄园住宿原因分布**

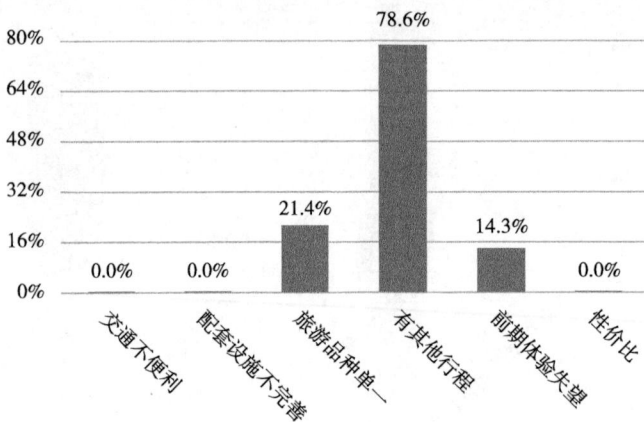

**图 28　消费者调查结果中拒绝在咖啡庄园住宿原因分布**

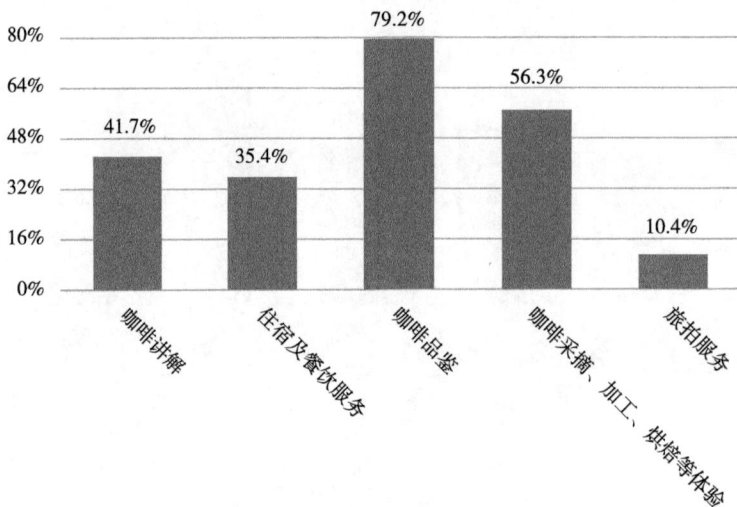

**图 29　消费者调查结果中对咖啡庄园期望服务分布**

### 4. 云南咖啡的不足以及对云南咖啡的期望分析

调查结果显示，68.8% 的消费者认为云南小粒咖啡在营销方式上亟待改进，部分受访者还指出价格和口味需提升（详见图 30）。关于购买渠道，消费者更倾向于通过咖啡庄园线上直购和线下专营店购买。交叉分析（见图 31）表明，外地消费者尤其偏好这两种方式，这为未来全国市场布局提供了重要参考，建议云南咖啡厂家考虑扩展线下专营店网络以满足不同地区需求。

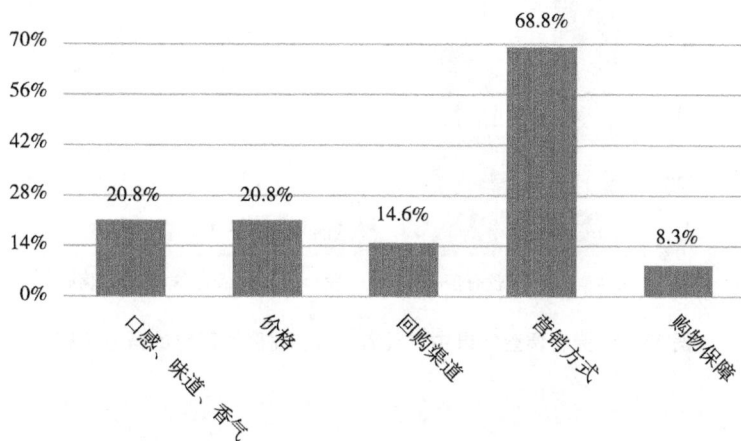

**图30　消费者调查结果中云南小粒咖啡的不足之处**

此外，绝大多数消费者对云南小粒咖啡在国内市场未来的发展持有信心（如图32所示），显示出消费者普遍看好国产咖啡的前景。

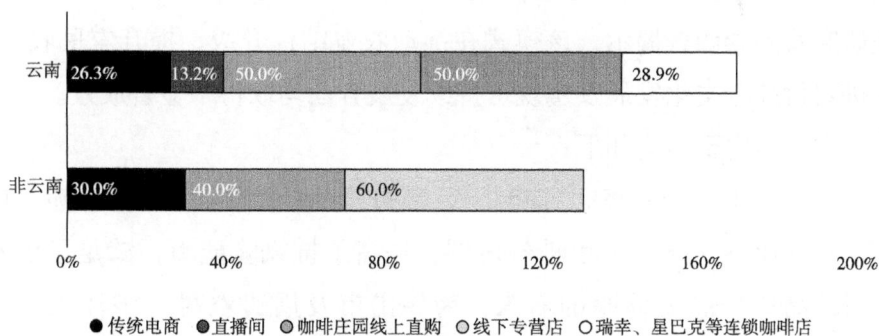

● 传统电商　● 直播间　○ 咖啡庄园线上直购　○ 线下专营店　○ 瑞幸、星巴克等连锁咖啡店

**图31　消费者调查结果中意愿购买咖啡渠道分布**

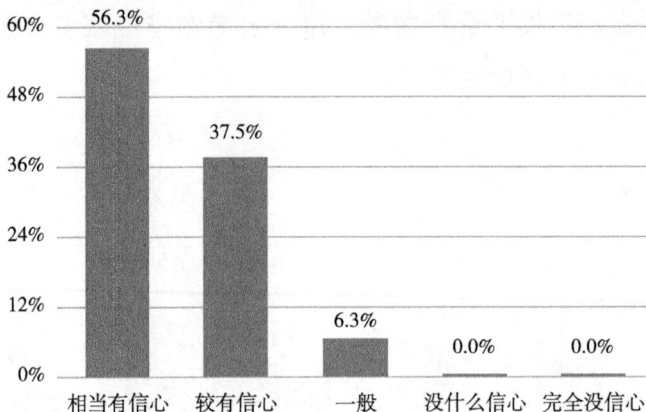

**图32　消费者调查结果中对云南小粒咖啡脱颖而出的信心程度**

## 八、结论、政策建议与推广策略

　　本文以保山市新寨村咖啡产业为案例，在数字经济背景下探讨"庄园＋"模式对农村产业融合与乡村振兴的促进作用。实地考察、实证研究及问卷调查揭示，该模式在推动农业结构升级、提升农民收入、促进农村社会文化发展及实现可持续发展方面均取得了显著成效。

　　本文的主要结论如下：

　　（1）产业结构升级。"庄园＋"模式通过整合咖啡种植与旅游、电商等新兴业态，延伸了咖啡价值链，提高了抗风险能力，满足了消费者对高品质产品及体验的需求，为保山市及周边农村经济注入了新活力。

　　（2）农民经济福祉改善。"庄园＋"模式为农户提供了多元经营渠道和稳定收入，借助现代农业技术与管理提升生产效率和产品质量，同时鼓励参与咖啡加工与旅游服务，有效缓解了贫困问题，促进了区域均衡发展。

　　（3）农村社会文化进步。通过推广咖啡文化和开展旅游活动，该模式增强了农村文化自信和社区凝聚力，推动了农村文化的传承与创新，丰富了农村文化生活，助力社会和谐。

（4）科技创新与可持续发展。"庄园＋"模式借助智能灌溉、病虫害监测、自动化加工及全链条追溯系统，不仅实现了生产过程的高效精准，也增强了消费者信任，推动了产业的绿色转型。

本文提出如下政策建议：

（1）强化政策与资金支持。政府应完善农村产业融合政策，增加财政支持和税收优惠，设立专项基金以推动"庄园＋"模式的推广与升级。

（2）推动产教融合与农民培训。充分利用高等院校与研究机构资源，开展现代农业、电子商务及旅游服务等全方位培训，提升农民技能和市场竞争力。

（3）倡导多元化合作模式。鼓励咖啡庄园、合作社与农户之间建立紧密合作关系，共同开发市场、分享利益，形成产业发展的良性循环。

（4）保护与推广本地咖啡文化。通过举办咖啡文化节、建设博物馆等方式弘扬地方文化，提升品牌软实力，促进文化与旅游深度融合。

为将"庄园＋"模式推广至更广区域，各地应：

（1）因地制宜开发特色模式。根据本地农业资源优势，探索"茶园＋""果园＋"等类似模式，形成符合地方实际的产业融合路径。

（2）整合产业链与引入龙头企业。在政府指导下构建从原料、加工到旅游体验的全链条运作模式，引入具备技术与管理优势的龙头企业带动周边发展。

（3）构建多元化营销渠道。利用线上电商平台与线下专营店相结合的模式，拓展市场销售，提升品牌知名度。

（4）建立示范区与合作网络。设立典型示范区，总结可复制经验，同时加强产学研合作，构建政府、企业、合作社与农户之间的协同网络，共同推动区域经济转型升级。

## 参考文献

[1] 2023 年咖啡赛道专题研究报告：18—40 岁女性是咖啡消费的主力 [J]. 新民周刊，2023（22）：33.

[2] 代正明，杜刚，毛昭庆，等. 云南小粒咖啡品牌建设现状与发展对策 [J]. 中国热带农业，2018（5）：11 – 13 + 18.

[3] Hwang C, Yoon, K. Attribute Decision Making. Multiple Attribute Decision Making: Methods and Applications A State – of – the – Art Survey [J]. Journal of Economic Literature，1981，20（3）：1145.

[4] 蒋越，王新凯，陈毅莹. 基于熵权 – TOPSIS 法的我国智能制造装备上市企业技术创新能力评价 [J]. 河南科学，2024，42（2）：298 – 305.

[5] 今村奈良臣. 農業の6 次産業化の理論と実践：特集農業の6 次産業化の今とこれから [J]. 技術と普及，2010（9）：19 – 22.

[6] 刘海洋. 乡村产业振兴路径：优化升级与三产融合 [J]. 经济纵横，2018（11）：111 – 116.

[7] 舒小林，闵浙思，郭向阳，等. 省域数字经济与旅游业高质量发展耦合协调及驱动因素 [J]. 经济地理，2024，44（1）：197 – 208.

[8] 王玉珍，宋国靖. 基于熵权 TOPSIS 法的城市营商环境综合评价：以兰州市为例 [J]. 邵阳学院学报（社会科学版），2024，23（1）：75 – 81.

[9] 岳欣. 推进我国农村电子商务的发展 [J]. 宏观经济管理，2015（11）：66 – 67 + 70.

[10] 张洪波，李维锐，白学慧，等. 云南咖啡产业科技创新成果及推广应用情况 [J]. 中国热带农业，2013（3）：27 – 32.

[11] 张捷华，张毅. 云南省咖啡产业竞争力现状分析及提升对策探究 [J]. 农村经济与科技，2020，31（3）：186 – 188.

[12] 张永金，李志刚，冯稚进. 云南省农业信息化发展成果 [J]. 云南农业，2017（2）：52 – 53.

［13］周立，李彦岩，王彩虹，等．乡村振兴战略中的产业融合和六次产业
发展［J］．新疆师范大学学报（哲学社会科学版），2018，39（3）：
16－24.

［14］周雪芳，赵俊，赵家进，等．云南省咖啡产业发展现状及对策［J］.
热带农业科学，2023，43（6）：90－94.

［15］赵华，于静．新常态下乡村旅游与文化创意产业融合发展研究［J］.
经济问题，2015（4）：50－55.

# 基层社区治理重难点分析与解决策略

王鸿洲①　周金环②　马池媛③　吴婷④　王舒雨⑤　郭洪进⑥　戚字宇博⑦

**摘　要：** 近年来，随着城市化进程的逐渐加快，基层社区治理成为实现国家治理能力现代化的关键一环。在社区治理过程中，居委会、物业、业主三方主体相互依存，但因利益纷争所引发的矛盾也屡见不鲜。为解决基层社区治理"小马拉大车"的突出问题，化解社区共同体各主体间的矛盾纠葛，调研团以 A 地为基础并将视野拓展至同类社区，最终形成从事例引出困境、从困境分析解决路径，涉及物业、12345热线、居民自治意识及住宅"养老金"四大板块的调研报告。

**关键词：** 物业服务模式；接诉即办；居民主体缺位；住宅专项维修资金

习近平总书记指出，"基层强则国家强，基层安则天下安""社区工作连着千家万户，要充分发挥社区基层党组织的战斗堡垒作用"。党的二十届三中全会通过的《中共中央关于进一步全面深化改革、推进中国式现代化的决定》明确提出"健全社会治理体系"，包括健全社会工作体制机制，加强党建引领基层治理，加强社会工作者队伍建设，推动志愿服务体系建设。为贯彻落实习近平总书记的重要指示精神、

---

① 王鸿洲，对外经济贸易大学法学院硕士研究生。专业：法律（非法学）。
② 周金环，对外经济贸易大学法学院硕士研究生。专业：法律（非法学）。
③ 马池媛，对外经济贸易大学法学院硕士研究生。专业：法律（法学）。
④ 吴婷，对外经济贸易大学法学院硕士研究生。专业：法律（非法学）。
⑤ 王舒雨，对外经济贸易大学法学院硕士研究生。专业：经济法。
⑥ 郭洪进，对外经济贸易大学法学院硕士研究生。专业：法律（非法学）。
⑦ 戚字宇博，对外经济贸易大学法学院硕士研究生。专业：法律（非法学）。

党的二十届三中全会精神，调研团在昌平区 A 街道 A 社区和朝阳区 B 社区（以 A 社区为主）开展调查研究，了解社区工作的有效措施和难点痛点问题，有针对性地检索全国范围内成功的实践经验并进行研究，努力为基层社区治理提供思路。

## 一、调研方法和内容

调研团队中的两名成员入驻 A 社区居委会一个月，与居委会工作人员共同开展一线工作，掌握第一手资料，识别有价值的课题，包括物业费、物业和居民关系、公共设施维修、12345 热线、居民主体意识等。在此基础上，全体成员在指导老师悉心指导下进行实地走访和现场考察，与 A 社区和 B 社区居委会干部、物业经理、业委会主任及部分居民就重点课题作深度访谈和进一步挖掘，随后团队成员有针对性地查询相关文献，充分讨论，整理资料，形成调研报告。

## 二、社区概况

A 社区于 2004 年竣工，辖区面积 79143 平方米，属于经济适用房。其中住宅楼 23 栋，商住楼 1 栋，总户数 942 户，底商 19 户，总人口 3010 人，停车位 382 个。居民多以老年人、中低收入上班族为主，入住率 100%。A 社区党总支共有成员 81 名，2019 年成立了共有 5 名成员的业委会。社区物业公司是深某某物业公司北京分公司。

B 社区（2 号院）于 2000 年竣工，共有 19 栋楼，总户数 1101 户。原是某部委的职工宿舍，产权单位涉及 16 户拆迁单位。目前业主主要是在该部委工作的管理层人员，也有一部分周边上班的普通职员租住，居民整体素质较高。小区未成立业委会。其中 18 栋楼的物业公司为中某某服务有限公司（国企控股），1 栋楼没有物业。

## 三、基层社区治理经验

近几年，两个社区居委会在治理方面的表现都可圈可点，尤其是通过支部引领、党员带头充分发挥党组织在社区治理中的领导核心和组织协调作用，强化党组织在各个方面的引领力和凝聚力。

具体来讲，参与访谈的两位社区党总支书记都是几年前才来到社区的，因此居民的信任问题，或者说居委会的公信力问题成为亟待解决的首要问题。两位书记对此态度和做法一致：先把事做好，公信力自然会建立。

首先，在力所能及的范围之内，解决居民面临的现实问题，如下水道堵塞、旧水泵换新及日常维护、在居民和物业之间的协调工作等；其次，对能力范围之外的事项，虽然一时无法解决，也要表明与居民在同一条战线的态度，并且以实际行动让居民感受到已经做出的努力，做好解释性工作。例如，对于 A 社区居民反映的配电室噪声问题，尽管由于所需经费太多无法立刻解决，居委会仍等待机会向上级反映，终于在一年之后争取到街道划拨资金，消除了噪声。居委会为居民实实在在做了哪些事情，居民都看在眼里。居委会做的实事多了，自然能取得居民的信任，在此基础上组织、号召居民开展活动，阻力就会小很多。

另外，两位书记都强调，居民满意度固然重要，但也需要服务居民与引导居民自主性之间求取平衡。居民的诉求并非都合理，很多诉求应由居民自己通过购买市场服务来解决。如果过多地包办了诉求事项，为其兜底，将会助长居民的依赖性，造成恶性循环，加重政府财政和社区工作人员的负担。

## 四、现有困境及解决路径

调研团深度剖析两社区治理过程中主要存在的部分共性重难点问题，将其总结为四大板块，依据"事例—困境—解决"的思路展开分析。现就"物业""接诉即办""居民主体缺位""住宅专项维修资金"四大板块报告如下。

（一）板块一：物业

**1. 基本情况**

据了解，A社区采取的物业收费模式是包干制，但自社区建成以来物业费都维持着原来的收费标准，虽然每年仅有约10%的住户不缴纳物业费，但在物业公司经营成本不断上升的情况下，仅靠收取物业费，公司持续处于亏损状态。为弥补亏损，该社区的物业采取收取广告费用、出租停车位等补亏方式。另外，物业费收入不足也促使物业公司通过减少员工、外包服务等方式降本增效，所以该社区物业人手紧张，如电工只有一个，一旦在电工休假期间出现突发事件，就可能无法及时解决社区居民用电问题。

**2. 困境分析**

根据实地走访调研，A社区物业费价格偏低 $[0.58$ 元/（米$^2$·月）] 且提价难，导致物业公司仅依靠收取物业费难以覆盖日常服务运营的支出。为了有充足财力履行服务职责，实现收入正增长，物业公司选择利用停车费、广告费等其他项目费用弥补物业费收入过低带来的经营亏损。但"权宜之计"难以长久，实现特定项目费用本应用于特定服务的初衷面临挑战，当物业服务遇到非常规事项亟须额外资金支持时更易捉襟见肘，甚至会出现为降低成本而牺牲物业服务质量的乱象。倘若物业的服务与业主的期望相差过大，二者间的关系必然产生裂痕，如果不能及时修补，维系业主与物业良好关系的信任纽带必然日渐消亡，极易造成"业主怨声载道，物业有苦难言"的恶性循环。

为避免物业与业主彼此失去信任，消除恶性循环的滋生土壤，调研团队深入走访、仔细研究，逐步探索更深层次的矛盾成因。据了解，业主难以达成合意是物业费提价难的重要原因之一，而不能达成合意的理由通常是业主对物业服务的不满以及因物业收支不透明而对物业产生的不信任。但无论是不满抑或是不信任皆是表象，表象背后映射出的是业主与物业间的矛盾心理、利益冲突，即业主心理更多趋向于多享受服务、少支付对价，物业公司则更多趋向于多获取报酬、少提供服务。化解上述矛盾冲突，不仅要依靠社区工作者、物业工作者和业主间的灵活有效沟通，更重要的是要完善基层社区治理机制，尤其是物业服务相关制度，充分发挥制度优势，绵绵发力、久久为功。目前大多数物业公司所采用的服务模式是以 A 社区为代表的传统"包干制"物业服务模式。应用这种模式固然可以处理多数日常事务，但其信息不透明等缺憾正是社区生活信任缺失的发源地。对此，为解决物业服务疑难问题，应重点研究"新"物业服务模式的构建与适用问题，以制度力量改变固有利益格局，为建设美好社区增添新动能。

### 3. 解决思路

为解决既存问题、搭建物业服务新模式，首先应参考"信托制"物业服务模式。相比国家发展改革委、住房和城乡建设部制定的于 2004 年施行的《物业服务收费管理办法》中涉及的"包干制"与"酬金制"两种物业服务模式，"信托制"物业服务模式引入了"信托"的理念，将信息透明做得更为彻底，有利于促进"业主－物业"信任的再生产。

通常认为，"信托制"物业服务模式是指全体业主（受益人）授权业主大会（委托人）将业主共有基金（物业费和小区公共收益），以信托的方式委托给物业公司（受托人）用于小区的服务管理，并通过全过程的公开透明，实现业主权益和小区公共利益最大化的治理形式。与"包干制"和"酬金制"相比，"信托制"以构建小区治理主体合作关系为创立逻辑，与由物业公司（市场）主导的"包干制"和"酬金制"大有不同。

简言之，"信托制"物业服务模式的核心运营环节有四：一是引入信托理念；二是建立共有基金；三是搭建公共平台；四是创立监察人制度。业主与物业依托公开平台，将物业费和小区公共收益组成的"信托基金"实现取用全过程透明并由专人（居委会、律师、会计师等）监管，既实现了业主的最大利益，又转变了物业企业的社会评价，不但将过往的买卖关系转换为更加公开透明、质价相符的信托关系，更对化解信任危机、改变利益冲突局面、逐步构建起互利共赢的信义关系大有裨益。

据资料查询，近几年"信托制"正逐步走向实践，在成都、深圳、济南、海口等多个城市已初见端倪。以成都市为例，"信托制"物业服务模式已得到政策支持，2021 年施行《中共成都市委、成都市人民政府关于实施幸福美好生活十大工程的意见》明确提出"推广'信托制'物业服务模式，建立健全公开透明、开放参与、信义为本的物业管理协调机制"。2021 年底，成都市共有 200 多个小区正推行信托制物业，52 个小区完成信托制物业导入。2023 年，成都市提出全面实施"信托制物业提质扩面行动"。此外，全国各地纷纷制定政策文件支持"信托制"物业服务模式。2023 年 9 月，济南市住房和城乡建设局公布《济南市住房和城乡建设局关于进一步加强全市物业管理工作的通知》提出"对矛盾纠纷突出的住宅小区开展'信托制'物业服务试点"；2023 年 5 月，合肥市高新区建发局出台《合肥高新区推行信托制物业管理模式指导意见（试行）》；2023 年 10 月，常州市钟楼区印发《推进"信托制"物业治理模式"阳光 168"三年行动方案》等。可见，各地政府对"信托制"的支持力度日渐增强，不断推动该模式走向现实，这意味着"信托制"物业服务模式在一定范围内得到了认同，具有普遍推广的可能性。

### （二）板块二：接诉即办

**1. 基本情况与困境分析**

经调研，因"12345"接诉即办热线作为为群众排忧解难的渠道具有门槛低、回应快的特点，A 社区的"12345"热线工作日渐繁忙，尽管这督促了社区工作人员尽心尽力为居民办实事、解心忧，但综合考量发现其存在权责不对等和一些隐含风险等困境。

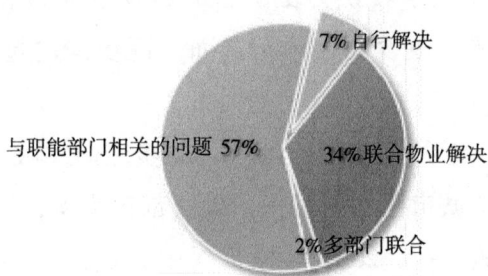

7% 自行解决

与职能部门相关的问题 57%

34% 联合物业解决

2% 多部门联合

图 1　12345 接办案件的解决渠道

### （1）权责不对等

根据调研结果和相关资料，基层工作者对接诉即办的不满情绪主要来源于权责不对等，在 A 社区负责的案件中也可以窥见这一问题。对 2024 年 1 月至 2024 年 6 月转派和直派给 A 社区的 103 件接诉即办案件进行全样本分析。归纳总结发现，只有约 7% 的案件是居委会一方就可以解决，如噪声扰民问题；约 34% 的案件需要联合物业解决，如小区卫生问题、漏水排查、电路排查等；约 2% 的问题属于联合多部门也不一定能解决的"老大难"问题，如停车难问题；约 57% 是城建部门、执法部门、供电部门等职能部门职责相关的问题。

对与职能部门相关的案件，居委会在实地调查后会有两种处理方式：一是自行查阅相关资料回复投诉人；二是联系相关部门协同处理，其中居委会更多的是充当"中介"角色。

对后两类投诉，更应该以相关职能部门为主导解决，如有居民询问加装电梯相关的问题：

目前政府推广加装电梯，根据《房屋建筑工程质量保修办法》《建筑工程五方责任主体项目负责人质量终身责任制》提到的责任方到底还负不负责？楼房地基和主体结构还能不能享受终身保修？原建设方各责任方能不能承诺保修和终身责任制？如果加装电梯出现后续楼体变形开裂等情况谁来负责？政府能否参与加装电梯合同签订并作为主体？加装电梯到底算不算违建（毕竟原本的规划设计并无电梯)？加装电梯流程是不是政府制定的？如果是，那是由何部门制定？依据的法条是什么？

对于该类案件，投诉人虽然是 A 社区居民，但是提问的问题由城建部门解答更为合适，也更为准确。

对于第四类投诉，由居委会负责的主要问题在于居委会没有相关的专业知识，更无相应的"执法权"。例如，群租房问题，A 社区有一起案件是一家美容院机构招收了十几名年轻人学习按摩、修眉等技艺，这些年轻人全部住在美容院经营者租赁的一户二居室房屋中。经邻居举报，居委会上门调查核实之后，联系执法部门共同上门要求拆除隔断，按照规定人数居住。A 社区还有一个"历史遗留"问题。在社区建成之初，开发商未将社区的供电设备正式移交给电力部门，因此 A 社区属于高压自管小区，小区的用电相关问题都只能自行解决。例如，尽管多位居民反映希望安装电动汽车充电桩，但因为该遗留问题，供电部门不能在 A 社区安装充电桩。经该地区供电服务中心初步估算，正式移交前的升级改造费用约 2600 万元，因此短期内无法将供电设备产权移交给供电服务中心。对于以上这些案件，一是居委会并无相关的执法权，与相关职能部门联合解决问题才合法合规。同时带来的问题是，若职能部门配合度不高，会影响案件的进展。二是这些案件虽然以职能部门为主，但是首接部门，即居委会却面临着考核压力。

根据上述数据，有约34%的案件需要联合物业解决。对于这类案件，如果居委会和物业配合良好，物业积极主动，案件往往可以得到顺利解决。但是，如果物业作为不积极，居委会的工作就会难以开展。例如，调研的另一个社区央产房 B 社区的物业服务意识不强，导致有时候居委会的工作进展不顺利。根据《北京市物业管理条例》《北京市街道办事处条例》的相关规定，物业管理公司的监管权限在街道办事处，而实际上与物业"朝夕相处"的居委会对物业并无监管权限。因此，当居委会的工作需要物业配合，但物业态度消极时，居委会为了之后的长期合作，往往会采取劝说的态度协商，而不是上报到街道办事处。但协商不仅对居委会工作人员的能力提出了更高的要求，而且未必能取得满意的结果。

（2）隐含风险

通过 A 社区近两年的 12345 案例来看，该制度还反映出以下三个问题。

一是过度服务。以 A 社区的一个案例为例，一位女士投诉楼上装修导致自家天花板出现裂纹，在居委会联合区住建委等部门协同调查，确认裂纹并非楼上装修所致之后，该居民持续对该问题投诉近三十次。每次投诉之后，社区都要做出相应的工作"留痕"以供上级核查，如实地勘察，向该居民解释法律规定、住房装修的行业标准、企业标准等文件，向该居民建议通过其他渠道解决问题等。这类不合理的诉求使得基层本就紧张的资源不能完全用到群众真正需要解决的问题上。

二是让"好人被枪指着"。一些投诉人的诉求并不合理，而基层工作人员迫于考核压力，会争取让纠纷双方和解。一些被投诉人感受到基层工作人员的努力和真诚后，会退让妥协，满足投诉人的不合理诉求。例如，在某一个案例中，某老先生以楼上空调外机运行的噪声太大为由投诉，社区工作人员评估后认为楼上空调外机发出的噪声处于正常限度内，但是为了让该投诉人满意，与楼上协商将空调外机移到楼顶。对被投诉人而言，这种投诉不仅可以说是"飞来横祸"，而且移机费用也需自理。简言之，根据目前的情况，"接诉即办"机制在满足解决群众问题要求的同时，也为投诉人"任性"投诉创设便利，导致行政机关职责范畴界限不明，还可能让被投诉人遭受不合理对待，由此陷入服务越界与政府责任泛化的僵局。

三是压缩基层主动作为的空间。对群众而言，"12345 热线"因其具有高效便捷、快回复等特性，日渐成为诉请行政机关常规救济之外的重要投诉渠道，这也导致众多纷繁复杂的诉求均由"12345 热线"接收，降低了利用传统渠道解决问题的频次频率。例如，一些小矛盾纠纷群众原本可以自行协商解决，或者直接找物业、居委会解决，但是现在很多人会优先考虑投诉至接诉即办。故而，部分原本能够由诉求人自行或寻求居委会等主体简单帮助即可解决的小问题转为由"12345 热线"转派后形成的对基层工作者具有额外考核负担的任务工单，导致同一件诉求的回应环节增加，推高诉求回应成本。例如，小区路灯不亮，可能是灯泡需要更换，也可能是线路问题。物业排查问题后购买路灯、让电工安装路灯，或者整修线路都需要时间，但是有些居民却认为第二天乃至当天路灯没有修好，就说明物业和居委会"不做实事"，继而投诉到 12345。这一工单转派到居委会后，居委会不仅要联合物业解决问题，而且要完成程序上要求的纸面工作，这就导致大量时间被浪费在程序上。再如，部分社区工作人员因为担心居民投诉，开展活动时过度谨慎，降低了活动的趣味性和吸引力。

总之，在处理接诉即办案件时，基层工作者疲于应对大量诉求以达到考核要求，既压缩了为社区群众服务的主动性成本，也挤压了服务的自由裁量空间。

## 2. 解决思路

一是改善诉求甄别机制，以提高"接诉即办"机制的数字化水平，优化算法程序，完善诉求甄别机制。例如，系统以拦截重复诉求为基础，增强派单的准确性、必要性，既要力求迅速解决诉求，又要尽量避免让承办单位承担不必要的压力。

二是明确诉求人的权利和义务。一方面，对投诉人的各项诉求分门别类加以精细区分。一般诉求可暂不要求投诉人提供证明材料，但涉及重大、复杂诉求时要对其真实性予以确认，适时适当要求投诉人提供相关材料予以证明，避免部分投诉者滥用公共资源，养成过度"等拿靠"的心理，降低资源利用效率。另一方面，可以在官网、公众号等官媒公示不合理诉求的典型案例，让"重视诉求不等于无原则有求必应"的理念深入人心。

三是授予社区居委会监管物业公司的部分行政职权。为保障基层工作的顺利开展，可以通过行政授权或者行政委托的方式，将物业管理公司的管理权限部分授权或委托给居委会，解决"想管的管不到、能管的管不了"的问题。

四是改进绩效考核方式。治理绩效考核是公共服务供给的"指挥棒"，对被考核单位服务效率和质量的有效提升有重大影响。因此，一方面，要科学设定定量化考核指标，细化规范考核方法。例如，允许承办单位对考核失分案件提出申诉、增设过程性指标以降低结果性考核比重，不以单一的回访结果否定承办单位背后的努力，增设多元考核标准，鼓励主动治理创新实践。另一方面，要促使考核目标回归本质，着力推进基层治理现代化。要对诉求处理中的薄弱环节详加考虑，有的放矢设计改进方案，避免仅依靠反馈考核结果、公布排名等方式方法"一刀切"式开展绩效考核。

（三）板块三：居民主体缺位

**1. 基本情况**

社区治理主体除了居委会、物业，更重要的应该是作为业主的居民，以及居民选出来的业主委员会。城市社区作为基层的自我管理组织，居民积极参与并主导社区内的事务管理，对塑造公民的公共意识具有积极作用。在宏观国家治理视角下，推动社区自治将部分决策权和执行权下放到基层，这不仅能有效减轻中央政府的财政和管理压力，而且在这一过程中，通过激发和尊重民众的参与意愿，为公民提供了更广阔的参与和表达平台，这对促进我国的民主政治发展具有重要意义。

然而在两个社区调研过程中，我们注意到：作为最重要的自治主体，居民在社区治理中实际参与度较低。以 A 社区为例，居民主体缺位、自治意识差，体现在社区治理中的方方面面。

首先，A 社区业主委员会呈现一盘散沙的状态。这就意味着社区居民代表意见乏力、缺少凝聚力。他们很难自行组织召开业主大会，商讨社区治理事宜，出现问题便习惯性找物业、居委会，或找政府（12345 热线）；其次，由于自治意识不够，居民并不认为支付市场平均水平的物业费是自己应当承担的义务，导致物业费多年未涨，早已低于市场水平，以至于影响物业服务质量，进而对物业服务产生不满。原物业迫于政府要求，不得已退出该小区，由此居民与物业产生矛盾。居委会为了基层稳定，常常在其中扮演着"黏合剂"的角色，尽管起到一定的缓解作用，但实际上是以居委会高强度、长时间的奉献作为代价。基层工作向来琐碎、繁重，如果居委会长期承担过重的压力却又难以得到相应的回报，必然也很难吸引人才入驻，人力将会更加匮乏，矛盾会进一步加剧。另外，访谈中提到居民捡拾废品堆放在公共空间、遛狗不清理粪便等行为，影响社区环境和安全，这些都表明居民在自我管理、维护社区公共秩序方面的意识不强。

## 2. 困境分析

居民主体缺位的原因是多方面的。首先，从两个社区的居民结构来看，绝大多数属于国有企业/事业单位职工。在这种单位中，政府包办职工"衣食住行"全方位的需求。尽管我国早已向市场经济转型，但国企职工形成的依赖意识短时期内也难以改变。相比较而言，在市场经济发展更加充分的城市，如在深圳，业主成立业委会、参与社区治理的积极性明显更高。其次，利益冲突导致产权单位和物业并不希望业主委员会成立。两个社区的产权结构都比较复杂，相当比例的房屋产权属于单位而非居民。产权单位希望把握房产的控制权，而物业不希望居民主体意识过强以至于难以把控、对其利益产生影响，因而从自身利益出发，都会反对居民成立业主委员会。最后，城市生活节奏快、压力大，相当一部分中年居民忙于工作、家庭，无暇顾及社区治理事务，而更加年轻的居民群体则专注于自身的学习、交友和娱乐活动，对参与社区治理兴趣寥寥。

### 3. 解决思路

如何培育居民自治意识？在 B 社区，居委会通过社区活动和文化建设来增强社区凝聚力、增进和谐氛围，如组建合唱团、模特队等；通过党员"双报到"制度，保证一部分党员居民成为协助居委会开展社区治理的骨干。

首先，以上途径并不能直接培育居民主体意识。文体活动能吸引一部分居民，但文体活动的性质与社区公共事务治理仍有分别；"双报到"制度能够让一部分退休老党员发挥作用，而中青年党员通常也是单位的骨干、家里的顶梁柱，他们忙于工作和家庭，很难参与社区治理。但这些举措都是可贵的尝试，在居民主体意识尚未形成时，对增进居民间交流、增强社区凝聚力与和谐氛围能起到促进作用，进而减少社区治理中的阻力。

其次，B 社区居委会提出，希望引入居民志愿者协助居委会开展活动、参与社区治理。从调研团成员在深圳参与的社区图书馆志愿活动效果来看，这是一条十分可行的路径，但在初期仍需要一定的激励措施来推动。例如，在深圳，注册为志愿者并积累一定时长后，可以领取大米、食用油等物质奖励。在主体意识培育起来之后，物质激励可逐渐取消。

再次，居委会可关注社区是否存在"意见领袖"。如果有，争取和他们合作，通过"意见领袖"的影响力，凝聚社区共识，从而实现社区的良好治理。在这方面，A社区党总支书记分享了他曾在某央产房小区居住时作为意见领袖，统一了居民意见，争取到央产房老旧小区维修资金，完成小区改造的成功案例。

最后，政府应把握好参与社区治理的程度。如可以逐渐放手让物业服务回归到市场行为的本质，对物业行为的参与重在监管而非干预正常的市场行为，减少对居民的过度保护，从而使居民逐渐摆脱对政府的依赖，寻求依靠自身力量和市场力量解决问题。这正是基层自治的题中应有之义。

另外，调研团也在培育居民自治意识中发挥了积极作用。社区治理，普法先行。只有居民提升法律意识，转变起居观念，参与基层民主，承担社会责任，社区治理才能在落实中与良政善策上下联动，取得较好进展。为实现这一目的，调研团以小组为单位在北京市朝阳区C街道进行了面向100余青少年共计6次的普法宣传志愿活动。通过每次40分钟的课程，孩子统一反响良好，能够准确说出如何应对校园霸凌、防止网络沉迷、远离非法出版物的方法。在场家长也对我们传授的观点表示认同与支持。社区普法久久为功，观念转变虽不在朝夕之间，但我们的普法活动也如星星之火，助力基层社区更加重视下一代的健康成长，保护与助力并行。

（四）板块四：住宅专项维修资金

**1. 基本情况**

A社区内居民楼老旧，多户居民反映家里漏水。根据物业合同，物业只负责"小修小补"，不能解决整个小区的漏水问题。因预计之后情况会愈演愈烈，社区希望动用公共维修资金全面解决漏水问题，但因为使用公共维修资金的程序复杂且门槛较高，社区最终作罢。最后居委会向街道申请财政资金解决了该问题。

### 2. 困境分析

调研团经与 A 社区党总支书记、物业公司经理面对面访谈，并从两名团队成员分别驻社区工作 1 个月的工作总结得知，该社区存在住宅专项维修资金使用难、专项资金使用缺位等问题。A 社区 2004 年竣工至今已有 20 年，房屋公用部分和公共设施设备逐年开始老化，小修日趋频繁，大修更换也不鲜见。为了解决好日常遇见的大小维修问题，居委会与物业绞尽脑汁、力耕不辍，既尝试使用低成本的"土办法"亲力亲为巧解大难题，也曾申请使用住宅专项维修资金用以维护、修补。但"土办法"难解全问题，申请资金流程杂、审批难，最终很多事项只能依靠申请政府财政补贴得以解决或暂时搁置，长此以往小区问题越积越多，住宅专项维修资金闲置但政府财政额外支出等问题恐难以避免。

调研团关注到自城市化进程进入快车道以来，以 A 社区为代表的"年长社区"在全国范围内愈来愈多，涉及住宅"养老金"的共性问题愈来愈常见，探索老旧小区维护、保养的多方共赢路径愈来愈迫切。为了有效解决老旧小区住宅共用部位、共用设施设备维修困难，调研团充分探讨、深入研究，努力寻求解决路径。

### 3. 解决思路

对此困境，调研团从申请程序和保险制度两方面入手探求化解之道。

（1）聚焦《住宅专项维修资金管理办法》，优化申请程序。2007年，建设部、财政部公布了《住宅专项维修资金管理办法》（以下简称《管理办法》）。《管理办法》明确住宅专项维修资金的概念、交存、使用、监督管理、法律责任等一系列内容，其中第二十二条、第二十三条对住宅专项维修资金划转业主大会管理前后的使用程序做了规范，第二十四条则对发生紧急情况时的资金使用流程做了规范。

调研团通过现场访谈、文献研究发现，造成住宅专项维修资金使用难的原因往往多发于第二十二条第二项、第五项和第二十三条第二项、第五项之中，即业主达成合意难、管理部门审核难。

针对业主达成合意难的困境，其原因较为多元，但较为关键的原因是业主自治意识弱、缺乏合意收集办法。对此，建议由官方统筹推进业业主决策电子投票系统建设，建立业主意见汇集库，用现代科技手段为搭建操作便捷、意见留痕的电子投票系统赋能。此外，居委会建立小区意见领袖备案机制，增强社区与小区意见领袖链接机制，培育、巩固、加强已有的小区意见领袖的影响力、号召力。针对管理部门审核难的困境，建议优化业主合意范围，缩小业主合意单元，因地制宜将小区公共范围切割为若干单元，重点审查待维修单元范围内业主意见，按合适比例划定各单元内常见不同事项资金使用限额，将大审核分解为小查验，进一步缩短管理部门审核时间，缩减审核事项。

（2）依靠"保险"制度，维修特定物件不再依赖住宅专项维修资金。《住宅专项维修资金管理办法》第三条对住宅共用部位和共用设施设备给予界定并举例说明，包括住宅的基础、承重墙体；电梯、天线、照明、消防设施等。以电梯为例，2018年2月国务院办公厅印发《关于加强电梯质量安全工作的意见》，提出要积极发展电梯责任保险，优化发展"保险＋服务"新模式。2019年5月国家市场监督管理总局特种设备管理局印发《关于进一步做好改进电梯维护保养模式和调整电梯检验检测方式试点工作的指导意见（征求意见稿）》，将电梯保险作为制度改革的前置条件。保险公司出于对赔付的考量，不仅会对电梯维保质量进行监督，而且会促使物业公司尽到日常管理职责，既有利于电梯等日常维护，又可避免动用住宅专项维修资金修理电梯故障的相应难题。由电梯类推到其他同类可保险的特定物件，保险领域应用在住宅维修方面是可以研究、推广的新路径，可以有效化解住宅专项维修资金使用难的难题。

此外，从住宅专项维修资金中划出特定物件保险的保费，并参考"住房医保"模式是完善住宅特定物件保险费用来源的新路径。据了解，2015 年江苏省泰州市房产管理局物业管理中心面对住房专项维修资金管理难题，借鉴我国医疗保险的统一记账方式，创立房屋维修"医保"模式。该模式着重强调资金的共有属性，淡化了资金的个体属性，将维修资金的归集划分为首期归集和日常参保，并建立了"房屋大病统筹金"，用"医保"理念解决了传统维修资金管理面临的诸多问题。目前，此种模式虽然存在些许质疑，但不可否认其仍是解决住宅专项维修资金使用难的新尝试、新路径、新方法。

综上所述，调研团通过现场走访、干部访谈、资料分析形成了以四大板块为主的调研报告。下一步，调研团将继续在基层社区治理领域深耕，进一步探索基层治理重难点问题的解决思路，为打造幸福社区、建设美好中国贡献力量。

## 参考文献

[1] 亢舒. 加快完善住宅专项维修资金管理 [N]. 经济日报，2024 - 09 - 04（006）.

[2] 陈淑云，王佑辉，邵典. 住宅专项维修资金管理模式创新研究：以泰州"住房医保"模式为例 [J]. 湖北社会科学，2019（10）：63 - 69.

[3] 李杰，罗小龙，顾宗倪，等. 基于产权的社区渐进式更新困境解析与治理探索：以南京市小西湖街区为例 [J]. 现代城市研究，2024（6）：16 - 21.

[4] 孙洁. "保险+服务"破解安全治理难题 [J]. 中国金融，2020（16）：58 - 59.

[5] 田先红. 问责何以导致避责：技术治理中的责任运行机制研究：以

12345 市民服务热线的基层实践为分析对象 [J]. 理论与改革, 2022, (6): 80 - 95.

[6] 王亚华, 毛恩慧. 城市基层治理创新的制度分析与理论启示: 以北京市 "接诉即办" 为例 [J]. 电子政务, 2021 (11): 1 - 11.

[7] 吴晓林, 谭晓琴. 以时间换空间: 基层治理政策创新的 "时空适配" 机制: 对成都市 "信托制" 物业治理的考察 [J]. 公共管理学报, 2022, 19 (3): 123 - 135 + 174.

[8] 吴晓燕. 信义治理何以可能: 信托制物业的实践与阐释 [J]. 云南大学学报 (社会科学版), 2024, 23 (3): 76 - 85.

[9] 谢欣, 蒋雪阳. 规范、约束、赋能: 社交媒体对城市社区治理主体的重构: 基于苏州市 M 社区的考察 [J]. 青年记者, 2024 (11): 107 - 112.

[10] 许宝君. 社区社会组织从 "娱乐化" 向 "治理型" 转变的党建引领机制研究 [J]. 江汉论坛, 2024 (8): 137 - 144.

[11] 川观新闻. 成都社区信义治理学院成立 今年 200 余个小区推行信托制物业服务 [EB/OL]. (2021 - 12 - 06) [2024 - 12 - 20]. https: // cdswszw. gov. cn/tzgg/Detail. aspx? id = 26621.

# 保险业助力宁波企业"走出去"研究

滕熙昊①　姚永萱②　郑玉博③

**摘　要：**本文探讨宁波企业"走出去"的发展历程、面临的风险，以及保险业对其支持的策略。宁波企业国际化经历了三个阶段，其在国际化过程中面临政治、自然灾害、法律、财务、市场及运营等多重风险。针对这些风险，宁波保险业通过经济补偿、风险减量、资金融通等方式为企业提供了有效的支持，并提出了多元协同的保险经纪服务以应对海外市场的复杂性。同时本文亦对宁波保险业支持企业全球化进程中面临的挑战提出了建议。

**关键词：**风险管理；"走出去"；经济补偿；风险减量；资金融通；保险经纪

## 一、宁波企业"走出去"的发展历程

### （一）宁波企业国际化的历史回溯

宁波拥有悠久的对外开放历史，其地理位置位于长江经济带与中国海岸线的交汇处，是古代"海上丝绸之路"的重要发源地之一。现代宁波企业的国际化进程，最早可追溯到改革开放初期，从贸易起步，逐步向制造与服务领域扩展，形成了"贸易＋制造＋服务"的综合布局。

---

① 滕熙昊，对外经济贸易大学保险学院硕士研究生。专业：保险学。
② 姚永萱，对外经济贸易大学保险学院硕士研究生。专业：保险学。
③ 郑玉博，对外经济贸易大学保险学院硕士本科生。专业：保险学。

## 1. 改革开放初期的萌芽阶段（1978—2000 年）

宁波企业的国际化尝试始于改革开放初期。20 世纪 90 年代初，随着中国对外开放政策的逐步深入，宁波企业开始探索海外市场。1992 年，宁波象山县的站村成立了象山大塘运输服务站，这是中国首家民营海运企业，并逐步扩展到集装箱运输、油品运输等高层次业务。在这一时期，宁波的企业主要通过出口贸易的方式"走出去"，多集中于纺织、服装、轻工等传统劳动密集型产业领域。尽管初期的国际化尝试规模较小，但这一阶段的积累为宁波企业后续的国际化发展奠定了坚实的基础。

## 2. 中国加入 WTO 后的加速期（2001—2013 年）

2001 年中国加入世界贸易组织（World Trade Organization，WTO），这一举措大幅降低了全球贸易壁垒，增强了市场准入的机会，为宁波企业的国际化带来了新的契机。而后，时任浙江省委书记习近平同志于 2004 年 8 月 10 日在《之江新语》发表的文章《在更大的空间内实现更大发展》中谈到了"地瓜理论"，提出企业走出去，主动参与国际市场的竞争。借此契机，宁波市政府积极推动企业的国际化进程，通过出台一系列政策措施，如设立专项基金、提供税收优惠、建立海外经贸合作区等，助力宁波企业加速"走出去"。在此阶段，宁波企业通过技术升级和产业链延伸，不仅扩大了贸易规模，还开始在全球范围内布局生产制造与服务网络，全球化布局逐渐成形。

## 3. "一带一路"倡议提出后的全面深化阶段（2013 年至今）

2013 年，中国提出"一带一路"倡议；浙江省委一号文件、宁波市"一号开放工程"等多个重要政府文件亦指出要持续发展"地瓜经济"。为鼓励企业"走出去"，宁波市政府继续深化政策改革，提供融资支持、风险保障和信息服务、进出口信用保险优惠等，同时大力发展跨境电商，推动品牌出海与产业出海。此外，宁波的行业协会和商会也在企业"走出去"过程中发挥了重要作用。全市 68 家协会商会积极组织企业出海，拓展国际市场，稳固海外客户群体。宁波市对外经济贸易企业协会、长三角进出口商联盟等通过加强与境外商协会的合作，推动展览和会员活动，为企业产品对接、互利合作创造了有利条件。这一阶段，宁波企业不仅在贸易和制造领域继续保持优势，还积极拓展服务业的国际化，形成了全球化的产业链和供应链。

### （二）宁波企业国际化的发展现状

#### 1. 进出口数据

宁波外向型经济突出，民营企业、小微企业为进出口主力。根据宁波市商务局和海关发布的最新数据，宁波外贸总额2024上半年为6811.4亿元，比2023年同期增长9.5%，其中出口额为4453.1亿元，同比增长9.9%，在全国外贸前10强城市中出口规模排名第4位，出口额在全国占比约6%。在携手奋进过程中，民营企业的"主力军"作用进一步凸显。2024年上半年，宁波口岸民营企业进出口额超9100亿元，同比增长6.6%，占比较2023年同期提升0.8个百分点，达到74.1%。

从市场份额来看，宁波企业出口市场覆盖欧美及东南亚等地，东盟等新兴市场表现强劲。2024上半年，宁波对美国、欧盟、东盟的进出口额分别为1175亿元、1141亿元、861亿元，分别同比增长15.6%、4.9%、17%，三者合计占全市进出口总额的46.6%。此外，宁波对"一带一路"共建国家进出口额为2956亿元，同比增长7.2%；对RCEP其他成员国进出口额为1730亿元，同比增长9.9%。

#### 2. 出口行业构成

宁波市的制造业优势突出，尤其是光伏产业、汽车零部件业和纺织业，成为推动出口增长的中坚力量。2024年上半年，宁波市出口机电产品2540.6亿元，增长9.8%，占总出口额超六成。其中，家用电器、电工器材、通用机械设备、汽车零配件分别出口额为338.9亿元、283.8亿元、192.2亿元、150.2亿元，分别增长16.6%、5.1%、27.2%、12.8%；受行业周期性恢复以及国际局势影响，集装箱需求增长，2024 年上半年该市集装箱出口大幅增长 453.2%。同期，出口劳动密集型产品 1035 亿元，相比 2023 年同期出口额增长 12.2%。其中，纺织服装、塑料制品、家具及其零件分别出口额为 487.5 亿元、254.7 亿元、143.3 亿元，相比 2023 年同期出口额分别增长 5.3%、14.9%、29.5%。

### 3. 品牌力与代表企业

在宁波企业出海的第三阶段中，跨境电商的发展推动了宁波企业从"制造出海"向"品牌出海"转型。宁波出口品牌力强、数量多。在浙江省商务厅定期组织的"浙江出口名牌"认定工作中，宁波入榜企业数连续多年位居前列；在 2021 年公布的 241 个"浙江出口名牌"中，宁波有 38 个企业品牌上榜。至此，宁波处于三年有效期内的"浙江出口名牌"达到 187 个，在全省 950 个有效期名牌中占比达 19.7%，居第一位。从产品结构上来看，此次上榜的宁波企业品牌主要分布在机械电子、轻工工艺等行业。其中机械电子行业共计 23 个，占宁波企业品牌比重超六成，反映出宁波外贸转型升级的硬核实力。

部分企业已逐步实现从"产品出口"到"产业出海"。Choice① 数据显示（见表 1），A 股宁波上市公司中，有近八成（94 家）涉及海外业务。2023 年，这些上市甬（宁波，简称甬）企合计实现港澳台及境外收入 1639.15 亿元，较上年增加 154.9 亿元，同比增长 10%。从营收规模来看，2023 年，共有 24 家上市甬企港澳台及境外收入超 10 亿元。其中，均胜电子（421.60 亿元）、东方日升（186.88 亿元）、继峰股份（147.55 亿元）居前三位。这 3 家公司海外营收之和，接近 A 股宁波军团海外营收的一半。从出口业务行业分布来看，在海外营收超 10 亿元的 24 家甬企中，汽车零部件、光伏设备占绝对优势，分别有 9 家和 4 家。加上杉杉股份（锂电池），14 家公司海外营收规模，占全部宁波 A

---

① Choice 金融终端是东方财富旗下专业的金融数据分析和投资管理软件，致力于为金融机构、学术研究机构和专业投资者提供优质的金融数据及相关服务。

股海外营收总额的近65%。这与我国出口"新三样"（新能源汽车、锂电池、太阳能电池）高度吻合。

表1 宁波A股公司海外业务营收一览

| 序号 | 证券名称 | 2023年（亿元） | 同比增长（%） | 所属行业 |
| --- | --- | --- | --- | --- |
| 1 | 均胜电子 | 421.60 | 11.51 | 汽车零部件 |
| 2 | 东方日升 | 186.88 | 11.09 | 光伏设备 |
| 3 | 继峰股份 | 147.55 | 8.46 | 汽车零部件 |
| 4 | 博威合金 | 99.06 | 60.06 | 金属新材料 |
| 5 | 金田股份 | 95.95 | 12.75 | 工业金属 |
| 6 | 拓普集团 | 57.73 | 29.64 | 汽车零部件 |
| 7 | 百隆东方 | 46.56 | 1.26 | 纺织制造 |
| 8 | 宁波华翔 | 45.89 | 77.20 | 汽车零部件 |
| 9 | 德业股份 | 43.38 | 25.60 | 光伏设备 |
| 10 | 乐哥股份 | 35.98 | 23.24 | 家居用品 |
| 11 | 爱柯迪 | 32.34 | 28.56 | 汽车零部件 |
| 12 | 亿晶光电 | 25.91 | −30.55 | 光伏设备 |
| 13 | 锦浪科技 | 24.11 | −25.93 | 光伏设备 |
| 14 | 杉杉股份 | 23.25 | −24.12 | 电池 |
| 15 | 德昌股份 | 21.57 | 16.17 | 小家电 |
| 16 | 旭升集团 | 20.50 | 8.10 | 汽车零部件 |
| 17 | 三星医疗 | 19.61 | 19.55 | 电网设备 |
| 18 | 富佳股份 | 19.39 | −15.39 | 小家电 |
| 19 | 均普智能 | 14.61 | 15.63 | 自动化设备 |
| 20 | 比依股份 | 14.33 | 14.13 | 小家电 |
| 21 | 兴瑞科技 | 13.26 | 8.72 | 消费电子 |
| 22 | 创源股份 | 13.24 | 3.22 | 文娱用品 |
| 23 | 宁波韵升 | 12.29 | −19.41 | 金属新材料 |
| 24 | 江丰电子 | 11.44 | −9.47 | 半导体 |

数据来源：Choice东方财富。

### 4. 出海模式介绍

出于补充公司生产线、扩大海外市场、借力海外品牌发展等目的，宁波企业通过"造船出海"（独资）、"借船出海"（合资）以及股权并购等方式积极开拓海外市场。2024 年，A 股宁波上市公司"出海"投资或并购的势头强劲。自 2024 年初丰茂股份、爱柯迪设立海外公司以来，截至 2024 年 7 月已有 15 家 A 股宁波企业涉足境外投资，交易金额约 78 亿元，涵盖汽车零部件、半导体、通用设备、电池等多个行业，足迹遍布欧洲、东南亚、北美洲等地区。

表 2 对不同宁波企业出海模式进行了详细介绍。具体来说，独资，亦称绿地投资，通常被视为实力雄厚企业的首选策略。这种模式的优势在于企业能够自主掌控经营策略与资源配置，确保所有利润归母公司所有，同时也便于贯彻母公司既定的管理标准与企业文化。然而，该模式下企业需要全额承担成本，且需直面较高的经营风险与市场不确定性。

**表 2　宁波企业出海模式对比**

| 扩张模式 | 简介 | 特点 | 案例 |
|---|---|---|---|
| 独资 | 企业在海外根据目标国家的法律规定，新设立一家具有独立法人资格的企业，并全额控制其股权和管理权 | 优点：完全享有控制权、利润独享、全球品牌形象品牌统一；<br>缺点：成本高、风险高 | 雅戈尔集团 |
| 合资 | 指两家或多家企业共同出资，在海外设立一家新的企业，并按照出资比例或事先约定的比例共享收益、共担风险 | 优点：降低风险和成本、市场准入便利、互补优势；<br>缺点：决策效率低、利益分配问题、控制力弱化 | 宁波港集团 |
| 股权并购 | 企业通过购买目标企业的股权或资产，从而获得对目标企业的控制权或经营管理权。并购海外企业股权 | 优点：快速进入市场、便于整合资源、减少初期投入；<br>缺点：整合风险、成本高、法律与合规风险 | 均胜电子 |

相较独资，合资模式展现了不同的优势。通过合资，企业能够分摊投资成本与市场风险，特别是与当地企业合作时，能有效利用其本

土资源优势，加速市场准入，实现合作双方的优势互补与协同效应。例如，宁波港集团与国际港口运营商强强联合，共同投资建设并运营高端港口。然而，合资企业的决策过程由于涉及多方参与，可能面临决策效率下降的问题，且利润分配需与合作伙伴进行细致协商，这增加了利益冲突的风险。此外，决策权的共享削弱了母公司对企业运营的直接控制力，可能对全球战略的一致性构成挑战。

股权并购是近年来宁波企业境外投资的又一关键模式，如著名宁波企业均胜电子通过一系列精心策划的境外并购，最终实现其在全球汽车配件市场的飞跃式发展。该模式允许企业迅速扩大业务规模，直接获取目标公司的市场份额、优质客户群及成熟运营团队。此外，目标企业已稳固的市场地位和成熟的运营基础显著缩短了新建企业所需的筹备周期，并降低了资源投入。然而，股权并购也伴随着一系列挑战，包括后续的管理整合难题（如文化冲突与人才流失）、高昂的资金需求（特别是针对市场地位稳固企业的收购），以及复杂的法律合规程序，这些都需要企业深入考量并有效应对目标市场独特的法律与监管环境。

宁波企业"走出去"历经改革开放、加入 WTO 及"一带一路"倡议提出三大阶段，从贸易起步，逐步拓展至制造与服务领域，形成全球化布局。当前，宁波企业出口强劲，市场覆盖广，行业结构优化，品牌力提升，并通过独资、合资、股权并购等多种模式深化海外市场布局，展现出宁波企业积极融入全球价值链的坚实步伐。

## 二、宁波企业"走出去"面临的风险

随着全球化进程的加快，宁波企业积极拓展海外市场，取得了显著的成绩。然而，海外投资的复杂性和多变的国际环境使得这些企业在"走出去"的过程中面临着一系列风险。本部分将探讨宁波企业在海外投资过程中所面临的风险。宁波出海企业以小微企业为主，表3详细列出了这些企业在海外投资过程中面临的主要风险，包括政治风险、自然灾害风险、法律风险、财务风险、市场风险、运营风险等。

表3　宁波企业出海面临的风险

| 风险类型 | 风险因素 |
| --- | --- |
| 政治风险 | 关税政策和贸易限制 |
| | 地缘政治错综复杂 |
| | 政治动荡和政变 |
| 自然灾害风险 | 自然灾害地理分散 |
| | 应急管理能力和资源有限 |
| 法律风险 | 不熟悉当地法律法规 |
| | 知识产权保护不足 |
| | 难以购买国内保险 |
| | 政策环境变化 |
| 财务风险 | 融资困难 |
| | 信用风险与汇率波动 |
| 市场风险 | 市场结构单一 |
| | 市场竞争激烈、需求多变 |
| 运营风险 | 小微企业风险管理能力不足 |
| | 投资国基础设施不完善 |
| | 产业链中断 |
| | 技术壁垒和创新能力不足 |

（一）政治风险

政治风险是宁波企业在海外投资中面临的最为突出的挑战之一。近年来美国和其他西方国家对中国企业实施的关税、技术禁运和投资限制，直接影响了宁波企业的全球供应链和市场布局，导致部分企业利润率下滑及市场份额减少。同时，区域性的政治动荡也给企业带来不小的冲击。在欠发达地区，政治风险同样突出。近年来部分宁波企业在非洲国家投资林木和农业项目。然而，由于这些国家的政治局势不稳定，如政权更迭、政策变动和局部武装冲突等，投资项目的推进和运营常常面临巨大挑战，项目常常面临被迫暂停或撤资的风险。

（二）自然灾害风险

自然灾害风险往往具有突发性和不可控性。由于"走出去"的宁波企业对当地环境和自然灾害的应对经验相对较少，一旦遭遇自然灾害，其损失和应对难度将显著增加。同时，宁波企业在海外的投资和业务分布广泛，涉及多个国家和地区，这种地理分散性增加了自然灾害风险的管理难度。由于企业在不同国家的应急管理能力和资源有限，面对突发自然灾害时，难以及时协调和调动资源进行应急响应。例如，2018 年菲律宾的台风"山竹"造成了严重的破坏，由于缺乏有效的灾害预警系统和应急预案，一些在当地设有生产基地的宁波企业受到了极大影响，在灾后恢复中面临重重困难。

（三）法律风险

不同国家和地区的法律体系和监管要求各不相同，企业在不熟悉当地法律法规的情况下，容易触犯法律或陷入法律纠纷。例如，宁波企业在欧美地区市场的并购交易中，往往需要满足严格的反垄断审查、环境保护法律以及劳动法规等多方面的合规要求。此外，知识产权保护也是企业在海外运营中面临的重大法律风险之一。在一些新兴市场和发展中国家，知识产权保护体系尚不完善，侵权行为较为普遍。宁波的高科技企业在向这些市场出口或设立生产基地时，可能会遭遇专利、商标和商业秘密的侵权问题，影响企业的核心竞争力。另外，在国内政策环境变化、全球经济不确定性增加的背景下，宁波出海企业购买国内保险面临两大障碍：一是保险产品难以精准匹配其海外运营风险；二是投保与理赔流程繁琐，增加了操作难度和成本。宁波企业在"走出去"与"留下来"之间需要作出战略性的权衡。

（四）财务风险

宁波市的大多数企业以中小微企业为主，这类企业的资本积累相对有限，因此融资渠道狭窄、应收账款难以收回成为其在"走出去"过程中遇到的主要挑战。银行等传统金融机构对小微企业贷款审慎，要求高抵押与良好财务，而小微企业难达标，导致融资受限，不得不依赖自有资金或有限融资。加之海外业务信用风险高，应收账款回收难，影响资金链稳定，进一步加剧了国际经营的不确定性。宁波以制造业出口为主，重资产运营模式与小微企业的融资难形成了矛盾。这种情况下，企业往往缺乏足够的资本支持以应对重资产运营的需求，如建设工厂、购置设备和开发基础设施等。加之由于人民币汇率的不确定性，企业在外汇结算和跨境资金流动中可能遭受汇兑损失，给企业的财务管理带来额外的挑战。

（五）市场风险

宁波企业在进入海外市场时，常常面临市场准入障碍和激烈的竞争压力。在一些发达国家，市场准入门槛较高，包括严格的产品质量标准、环境保护要求和安全法规等。宁波企业在进入这些市场时，需投入大量资金进行认证和合规，以满足当地的市场要求。同时，跨国物流和供应链管理复杂，存在运输延误、成本上升等问题。从企业规模和经营实力来看，宁波缺少一流的具有国际化经验的大型企业，国际化经营和管理经验不足，普遍缺少与东道国国际非政府组织（NGO）合作的意识、能力和经验。宁波企业，尤其是制造业领域的企业，往往依赖单一客户或少数几个主要客户。这种依赖使得企业在面对市场波动时缺乏弹性，一旦主要客户的订单减少或取消，企业的收入和现金流将受到严重影响，增加企业出口的风险。

## （六）运营风险

小微企业在海外业务运营中普遍存在风险管理意识和能力不足的问题。由于企业规模较小，管理层往往更关注短期的生产和销售业绩，而忽视长期和潜在的风险管理。例如，宁波部分企业在投资发展中国家和新兴市场时，常常面临当地基础设施落后的问题。这些国家的交通、物流、电力等基础设施不完善，严重制约了企业的生产和运营。一些宁波企业在非洲国家投资设厂时，若当地的公路和铁路运输网络不发达，部分厂商甚至要进行开荒工作，导致原材料和产品的运输成本高昂且时间不可控。在全球化背景下，企业在走向国际市场时，往往涉及整个产业链的延伸和整合。然而，在产业链模式下，一旦链条上的某一环节出现问题，便可能对整条链条产生连锁反应，导致巨大的风险。这种情况下，如果缺乏全面的风险管理和保障体系，企业的经营稳定性和国际竞争力都将受到严重影响。例如，在2011年日本东部大地震和海啸期间，全球供应链受到了严重影响。宁波的一些企业因依赖日本的零部件供应，对当地自然灾害风险评估不足，而在地震后面临供应链中断的问题，影响了生产计划和交付时间。此外，宁波产业结构以服装、汽配、航运为主，多处于全球产业链低端。与部分国家合作集中于基建、能源等宁波非优势领域。传统制造企业进军高技术市场受阻于技术壁垒与创新短板，若运营、技术、创新能力不提升，结构不优化，将难以应对国际市场高标准与多样化需求，加剧出口风险。

综上所述，尽管宁波企业在全球市场拓展方面取得了显著成绩，但这些企业仍面临诸多风险，这些风险在多个层面威胁着企业的经营稳定性和可持续发展能力。基于这一现实，强化风险管理对宁波企业的持续稳健发展至关重要。有效的风险管理不仅可以帮助企业应对当前的各种挑战，更是企业实现长期稳定发展的重要保障。

## 三、保险业对宁波企业"走出去"的支持策略

2023年，浙江提出实施"地瓜经济"提能升级"一号开放工程"，着重强调稳外贸、培育外贸新动能、畅通国际物流体系，并推动企业拓展海外市场，完善企业"走出去"的国际布局，织密境外经贸网络，强化境外投资风险防范。在支持企业"走出去"的过程中，宁波市不仅依托现有的保险和服务平台，还积极推出了一系列政策与金融的创新。例如，宁波市政府联合保险机构推出了覆盖进出口贸易、知识产权保护以及中小企业融资担保等领域的专项保险产品。政府通过补贴保险费用、设立综合服务平台、打包小微企业等方式，降低企业参与门槛，激励企业充分利用这些政策性保险产品，以增强其抗风险能力。这些创新措施的实施，不仅进一步扩大了保险服务的覆盖范围，还为企业提供了更多元化的金融工具，帮助其更好地应对国际市场的复杂环境。表4整理了宁波保险业在不同风险类型下的风险管理策略及其创新实践。本部分将从保险的基本功能出发，深入探讨宁波保险业如何助力企业更好地"走出去"。

表4　保险业对宁波企业出海的支持策略及创新

| 风险类型 | 风险管理策略 | 宁波创新 |
| --- | --- | --- |
| 政治风险 | 出口信用保险 | 服惠保 |
| | 企业财产保险 | 小微企业统保平台 |
| | 纠纷处理 | 人保经验 |
| | 海外投资保险 | 中信保经验 |
| | | "保险＋海外仓"模式 |
| 自然灾害风险 | 企业财产保险 | 人保经验 |
| | 风险预警 | 人保风险建议书服务 |

续表

| 风险类型 | 风险管理策略 | 宁波创新 |
|---|---|---|
| 法律风险 | 知识产权保险 | "保险＋服务"模式 |
|  | 法律援助 | 宁波知识产权保险运营服务中心 |
|  | 纠纷处理 | 甬企"走出去"服务联盟 |
|  |  | 中信保经验 |
| 财务风险 | 出口信用保险 | "保险＋金融"服务 |
|  | 财务梳理 | 太平洋保险搭建财务梳理系统 |
| 市场风险 | 行业调研 | "行业的朋友"系列论坛 |
|  | 产业链思维 | 甬企"走出去"服务联盟 |
| 运营风险 | 企业财产保险 | 小微企业统保平台 |
|  | 法律援助 | "保险＋服务" |
|  | 纠纷处理 | 中信保经验 |
|  | 产业链思维 | 中信保经验 |
|  | 行业调研 | "行业的朋友"系列论坛 |

（一）经济补偿：风险应对的保险防线

**1. 短期出口信用保险**

宁波市是典型的外向型民营经济主导城市，其汽车制造、电气机械和器材制造、化工、纺织等支柱产业高度依赖外贸，外贸依存度超过60%。在高度竞争的国际贸易环境中，资源受限的中小企业常采用赊销（O/A）等灵活销售策略，以吸引并扩大海外订单量。然而，这种策略也伴随着显著风险，包括买方信用状况的不稳定性以及国际政治经济局势的波动，这些因素均可能使企业面临应收账款难以如期收回的困境，进而对其资金流动性和经营稳定性构成威胁。

在此背景下，出口信用保险的引入，不仅可以显著降低企业在国际贸易中的风险暴露，还能增强其在全球市场中的竞争力。出口信用保险是指企业向保险公司投保的一种保险形式，其目的在于为出口货物、服务、技术及资本交易所产生的应收账款提供全面的安全保障。该保险以国外买方信用风险为主要保险标的，旨在帮助企业有效抵御因买方信用状况不佳、国际政治动荡等风险因素所导致的应收账款难以收回的风险。当保险条款中明确界定的风险事件发生时，如买方违约导致应收账款无法收回，保险公司将立即介入，迅速启动理赔和追偿程序，以最大限度减轻企业的经济损失，有效防止企业资金链断裂，从而确保企业运营的连续性和稳定性。

目前，中信保宁波分公司的政策性出口信用保险已承保支持宁波出口金额达 383.5 亿美元，保单数量超 8000 张，企业渗透率达到 36.6%，高出浙江省平均水平五个百分点，高出全国平均水平十一个百分点。出口信用保险不仅为外贸企业提供风险抵御机制，确保其应收账款的安全性，同时还可以通过保单增信的方式，助力企业扩大融资渠道，发挥金融杠杆效应，实现保险与融资的良性互动，进而促进出口业务的发展。具体而言，该保险为出口企业提供的保单融资增信规模已高达 129.7 亿元。

除了传统的出口信用保险以及专为电商企业量身定制的"易跨保"保险模式，宁波还积极借鉴出口信用保险在支持传统货物贸易领域的经验，成功将其应用范围拓展至服务贸易领域。针对宁波国际运输服务业中广泛存在的中小微企业，宁波推出"服惠保"保险方案，旨在进一步完善服务贸易行业的海外风险控制体系。"服惠保"通过政府搭建的投保平台，借助政府的宣传与鼓励，有效引导企业积极投保，充分发挥政府政策的引导作用，彰显政府对服务贸易行业的大力支持，进一步增强了企业开拓国际市场的信心与决心。对中小微企业而言，"服惠保"平台提供了宽松的准入条件，极大地丰富了其开发海外市场的风险控制手段。同时，通过政策红利、政府补贴等多种方式，有效降低了企业的投保成本，使中小微企业能够充分享受到"普惠金融"

政策带来的便利与实惠。

### 2. 企财险

随着企业"走出去"进程的推进，企业为扩大生产及海外影响力，选择在海外投资建厂。对海外资产而言，企业为保证生产的正常运行，往往会采用企财险来抵御风险。企财险主要通过提供风险转移和经济补偿功能，帮助企业应对各种可能的财产损失风险。对在海外建立生产基地的企业而言，企财险能够在资产遭遇自然灾害或者人为侵害时，提供全面的保障。这种保险不仅涵盖建筑物、生产设备、存货等固定资产的损失，还可以根据企业的需要，扩展保障范围至运输途中的货物损失、机械设备损坏、员工意外等更广泛的领域。例如，当海外生产基地遭遇火灾导致工厂和设备损毁时，企财险可以根据保单约定迅速启动理赔程序，对受损资产进行及时定损，并在最短时间内完成赔付，从而帮助企业降低直接的财产损失。

为了降低成本并寻求安全感，企业往往倾向在国内投保。为适应当地保险法规的监管要求，宁波的人保财险公司采用保单分回的合作方式与当地保险公司合作。当企业发生保险理赔时，首先由当地保险公司进行定损和赔偿，人保公司在核对定损报告等资料后，再向当地保险公司进行赔偿。得益于人保的信誉背书，当地保险公司有时甚至愿意先行赔付，再向人保公司追偿。此外，人保财险还协助企业与当地政府协商，获得国内承保的豁免权，由国内保险公司直接承保。这一机制有效缓解了企业在遇到风险事件后的资金压力，帮助其迅速恢复正常经营活动，并提升了整体风险管理效果。

### 3. 海外投资保险

宁波跨境电商企业众多。对宁波的跨境电商企业来说，跨境供应链是决定跨境电商公司能否长远发展的首要条件，是跨境电子商务的关键环节。伴随着跨境电商业务的蓬勃发展，邮政小包、直邮、包机等传统型跨境电商物流方式的弊端逐渐显现，传统物流体系使得卖家在提高利润的同时并保持竞争优势的能力大打折扣，大大制约了跨境电商的发展。为了扩大国际贸易规模并规避部分贸易制裁的束缚，宁波企业尝试直接在海外布局仓库与生产线。例如，乐歌海外仓在全球已经部署了 17 个海外仓，总仓储面积约 535 万平方英尺，已服务超 700 家跨境电商企业，持续助力中国品牌跨境出海。

海外仓的出现有效解决了传统跨境电商物流体系中存在的诸多难题，极大地推动了跨境电商行业的发展。然而，海外仓的建设需要大量资金投入，面临着较高的建设成本和较长的资金回收周期。为此，宁波保险业为宁波跨境电商企业推出了"保险 + 海外仓"模式，通过海外投资保险帮助企业应对这些挑战。海外投资保险不仅为企业在海外仓库建设中的资金投入提供保障，将企业可能面临的政治风险转移到保险公司，还能通过保险保单帮助电商企业解决轻资产、重资金的融资难题，缓解资金回收周期长的问题，确保企业的生产和经营持续稳定。

目前，得益于宁波保险业多样的"保险 + 海外仓"服务模式，宁波跨境电商特殊区域出口海外仓业务量居全国第一，占比近三分之一。此外，全市海外仓数量和面积分别占全国的九分之一和六分之一，省级海外仓数量位居全省第一。①

### 4. 知识产权保险

随着"走出去"步伐的加快，中国企业在海外的知识产权保护问题也日益凸显。知识产权不仅关系企业的核心竞争力，也是企业可持续发展的关键。近年来，各大保险公司如人保、太平洋保险以及阳光财险等都在不断开拓海外知识产权保险业务。一方面对企业在海外经营过程中被侵权问题，为企业提供损失补偿及维权咨询等，帮助企业

---

① 参考宁波市商务局。http：//swj. ningbo. gov. cn/art/2023/12/12/art ＿ 1229051964 ＿ 58932034. html.

在海外经营维护自身利益，保持企业海外竞争力；另一方面，企业海外经营存在信息方面的缺陷，会在经营过程中侵犯其他企业或个人的知识产权或专利，知识产权险承担经济赔偿责任、法律费用等。

在此背景下，宁波市市场监管局、宁波市地方金融监管局、国家金融监督管理总局宁波监督局整合各方资源，为更好地保护企业的知识产权，联合各保险公司共同建设宁波市知识产权保险运营服务中心，由它承载宁波市知识产权保险项目推广、宣传、管理、研发等职能，鼓励引导企业通过商业保险手段来减少在知识产权创造、保护过程中的资金损失。

为助力宁波企业开拓海外市场，积极应对海外知识产权纠纷，防范企业在国际贸易场景下可能面临的各种风险，在知识产权保险运营服务中心的推动下，宁波已率先实现工业产权领域三大服务体系相关保险的全覆盖，包括马德里商标国际注册申请费用补偿保险、PCT 国际专利申请费用补偿保险以及工业品外观设计国际注册申请费用补偿保险。这些保险有效降低了企业在申请商标被驳回时的注册费和代理费损失，鼓励企业大胆申请国际商标。此外，宁波还推出知识产权海外侵权责任保险。该产品采用"保险＋服务"的创新模式，在承保前为企业提供风险评估和防范建议，帮助企业降低潜在的知识产权侵权风险，并在发生侵权事件时提供全方位的理赔与法律支持，确保企业的权益得到最大程度的保护。

（二）风险减量：专业服务的价值创造

宁波的民营企业和中小微企业由于信息渠道的缺乏和经营规模的限制，他们缺少对海外经营风险的管理手段以及对行业的深度研究，相比在国内经营，企业在与国外买方进行交易或者进行海外投资时严重缺乏客户、市场以及政策与法律环境等方面的信息，同时小微企业往往又难以独自承担信息搜集与风险管理的压力。因此，宁波的保险公司结合宁波企业的实际情况，提供包括财务梳理、风险预警、法律援助、纠纷处理以及行业调研在内的定制化风险减量服务，以助力宁波企业在海外经营中有效减少损失。

**1. 财务梳理**

财务梳理是指通过保险公司自有的咨询部门以及行业调研部门，或者通过与第三方公司合作，对企业的交易对象进行财务分析及商业风险衡量，梳理企业当前的应收账款，衡量各款项违约风险的大小，帮助企业进行买家筛选，规避财务不良买方的违约风险。例如，太平洋保险宁波分公司为民营企业搭建财务梳理系统，帮助管理出口信用保险相关的应收账款，对买方的财务及商业经营情况进行调查，包括宁波的服饰、塑料等行业，涉及 2000 多家企业，财务梳理的贸易额超过 27 亿美元。

**2. 风险预警**

风险预警是保险公司帮助企业在面对复杂环境时保持稳定运营的关键措施。该措施通过对多种风险因素进行综合分析，以提供及时的预警信息，帮助企业有效应对潜在的威胁。通过关注政治环境的稳定性、自然灾害的发生概率、经济指标的波动以及法律法规的变化等风险因素并提前预警，可以让企业在问题出现前作出相应的调整和准备。这种提前预警的能力有助于企业在风险事件发生时迅速采取应对措施，从而减轻可能的损失，保障运营的连续性。此外，风险预警系统还能提升企业对风险的敏感性，优化决策过程，使企业在复杂和动态的环境中保持竞争力和稳定性。

中国人民财产保险股份有限公司（以下简称人保）设立专业团队，专门分析和监控企业所在国的政治风险、自然灾害风险等信息。通过持续密切的风险监测，人保的团队能够及时识别企业所在国的潜在风险，并向企业提供预警信息。这一机制帮助企业更迅速、有效地识别和应对风险，提升企业的风险管理能力，从而确保企业在复杂的国际环境中保持稳健运营。

### 3. 法律援助

在法律援助方面，保险公司可以提供多项增值服务。一方面，当违约发生时，保险公司完成出口信用保险赔付，依照合同介入，派遣海外律师提出诉讼追偿催收；另一方面，当企业涉及违反当地法律、侵害或被侵害权利，需要进行跨国诉讼时，为企业接入咨询部门和法律援助服务。

为了更好地帮助宁波企业应对法律风险，由政府牵头，宁波各保险公司共同成立了宁波知识产权保险运营服务中心，组建了专家、服务、技术三大队伍，在涉及知识产权诉讼时，创新性地提出"保险 + 服务"的模式，为企业提供一站式的法律服务，帮助企业降低损失、减少法律和合规风险。

### 4. 纠纷处理

当企业陷入商业或政治纠纷时，保险公司可以凭借对海外业务的了解及与国际机构的合作，帮助企业与对方建立沟通桥梁，保护民营企业在国际贸易纠纷中的合法权益，此外中信保甚至可以从国家层面对企业在外投资进行调节。

以非洲的某林业项目为例，该项目原为新加坡公司林场承包，计划砍伐后做成棕榈园，由广东某公司接管专卖承包后，发现基建差、加工产品难以运输等问题。此外，东道国还发布针对珍稀树种的禁伐令，要求当地加工，禁止原木出口，甚至禁止伐木。最终由中国信保向该公司进行赔付，后由国家出面进行调节，使该公司顺利完成再生产。

### 5. 行业调研

为了帮助宁波企业更好地了解所在行业的国际发展态势，宁波的保险公司积极为企业提供丰富的行业资讯和支持。例如，承担海外业务的保险公司会针对投保企业及其保险标的进行行业调研。与企业自身相比，保险公司对国际市场变化更为敏感，通过信息共享，帮助企业掌握全球市场动态，从而作出更为合理的未来规划和生产安排。这不仅有助于企业节省资金，还能有效规避商业风险。

此外，保险公司还积极组织行业论坛，助力企业交流与发展。2023年5月31日，第三届"行业的朋友"系列论坛在宁波举办，由中国出口信用保险公司宁波分公司主办，围绕外贸重点行业和重点领域的高质量发展需求，立足全球视野，旨在帮助特定行业的企业在风险中寻找机遇，稳步增长、提升质量。论坛分为纺织服装、日用品、家电，以及汽车及零部件等专场，为企业提供行业趋势分析和应对策略，推动各行业在国际市场上的持续进步。

### 6. 产业链思维

全球化背景下，产业链中断将带来严重的连锁反应。因此，企业在"走出去"过程中需要具备产业链思维，不仅关注自身的运营，还要确保产业链上下游的稳定与安全。

中信保在支持企业海外发展的过程中，坚持产业链思维，不仅为单个企业承保，还兼顾企业所在行业的上下游环节，提供全方位的风险保障。例如，宁波的艾科制冷公司起初仅从事空调安装零部件销售和制冷剂出口，但在遭遇国际市场反倾销和配额限制的挑战后，逐步拓展到全球供应链的各个环节，涵盖制冷剂、热泵、空调安装件等全产业链生产。艾科制冷在拓展海外业务过程中，通过中信保的支持，能够对每一家海外客户进行资信调查，制定相应的贸易策略，并在遇到纠纷时得到海外律师团队的援助，以应对海外市场的不确定性。这样的支持帮助企业有效规避其在跨境经营中的信用风险和法律风险，推动其逐步发展成为全球化的制冷及水暖解决方案供应商。

总之，对企业的海外经营，保险业提供经济补偿不仅能够帮助企业抵御风险，而且能够增加企业"走出去"的信心。通过帮助企业进行财务梳理、法律援助等风险减量举措，极大减少了企业出海面临的阻碍，为企业在全球市场的稳健发展奠定了基础。

### （三）资金融通：助力企业的资金周转

在企业"走出去"的进程中，随着海外客户与订单的增多，企业面对的海外竞争更加激烈，企业对产业链和海外的投资需求日益增加。如何扩大融资规模使得企业有更多资金用于扩大生产是企业不得不面对的难题。宁波的保险业通过保单与银行增信的结合，提供如"易跨保""信保贷"等"保险＋金融"的服务，帮助企业扩大融资，推动宁波"地瓜经济"的发展。

**1. 保单增信**

（1）出口买方信贷保险

出口买方信贷是指在中信保提供政策性保险的前提下，为促进出口企业出口或对外工程承包企业承揽境外工程，由出口方银行向国外进口商、政府机构或金融机构提供的中长期融资业务。

从企业融资角度来说，买方信贷通过政策性保险，将海外银行向企业发放贷款的风险转移到中信保，帮助出口企业及海外承包项目获得当地金融机构的融资，保障企业的海外经营。另外，买方信贷融资方式不占用企业在国内银行的授信，不仅可以拓宽企业融资的渠道，还可以由银行向中信保投保，降低银行的信贷风险。

从出口商角度来说，由于买方信贷是进口方负责融资，对出口商来说是即期收款，无需融资负债，保障了出口方的收汇安全，稳固了交易双方的合作关系，进而推动企业成套设备及境外工程的进程。

（2）出口卖方信贷保险

与买方信贷不同，出口卖方信贷的借款人是出口方，在中信保提供卖方信贷保险的支持下，出口方与海外进口方签订延付商务合同，由贷款银行与出口方签订"贷款协议"并提供贷款。出口卖方信贷同样需要海外业主提供担保，在海外业主无力支付的情况下提供保障。

对外贸企业来说，买方是否按时交割货款是继续经营的关键。买方信贷的引入，可以在保障外贸企业继续生产的同时，通过延长期限和信用保险的形式，降低买方违约的商业风险。不仅可以帮助宁波的外贸及中小微企业快速进行资金回流，进行再次生产销售，还可以借助保险公司进行客户筛选，预防商业风险的再次发生。

相较出口买方信贷保险，卖方信贷的贷款人及出口商都在国内，不仅可以节省国内中资银行与境外客户之间就贷款协议进行谈判的时间成本，而且在融资规模上，企业在国内贷款人方面的信息更透明，信用评级更高，获得的贷款规模也更大。

**2. 担保授信**

对宁波的中小微企业来说，难以从银行获得融资主要有两个方面原因：一方面企业体量小，往往销售额不突出，经营情况比较固定，银行难以拿到很好的数据来给中小微企业提高信用评级；另一方面，宁波的中小微企业往往以外贸为主，缺少较大价值的固定资产，从银行获得贷款的额度受到限制。

为解决以上的问题，宁波保险业出台"易跨保"等保险服务方案，大力推广"信保贷""融资指数"等线上融资服务，一方面让企业通过出口信用保险等保单以及由保险公司发布的企业报告来提高信用评级，从而获得更多融资；另一方面，借助账款转让协议，将应收账款或保险责任范围内的赔款转让给银行，以此获得银行融资。

从服务方案实施过程来看，宁波政府在这些"保险＋融资"的服务方案实施过程中起到重要的协调作用：一方面联合保险公司和银行，有针对性地开发面向中小微企业的险种及融资方案，另一方面，对中小微企业进行筛选，通过政策红利等，刺激优秀的中小微企业投保的积极性，同时帮助保险公司及银行降低承保及融资风险。

此外，针对企业的海外承包项目及海外投资并购，保险业提供担保融资的服务，由保险公司开具保函，提升融资企业的信用，帮助企业获得境外银行或企业的投资。融资担保可以扩宽企业资金的来源以及提高资金数额，不仅可以帮助企业扩大海外影响力，提高企业的国际竞争力，还可以建立企业与海外企业和金融机构的桥梁，为企业进一步"走出去"打好基础。

### （四）社会管理：扩展普惠服务的覆盖广度

在宁波企业"走出去"的战略实践中，作为一个关键维度，社会管理不仅关乎企业的国际化进程，还直接影响企业的全球竞争力和可持续发展。社会管理涵盖风险防范、金融支持、政策扶持等多个方面，而通过实施一系列普惠服务措施，宁波市政府和相关机构共同构建出一个广泛覆盖、深入服务的支持体系。这一体系不仅提升了企业应对国际市场复杂性的能力，还有效促进了宁波企业在全球范围内的市场拓展。

**1. 小微企业统保平台：构筑普惠服务的基础性保障**

小微企业统保平台的设立，是宁波市支持中小微企业国际化发展的重要举措。在宁波，企业以小微企业和个体经营为主。这些企业在"走出去"的过程中，由于规模较小、资源有限，往往面临更为严峻的风险和挑战。许多小微企业的经营者对海外市场的复杂性缺乏足够的认识，加之保险意识薄弱，使得他们在面临潜在风险时，往往选择不购买或不知道如何购买适合的保险产品。这种情况下，如果没有适当的保险保障，这些企业在遭遇风险事件时，如应收账款坏账、交易企业破产、供应链上游企业经营中断等，很可能就会导致资金链断裂，甚至面临破产的风险。

为了降低这些企业在海外市场上的风险，宁波市政府与保险机构合作，建立小微企业统保平台，旨在为符合条件的企业提供全面的保险保障。该平台通过政府出资的方式，为企业提供出口信用保险、货物运输保险等多种保险产品。这不仅有效降低了小微企业的投保成本，减轻了其财务负担，还简化了投保流程，使得这些企业能够更加便捷地获得必要的保险服务。这对提升小微企业的海外市场参与度、增强其风险应对能力起到了积极作用。

从实际效果来看，小微企业统保平台的设立具有重要的政策意义。它不仅反映出政府在支持企业国际化方面的主动态度，还通过与保险公司的合作，推动了保险业在服务小微企业方面的创新发展。通过该平台，企业即使对保险缺乏了解，也能获得全面的风险保障，减少在国际市场上遭遇重大风险时的损失。特别是在面对复杂多变的海外市场时，这种保障显得尤为重要。平台涵盖的多种保险服务，不仅满足了企业在出口过程中的基本需求，还进一步提升了宁波市小微企业在海外市场中的竞争力。

从长远来看，小微企业统保平台不仅帮助企业降低了经营风险，还通过系统性风险的有效管理，促进了宁波市整体产业结构的优化升级。通过支持小微企业走向国际市场，统保平台为宁波市带来了更多的外部市场机会，推动了区域经济的持续发展。因此，统保平台的意义不仅限于风险保障，更是宁波市经济全球化进程中不可或缺的制度创新。政府每年对平台的资金投入和政策支持，不仅提升了小微企业的抗风险能力，也逐步营造出一个更加安全和可持续的"走出去"环境，为宁波企业的全球化发展提供了强有力的支持。

**2. 甬企"走出去"服务联盟：打造"一站式"综合支持平台**

随着全球化进程的加快，企业在走向国际市场的过程中不仅面临着传统的商业风险，还需要应对愈发复杂的政治、法律等非市场因素。面对日益变化的国际市场环境，宁波市设立的"甬企'走出去'服务联盟"成为企业国际化发展过程中的重要支撑平台。该联盟整合了政府资源、法律咨询、市场调研等多个服务模块，为企业提供从市场进入策略、法律合规到风险管理的全方位支持。

具体而言，联盟不仅帮助企业在海外市场拓展中解决实际问题，还通过与政策性保险机构的合作，提供政治风险保险、贸易信用保险等专业服务，以帮助企业有效规避可能遇到的各种风险。此外，宁波商务局还牵头邀请相关企业以及律所、会计师事务所、保险机构、银行、咨询机构等多方参与，通过建立群聊和定期举办会议等方式，搭建一个资源丰富的信息共享平台，为企业提供前瞻性市场分析和战略指导。这种合作方式让宁波企业在"走出去"时能够轻松接触到所需的资源并获取专业的咨询意见，确保这些企业能够在国际市场上更具竞争力。例如，中信保等专业机构通过联盟为企业提供投资建议，帮助企业了解东南亚近期行情较好的行业，识别中亚地区可能存在的严重政治风险。这种信息支持显著降低了宁波中小企业在国际市场上遭遇困难的可能性，使得企业在全球扩展时能够更加顺利和有效。

通过这些综合性的服务，甬企"走出去"服务联盟有效提升了宁波企业在全球市场中的竞争力和适应力。它不仅为企业提供了必要的信息和资源，还通过专业化的风险管理和保险服务，为企业的海外扩展保驾护航。正因为如此，该联盟已成为宁波企业"走出去"战略中不可或缺的支持力量，极大地提升了宁波企业应对国际市场不确定性的能力。在多方协同下，宁波企业能够更好地应对全球市场的挑战，实现平稳的国际化发展。

总的来说，宁波市通过建立小微企业统保平台、甬企"走出去"服务联盟，结合政策与金融创新，为企业"走出去"提供了多层次、系统化的支持。这样的一系列举措，不仅增强了企业应对国际市场风险的能力，也为其在全球市场的持续发展提供了坚实保障。宁波市的社会管理创新，在提升企业国际竞争力的同时，也推动了地方经济的高质量发展。宁波市的经验表明，政府与保险行业的协同合作，不仅是提升企业国际竞争力的重要保障，更是社会管理中不可或缺的一环。

（五）多元协同：保险经纪应对海外投保的难题

随着宁波企业不断加快全球化步伐，国际市场的复杂性和不确定性给企业带来了前所未有的挑战。这些挑战不仅限于地缘政治、法律环境的多变，更涉及文化差异、市场动态的迅速变化等多方面因素。在此背景下，保险经纪作为连接企业与全球保险市场的关键节点，承担着至关重要的角色。通过多层次、多领域的协同，保险经纪公司在应对海外投保的复杂性、提升企业全球竞争力与抗风险能力方面发挥了核心作用。

**1. 中国人民财产保险股份有限公司：全球网络与定制化服务的协同效应**

中国人民财产保险股份有限公司（以下简称人保）作为宁波企业"走出去"过程中的重要合作伙伴，充分发挥了其在全球网络布局、丰富的保险产品线及深厚的风险管理经验方面的优势。人保在协助企业应对海外市场复杂性方面，展现了全方位的协同效应。

首先，人保通过其遍布全球的保险网络，为宁波企业提供了丰富的风险保障。虽然人保在国外未设立直接分支机构，但通过与众多国际合作伙伴（包括国外保险公司及全球知名的保险经纪公司等）的紧密协作，人保确保宁波企业在海外的利益得到充分且全面的保障。因合规和监管要求，许多国家要求企业在本地购买保险。为此，人保通过与当地保险公司的合作，在当地出具保单并提供保障，随后再通过经纪公司将保额和保费按比例分回国内。这种全球协同的网络体系，使得企业能够在任何市场环境下保持稳定运营，应对不同国家和地区的保险需求。

其次，人保的定制化保险方案高度契合企业的具体需求。例如，针对大型工程项目，人保可以提供专门的工程险种，确保项目的顺利实施。同时人保还为有需要的企业提供政治风险保险，帮助企业规避由此可能带来的严重经济损失。这种高度定制化的服务，意味着人保不仅是保险产品的提供者，更是企业全球运营的风险管理顾问，其服务涵盖从风险识别、评估到最终的风险转移。

最后，人保在跨境理赔服务领域同样展现出卓越的协同效应。虽然人保本身不直接在海外设立分支机构，但通过与当地保险公司和保险经纪公司的合作，能够在事故发生时直接进行查勘定损和理赔。随后，人保再根据实际赔付情况向经纪公司和当地保险公司进行赔付。这种合作模式不仅确保企业在海外市场中遇到问题时能够迅速恢复生产、减少损失，也降低了人保派出大量核保和查勘定损人员到国外工作的时间和成本，进一步优化理赔流程和效率。

人保的模式不仅提升了宁波企业在全球市场中的应对能力，也为中国保险公司在国际市场中的服务扩展和风险管理提供了新的可能。通过这种全球化协同，人保不仅减少了时间和金钱上的成本损失，还为宁波企业"走出去"保驾护航，确保宁波企业海外利益得到有效保障。

**2. 百瑞保险经纪公司：内部资源整合与风险控制的深度融合**

在宁波企业"走出去"过程中，虽然像人保这样的传统保险机构能够为企业提供基础的风险保障，但其服务模式和保障范围往往相对有限，难以全面满足大型企业在全球扩展过程中所面临的复杂风险需求。这时，企业自建的保险经纪机构成为补充和提升风险管理的关键。

作为均胜集团内部专门设立的保险经纪机构，百瑞保险经纪公司（以下简称百瑞）应运而生，旨在满足集团全球化扩展过程中的复杂风险管理需求。与传统保险机构相比，百瑞能够凭借均胜集团的规模和实力，在应对全球化扩展的过程中展现出独特的优势。首先，均胜集团规模庞大，业务分布广泛，涵盖多个行业，且涉及的地区和业务复杂多样，因此均胜集团需要一种更为灵活且专属的保险经纪模式，以应对全球化运营中的多重风险。其次，作为一家具备全球化视野和雄厚资源的企业，均胜集团有能力组建内部的保险经纪公司，进而增强其在风险控制和管理上的自主性与灵活性。

百瑞的核心优势在于其强大的内部资源整合与高效利用能力。通过深刻理解企业在生产、机器运作、供应链管理及人员管理等方面的潜在风险，百瑞能够为均胜集团量身定制全球保险排分方案。这种高度匹配的方案，帮助企业在全球化运营中，减少信息不对称导致的风险，同时确保各子公司在复杂多变的国际市场中，始终具备高度的风险管理意识与应对能力。

与传统保险机构提供的通用产品不同，百瑞的风险管理服务更具专业性和针对性。它不仅提供保险产品，还深度介入企业的运营流程，通过系统化的风险识别、评估及管理，为企业提供包括突发事件应对、市场波动管理等全方位的解决方案。这样，从风险识别、评估到风险转移的全程服务，为企业在全球市场中长期稳定发展提供了有力的保障。

通过百瑞，均胜集团不仅强化了内部的风险控制，还为其他宁波企业提供了在全球市场中应对复杂风险的成功经验与支持，彰显企业在全球化背景下自主掌控风险的能力与优势。

除了服务于均胜集团，百瑞还为众多其他宁波企业在"走出去"过程中提供风险咨询、保险方案设计及排分等全方位服务。百瑞专门为出海企业设计打造出一揽子的保险保障方案，涵盖企业在海外运营中的方方面面，如企业资产与利润保护、企业法律责任保障以及企业人员与健康保护等。

企业资产与利润保护：通过海外企业财产一切险、海外企业营业中断保险等产品，保障因自然灾害、意外事故等导致的财产损失及营业中断带来的利润损失与成本增加等。

企业法律责任保障：包括海外企业董监高责任保险、出口产品责任保险等，保障企业高管在履职过程中因疏忽或不当行为而遭受的赔偿请求，以及因产品缺陷导致的客户或公众伤害赔偿责任等。

企业人员与健康保护：通过海外雇员雇主责任保险、海外商务旅行保险、海外医疗健康保险等产品，保障海外员工在雇用期间因人身伤亡、就医或职业病导致的损失，以及旅行期间的意外伤害、医疗费用和财物损失等。

表5　百瑞保险经纪公司针对出海企业打造的一揽子风险保障

| 出海企业自身利益 | 保险产品 | 保障内容 |
| --- | --- | --- |
| 企业资产与利润 | 海外企业财产一切险 | 自然灾害、意外事故等导致的海外企业财产损失以及为减少损失而发生的相关费用 |
| | 海外企业营业中断保险 | 海外企业发生意外事故后，营业中断所导致的利润损失及额外费用 |
| | 海外工程一切险 | 海外工程在建期间因自然灾害、意外事故导致的损失，覆盖第三者责任 |
| | 全球货运保险 | 覆盖企业全球范围内的货物运输风险，包括中国境内到全球各个国家的运输风险 |
| 企业法律责任 | 海外企业营业高责责任保险 | 涵盖企业在海外经营过程中因意外导致第三方伤亡或财产损失 |
| | 出口产品责任保险 | 出口产品在海外市场因质量问题对第三方造成的财产损失或人身伤害 |
| | 海外雇员责任保险 | 企业因雇员在海外受伤或死亡产生的雇主责任 |
| 企业出海人员 | 海外商务旅行保险 | 覆盖出差期间的意外伤害、医疗费用等 |
| | 海外医疗健康保险 | 覆盖在海外发生的医疗费用 |
| | 海外安全协护与综合保险（绑架勒索条款） | 为企业海外高管和员工提供绑架、勒索等特殊风险的保障 |

通过这些全方位的保障方案，百瑞为宁波企业"走出去"提供了坚实的风险管理支持和保障，帮助企业在国际化过程中有效降低风险，稳健推进全球业务的拓展。

**3. 保险经纪公司的多元化助力作用**

在全球化进程不断加深和科技日新月异的背景下，保险经纪公司在宁波企业"走出去"过程中所扮演的角色愈发关键。作为企业全球运营中的重要风险管理合作伙伴，保险经纪公司通过精准的风险识别、多元化的保险产品设计、高效的跨境理赔协同，以及与其他金融服务的跨界融合，全面助力企业应对国际市场中的多重挑战，为其全球化扩展提供了坚实的保障。

（1）精准的风险识别。保险经纪公司凭借其对市场环境和企业运营细节的深刻理解，在全球风险管理领域展现出独特的优势。通过全面识别企业在国际市场中可能面临的各类风险，保险经纪公司能够针对宁波企业的具体需求，量身定制风险管理策略，涵盖从传统市场风险到复杂的政治、法律及环境因素。这种定制化的风险管理不仅有效降低了企业在全球市场中存在的不确定性，也为其构建稳健运营体系奠定了基础。

（2）多元化的保险产品设计。在风险识别的基础上，保险经纪公司可以进一步发挥其在保险产品设计与优化方面的核心优势。针对宁波企业的多样化需求，保险经纪公司能够提供一揽子保险方案，从企业资产、利润保障到法律责任与人员安全，全面覆盖企业在全球化运营中的各种风险。这些定制化的保险产品不仅符合企业的实际需求，还充分考虑了国际市场的特殊性，帮助企业有效应对其在全球化扩展过程中可能遭遇的各种突发事件和市场波动。

（3）高效的跨境理赔协同。保险经纪公司在跨境理赔服务方面的协同效应亦不可忽视。通过与全球范围内的保险公司及再保险机构合作，保险经纪公司构建出广泛的跨境服务网络，确保企业在国际市场中的保险理赔流程高效、透明。这种服务模式不仅提升了企业的理赔效率，还提高了对保险服务的信任度，极大地减轻了企业因跨境理赔带来的法律、语言和文化方面的障碍。

（4）与其他金融服务的跨界融合。保险经纪公司通过与银行及其他金融机构的深度合作，推动了保险与融资服务的跨界融合。这种创新服务模式使得企业在享受全面风险管理的同时，获得了更为灵活的融资支持。特别是对中小型宁波企业而言，这种融合大大降低了其融资成本，增强了资金流动性，为其在国际市场中的扩展提供了重要的财务支持。

综上所述，保险经纪公司在宁波企业"走出去"过程中，不仅在风险识别与管理、保险产品设计与优化方面发挥了关键作用，还通过跨境理赔服务的高效协同和金融服务的跨界融合，全面提升了企业的全球竞争力。随着技术的不断进步，保险经纪公司将继续在宁波企业全球化发展中发挥重要作用，成为宁波企业在国际市场中持续稳健发展的核心支持力量。

## 四、宁波保险实践的挑战与发展建议

### （一）复杂的挑战

在宁波企业"走出去"过程中，作为关键的风险管理工具，保险业面临着诸多复杂的挑战。这些挑战不仅源自全球市场环境的多样性和不确定性，也与企业的实际需求和保险业的服务能力之间存在的差距密切相关。以下将详细分析保险业在助力宁波企业全球化过程中所面临的主要困难。

#### 1. 海外风险复杂性与管理难度的挑战

宁波企业在拓展国际市场时，所面临的风险环境极其复杂且多变，这对保险公司提出了巨大的挑战。不同国家的政治风险、经济波动、法律法规差异等因素，都将对企业的海外经营活动产生深远影响。特别是在当前全球贸易摩擦频繁的背景下，企业面临的政策风险更为不可预测。例如，中美贸易摩擦对宁波企业出口带来的冲击，不仅难以通过传统的风险管理方法进行量化评估，而且在风险转移和规避上面临着巨大困难。

风险的复杂性使得保险公司在为企业设计海外风险管理方案时，常常面临定价难题。由于海外市场的风险情况复杂且动态多变，保险公司在设定保费时很难平衡企业的承受能力与覆盖所有潜在风险的要求。即使保险公司能够设计出适合的保险产品，如何确保这些产品在实际操作中能够有效降低企业的经营风险仍然是一个巨大挑战。例如，在企业投保出口信用险的情况下，尽管保险可以在一定程度上转移风险，但由于企业在风险管理意识和实践能力上的不足，常常无法充分利用保险产品来降低实际运营中的风险。这不仅增加了保险公司在理赔过程中的不确定性，也使得保险公司的风险管理面临更加复杂的情境。

此外，海外市场的多样性和不确定性也进一步加剧了保险公司管理风险的难度。不同国家和地区的政治、经济环境各不相同，保险公司在设计和推广产品时必须充分考虑这些差异性。尤其是在政治局势不稳定的国家和地区，企业的投资和运营风险较高，而保险公司在这些高风险市场中往往难以找到有效的风险分散和管理策略。为了提供适合这些复杂市场需求的保险产品，保险公司需要投入大量资源进行市场调研和风险评估，这无疑增加了保险运营的成本和难度。

### 2. 跨国承保手续的复杂性

宁波企业在海外投保过程中，承保手续的复杂性是一个关键挑战。这种复杂性不仅源自保险公司内部的操作流程，也体现在企业与保险公司互动时所遭遇的多重障碍上。人保的访谈内容揭示，跨国业务的特殊性导致宁波企业在海外投保时，必须面对不同国家和地区的法律法规要求，这使得承保流程比国内业务更加繁琐和耗时。

首先，跨国投保的法律合规性要求极高。不同国家对保险产品的监管政策各不相同，企业在投保时必须满足各个国家的法律规定，提交大量合规性文件。这些文件通常涉及企业的财务状况、业务模式、风险评估等方面，而准备这些材料往往需要耗费企业大量的时间和人力资源。由于这些文件的要求复杂且多变，企业在准备过程中容易出现遗漏或错误，导致投保时间延长，甚至可能因不符合要求而被拒保。

其次，保险公司的承保流程因跨国业务的复杂性而变得更加繁琐。跨国投保通常需要更加严格的风险评估，包括对投保企业的海外业务运营状况、所处市场的风险因素以及当地政策环境的深入分析。这些评估过程需要收集大量数据和信息，增加了保险公司内部流程管理的复杂性和耗时性。特别是在涉及多个国家和地区的业务时，保险公司需要协调不同地区的分支机构和合作伙伴，共同完成风险评估和承保流程。这种情况下，投保流程的复杂性和不确定性显著增加，企业往往需要等待更长时间才能完成投保。

最后，跨国投保的手续繁琐体现在理赔流程的复杂性上。企业在海外发生风险事件后，理赔过程通常涉及多个国家的法律和监管要求。保险公司在处理理赔时，需要协调多个国家的法律和监管机构，以确保理赔流程符合法律规定，这进一步增加了理赔的难度和复杂性。企业在等待理赔的过程中，往往需要面对复杂的程序和漫长的时间，这会对企业海外业务的稳定运营构成不利影响。

### 3. 保险供给的不足

尽管保险业在支持宁波企业"走出去"方面作出了大量努力，但现有的保险供给仍存在明显不足。这种不足不仅体现在险种种类的有限性上，也体现在保险产品的覆盖率和保障程度上。随着宁波企业全球化进程的加快，企业面临的风险类型和复杂性不断增加，但市场上能够提供的保险产品却未能完全跟上这一需求的变化。

首先，在险种种类方面，宁波企业所面临的许多特定风险，尚未有针对性强、覆盖面广的保险产品。例如，随着企业在海外投资和经营活动的日益多样化，企业希望能够获得更加灵活和定制化的保险产品，以应对不同市场和行业的特殊风险。然而，当前市场上的保险产品种类相对有限，许多企业在面对复杂的国际市场时，往往难以找到适合其需求的保险产品。这种情况在中小企业中尤为突出，由于其规模和资源有限，往往更需要灵活多样的保险产品来应对复杂的海外市场，但市场上的标准化产品难以满足这一需求。

其次，保险产品的覆盖率和保障程度也存在不足。即使企业能够找到适合的保险产品，这些产品在实际提供的保障范围和赔付标准上，可能未能完全覆盖企业所面临的所有风险。特别是在高风险市场，企业需要承担更高的保险费用，但所获得的保障却可能有限。在与信保公司的访谈中提到，虽然出口信用险在一定程度上可以帮助企业规避部分海外市场风险，但其覆盖范围和保障程度仍然不足，企业在实际经营中仍然面临较高的风险敞口。

最后，保险供给不足体现在赔付流程的效率和及时性上。由于保险公司在海外市场的网络和服务能力有限，企业在发生风险事件后，往往难以及时获得赔付。这种情况在中小企业中更为明显，由于其资金实力较弱，在遭遇损失后，往往需要快速获得赔付以维持正常运营。然而，保险公司在海外市场的理赔流程复杂且耗时。在赔付等待期间，企业可能会遭遇严峻的现金流挑战，进而可能引发业务运营的中断。

### 4. 保险创新未能完全契合企业需求

随着宁波企业全球化步伐的加快，保险需求呈现出多样化、复杂化的趋势。然而，目前的保险创新步伐并未完全跟上企业需求的变化，导致部分企业在实际经营中仍然面临保险产品不足的困境。尽管保险公司在产品创新上作出了不少努力，但由于管理成本高、产品设计与企业实际需求存在脱节，保险创新的效果并未达到预期。

首先，保险创新虽然在一定程度上解决了部分企业的需求，但仍存在许多局限性。近年来，保险公司推出了一些新型保险产品，如供应链保险、知识产权保险等，这些产品在一定程度上帮助企业规避了部分新兴风险。然而，由于企业的需求复杂多样，这些新产品往往只能覆盖部分风险，企业仍需通过其他途径来管理未覆盖的风险。尤其在高科技和新兴产业领域，企业面临的风险更加多样化和复杂化，但当前市场上的保险产品尚未能完全满足这些行业的需求。

其次，保险创新的推广和应用面临较高的管理成本。新型保险产品通常涉及复杂的风险评估和管理流程，企业在选择这些产品时，可能面临较高的管理成本和资源投入。这种情况下，许多企业，特别是中小企业，难以承担高昂的管理成本，导致这些创新型保险产品在实际应用中的普及率较低。此外，保险公司在推广新产品时，通常需要进行大量的市场教育和客户引导，推广成本高，这进一步限制了产品的市场渗透率。

最后，保险产品的设计与企业实际需求之间存在一定的脱节。由于企业在不同发展阶段、不同市场环境下的需求各不相同，保险公司在设计产品时，往往难以全面考虑到所有企业的需求。这种情况下，保险产品在实际应用中可能未能完全契合企业的需求，导致企业在使用这些产品时，仍需自行承担部分风险。例如，在企业投保跨境电商保险时，虽然保险产品覆盖了部分物流和支付风险，但对企业在跨境电商平台上的其他风险，如知识产权纠纷、平台政策变化等，保险产品未能提供有效的保障。这种产品设计与需求的脱节，使得企业在选择保险产品时，往往面临取舍和权衡困难。

总体来说，宁波保险实践在支持企业"走出去"方面虽然取得了一些成绩，但仍面临海外风险复杂、承保手续繁琐、保险供给不足和保险创新未能完全契合企业需求等重大挑战。为了更好地支持宁波企业在全球市场中的稳健发展，保险行业需要进一步提高服务的精准性，推动保险产品的创新，同时加强跨国合作和合规管理，以应对国际市场带来的各种挑战。

（二）可行的建议

在宁波企业"走出去"战略背景下，保险业面临诸多挑战，本文结合前述分析与相关访谈内容，提出以下几项可行的建议，以期助力宁波保险实践的进一步发展。

### 1. 创新优化人才培养体系

随着全球化进程的加快，保险业在支持宁波企业"走出去"过程中，对专业化人才的需求愈发强烈。然而，当前的保险从业人员在国际业务方面的知识和技能储备相对不足，这严重制约了保险业为宁波企业提供更精准、更有效的服务。因此，创新优化人才培养体系，成为提高保险业服务质量和市场竞争力的关键。

首先，针对国际保险业务的特殊性，宁波的保险公司应当加大对复合型人才的培养力度。这不仅包括提升从业人员的保险专业知识水平，还应注重培养其在国际法律、跨文化沟通以及全球风险管理等方面的能力。例如，通过与国际知名保险机构合作，开设专项培训课程，或引进具有丰富国际经验的专家，帮助本土人才提升国际化视野和专业技能。这一过程需要系统性地规划和持续性地推进，以确保人才队伍能够适应日益复杂的国际市场环境。

其次，保险企业可以推动产学研合作，充分利用高校和科研机构的资源来培养国际化保险人才。宁波的高校和科研机构应当与保险公司紧密合作，共同制订培养计划，并通过联合培养、实习实践、科研合作等形式，增强人才的实战能力。特别是在宁波这样的开放型经济城市，高校可以设置与国际保险相关的专业课程和研究项目，为企业提供理论支持和人才输出。通过校企合作，保险公司不仅可以获得一批具备全球视野的青年人才，还能通过学术研究的前沿成果，进一步提升自身的市场竞争力。

最后，建立完善的人才激励机制是至关重要的。为了吸引和留住国际化高端人才，宁波的保险公司应当制定具有竞争力的薪酬和激励政策，同时提供广阔的职业发展空间。这不仅有助于吸引海外优秀人才回流，也能够激励现有员工不断提升自身的专业能力，从而形成一支具有高度国际化、专业化的人才队伍，为宁波企业的全球化发展保驾护航。

### 2. 充分借助保险科技提升风险管理效能

随着数字化技术的快速发展，保险科技在全球范围内崭露头角，并逐渐成为提升风险管理效能的重要工具。宁波的保险业应当紧跟这一趋势，充分利用保险科技来应对复杂的国际市场风险，从而为企业提供更精准和高效的保险服务。

首先，保险科技可以通过大数据分析和人工智能（AI）技术，帮助保险公司更准确地评估和定价风险。在传统的风险评估中，数据的获取和分析往往耗时费力，且存在信息不对称的情况。借助大数据技术，保险公司可以实时获取和分析大量的市场数据、企业经营数据和国际政治经济动态，从而更为准确地预测和管理风险。例如，通过分析企业的出口历史、信用记录以及所在国的政治经济环境，保险公司可以为企业量身定制更为精准的出口信用险产品，并提供更合理的保费定价。这不仅提高了保险产品的市场竞争力，也大大增强了企业的风险管理能力。

其次，区块链技术在跨国保险业务中的应用前景广阔。跨国保险业务涉及多个国家和地区，传统的业务流程往往复杂且缺乏透明性，容易导致信息滞后和操作风险。区块链技术具有去中心化和不可篡改的特性，可以为跨国保险业务提供更加安全、透明的操作环境。例如，在跨国理赔过程中，区块链技术可以记录并追踪整个理赔流程的每一个环节，确保信息的透明和高效传递，减少人为操作风险，从而提高理赔效率和客户满意度。

最后，保险科技可以通过智能合约和自动化技术，简化和优化保险业务流程。智能合约可以自动执行预先设定的保险合同条款，减少人工干预，降低操作成本。例如，在跨国投保时，智能合约可以根据预先设定的条件自动生成并执行保险合同，减少复杂的手动操作，提高业务效率。同时，自动化技术还可以帮助保险公司更快速地处理客户的投保和理赔请求，提升客户体验。在全球市场中，快速响应客户需求和提供高效服务是提升市场竞争力的关键，保险科技在这方面的应用无疑具有重要意义。

### 3. 深度加大保险公司多方协同合作力度

在宁波企业"走出去"过程中，保险经纪公司作为连接企业与保险公司之间的桥梁，发挥着至关重要的作用。然而，当前保险公司在国际市场上的协同合作力度仍有待加大，以更好地满足企业多样化的风险管理需求。

首先，保险公司应进一步深化与国际保险公司、保险经纪公司的合作，通过联合开发和推广更加灵活和定制化的保险产品，帮助宁波企业更有效地应对海外市场的风险。通过这种深度合作，保险公司可以利用国际保险公司的全球网络和专业资源，为宁波企业提供更加丰富的保险选择

其次，保险公司应加强自身的全球化布局，提升在海外市场的业务能力和服务水平。保险公司可以通过设立海外分支机构或与当地经纪公司合作，深入了解各国市场的风险特点和客户需求，从而为企业提供更加精准的风险管理建议。这种本地化的服务能力，不仅能够增强企业对海外市场的信心，也有助于提升保险公司在国际市场的竞争力。

最后，保险公司应加强与宁波本地企业的沟通合作，深入了解企业在国际市场中的实际需求和面临的挑战，从而提供更加切实可行的保险解决方案。通过定期举办企业交流会、风险管理研讨会等活动，保险公司可以帮助企业更好地理解和运用保险工具，提升其全球风险

管理能力。针对企业在海外投保过程中遇到的复杂承保手续和高昂管理成本问题，保险公司可提供"一站式"咨询服务，涵盖从投保到理赔的全流程指导，以协助企业有效应对这些挑战。

**4. 提升保险服务市场适应性**

在全球化背景下，宁波企业面临的市场环境日益复杂多变，这对保险服务的市场适应性提出了更高的要求。如何提升保险服务的市场适应性，成为宁波保险业在支持企业"走出去"过程中亟须解决的问题。

首先，保险公司应加强对海外市场的研究和了解，尤其是在政治、经济和法律环境复杂的国家和地区。通过深入的市场调研，保险公司可以更好地把握海外市场的风险特征和客户需求，从而设计出更具有针对性的保险产品。例如，针对高风险国家，保险公司应开发包含更多特殊风险保障的产品，如政治风险保险、恐怖主义保险等，以满足企业在这些市场中的特定风险保障需求。同时，保险公司还应密切关注国际市场的动态变化，及时调整产品和服务策略，以应对突发的市场变化和风险。

其次，保险公司应加快产品创新步伐，提升产品的灵活性和适应性。当前，许多宁波企业在"走出去"过程中，面临着风险种类多样且变化迅速的挑战，传统的标准化保险产品往往难以满足其需求。为此，保险公司应通过创新开发更加灵活、可定制的保险产品，帮助企业更好地应对不同市场和行业的风险。例如，通过开发基于区块链技术的智能保险合约，保险公司能够根据企业的实际情况和市场动态，灵活调整保险条款和保障范围，从而增强产品的市场适应性和提升客户满意度。

最后，提升保险服务的市场适应性，需要加强客户服务和风险管理支持。保险公司应通过建立专业的客户服务团队，为企业提供全天候的咨询和支持服务，帮助其应对海外市场中的各种风险挑战。例如，保险公司应提供全面的风险管理培训服务，协助企业建立和完善风险管理体系，以增强其应对国际市场风险的能力。同时，保险公司还应在全球范围内建立更为高效的理赔服务网络，确保企业在发生风险事件后能够及时获得赔付，减少其因理赔延迟带来的经营风险。

综合以上分析，宁波企业在"走出去"过程中所面临的复杂挑战凸显保险业在支撑企业国际化战略中的重要作用。当前，尽管宁波保险业在人才培养、科技应用、行业协作和市场适应性等方面已取得了显著进展，并为宁波企业的全球化拓展提供了有力支持，但面对日益复杂的国际市场环境，仍需进一步提升行业综合服务能力和创新水平。未来，宁波保险业必须在系统性改革和创新实践中不断探索，以更加全面和深入的支持体系推动企业的全球业务发展。只有通过这种持续的优化和进步，宁波的保险业才能真正发挥其在全球市场中的战略作用，助力宁波经济的国际化进程迈向更高的阶段，为区域经济的全球竞争力注入强劲动力。

# 后 记

习近平总书记在全国教育大会上指出："我们要建成的教育强国，是中国特色社会主义教育强国，应当具有强大的思政引领力、人才竞争力、科技支撑力、民生保障力、社会协同力、国际影响力，为以中国式现代化全面推进强国建设、民族复兴伟业提供有力支撑。"我们要深刻理解思政引领力的科学内涵及其在建设教育强国中的重要价值。研究生教育在培养创新人才、提高创新能力、服务经济社会发展、推进国家治理体系和治理能力现代化方面具有重要作用，培养德智体美劳全面发展的研究生拔尖创新人才，持续增强研究生思政工作引领力是建设教育强国的必然要求。及时总结研究生思想政治教育工作实践中的有效做法，研究工作实践中遇到的难点问题，对培养符合党和国家事业发展迫切需要的高层次人才具有重要意义。

本次论文集编纂期间，学校辅导员和校内各部门工作人员踊跃投稿。编纂过程中，我们坚持质量第一、宁缺毋滥的原则，严格筛选和审核每一篇论文，最终将这部论文集呈现给读者。论文集共收录24篇成果，其中，基层党建模块论文4篇，思政教育论文16篇，研究生实践报告4篇。希望这部论文集能够全面展现我校研究生思想政治教育工作的最新成果和优秀经验，为我校研究生思想政治教育提供一个学习和交流的平台。十年一个新阶段，我们将以此为契机，在未来的工作实践中坚持守正创新，为推动研究生思想政治教育的高质量发展贡献智慧和力量。

最后，我们要感谢所有参与论文集编撰的作者、审稿专家，以及中国商务出版社的编校团队，是你们的辛勤付出和无私奉献，使得这部论文集得以顺利完成。同时，我们也要感谢所有关注和支持我校研究生思想政治教育工作的读者和研究者，是你们的关注和支持，让我们有了不断前进的动力。

路虽远，行则将至；事虽难，做则必成。让我们携手并进，共同为研究生思想政治教育工作的创新与发展贡献力量，为培养新时新人、建设教育强国而不懈奋斗。

编委会

2024 年 12 月